目录

自作诗词

文稿・上

自作诗词

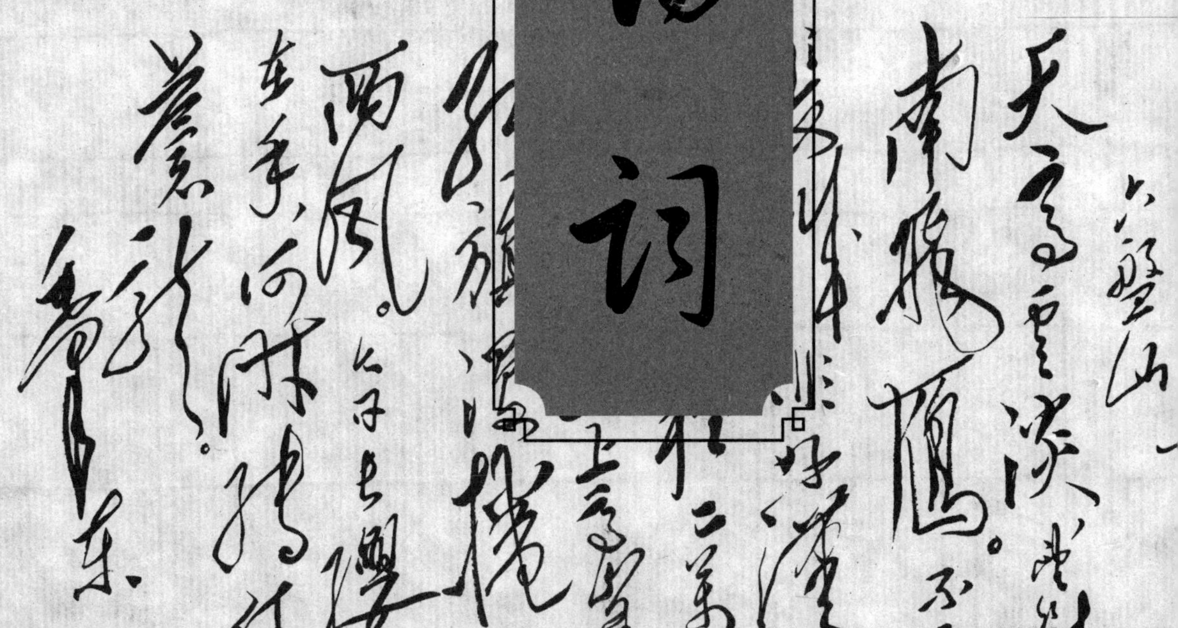

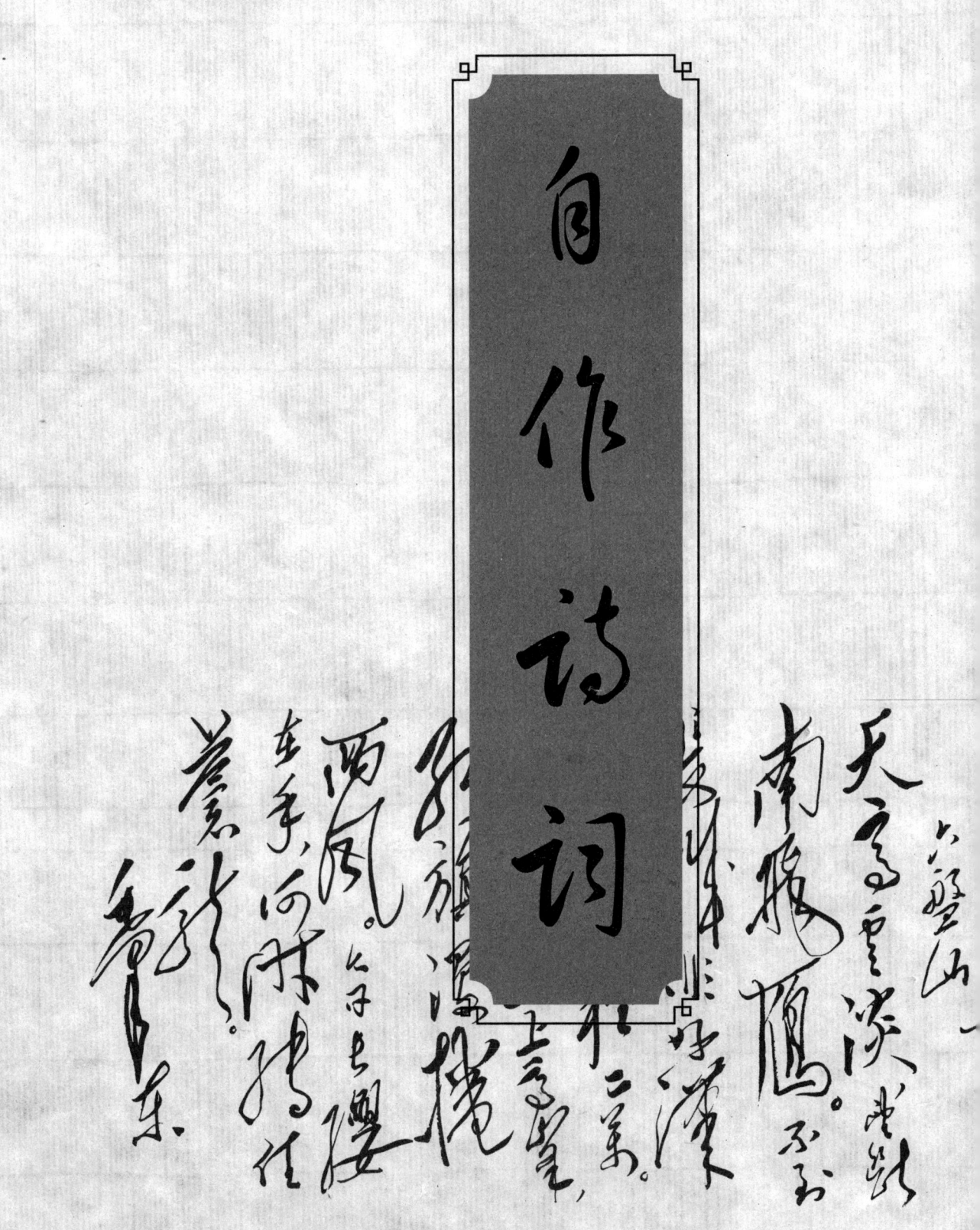

贺新郎

一九二三年

挥手从兹去。更那堪凄然相向，苦情重诉。眼角眉梢都似恨，热泪欲零还住。知误会前翻〔番〕书语。过眼滔滔云共雾，算人间知己吾和汝。人有病，天知否？

今朝霜重东门路，照横塘半天残月，凄清如许。汽笛一声肠已断，从此天涯孤旅。凭割断愁丝恨缕。要似昆仑崩绝壁，又恰像台风扫寰宇。重比翼，和云翥。

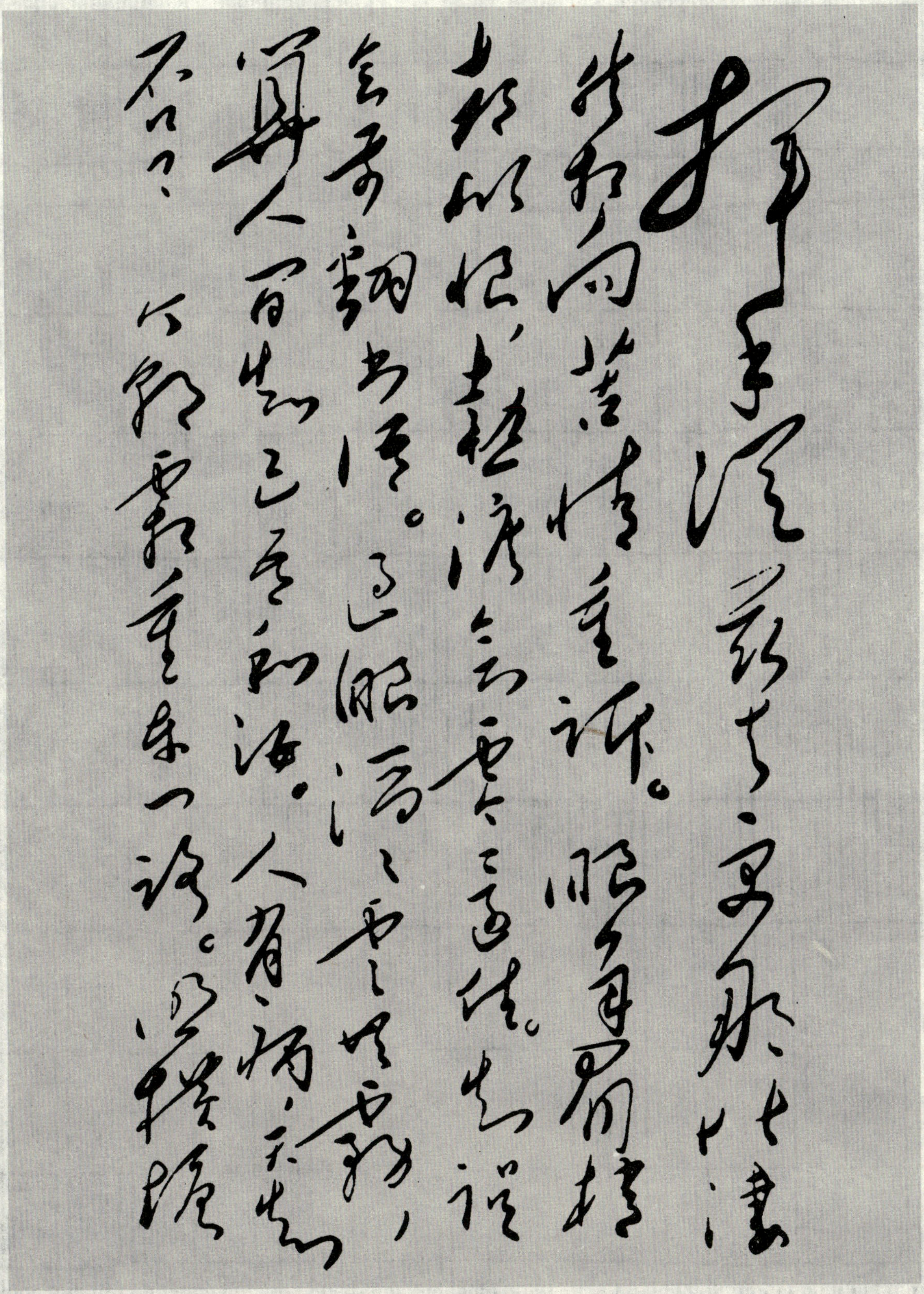

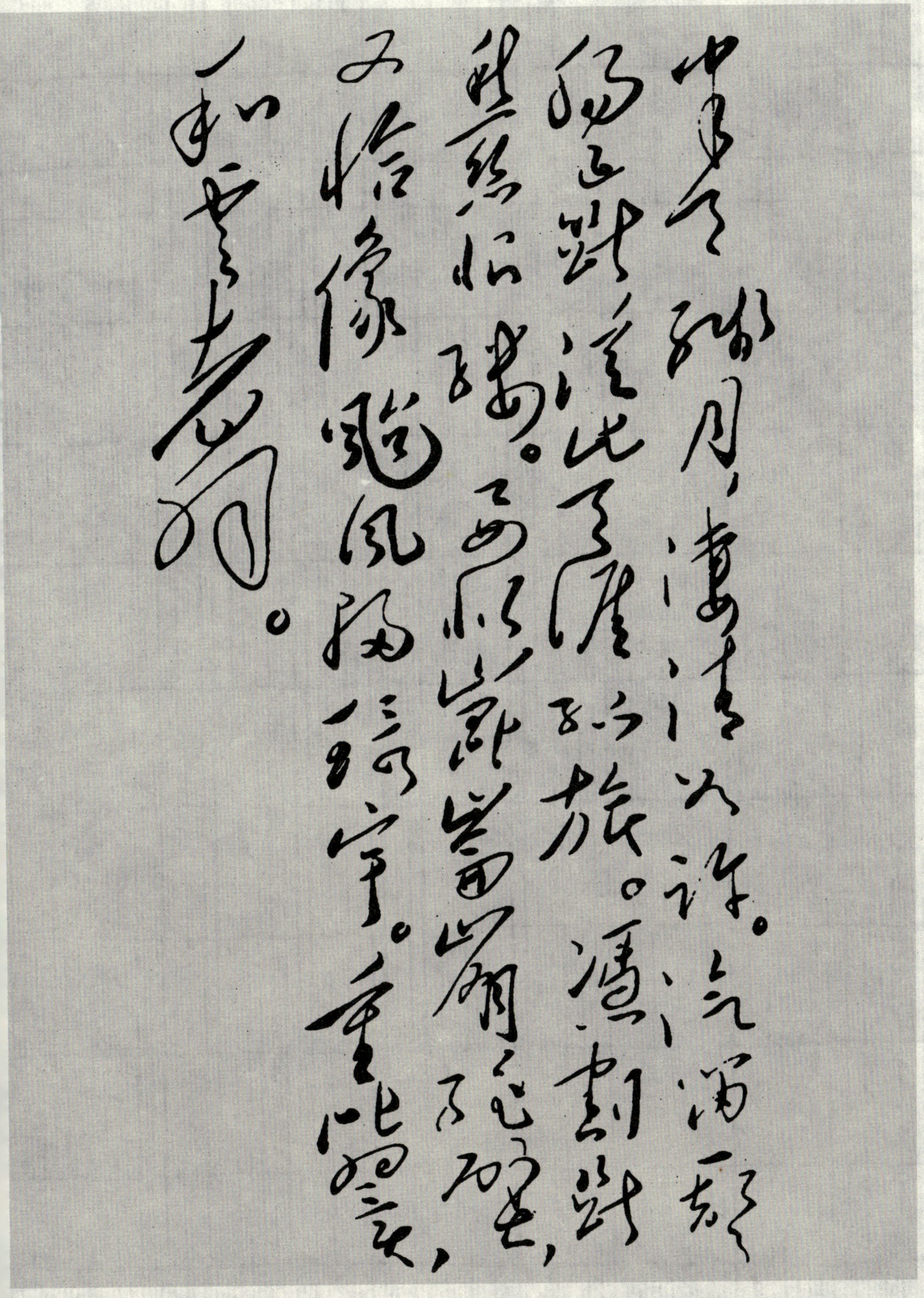

沁园春
长沙
一九二三年

独立寒秋，湘江北去，橘子洲头。看万山红遍，层林尽染；漫江碧透，百舸争流。鹰击长空，鱼翔浅底，万类霜天竞自由。怅寥廓，问苍茫大地，谁主沉浮？

携来百侣曾游。忆往昔峥嵘岁月稠。恰同学少年，风华正茂；书生意气，挥斥方遒。指点江山，激扬文字，粪土当年万户侯。曾记否，到中流击水，浪遏飞舟？

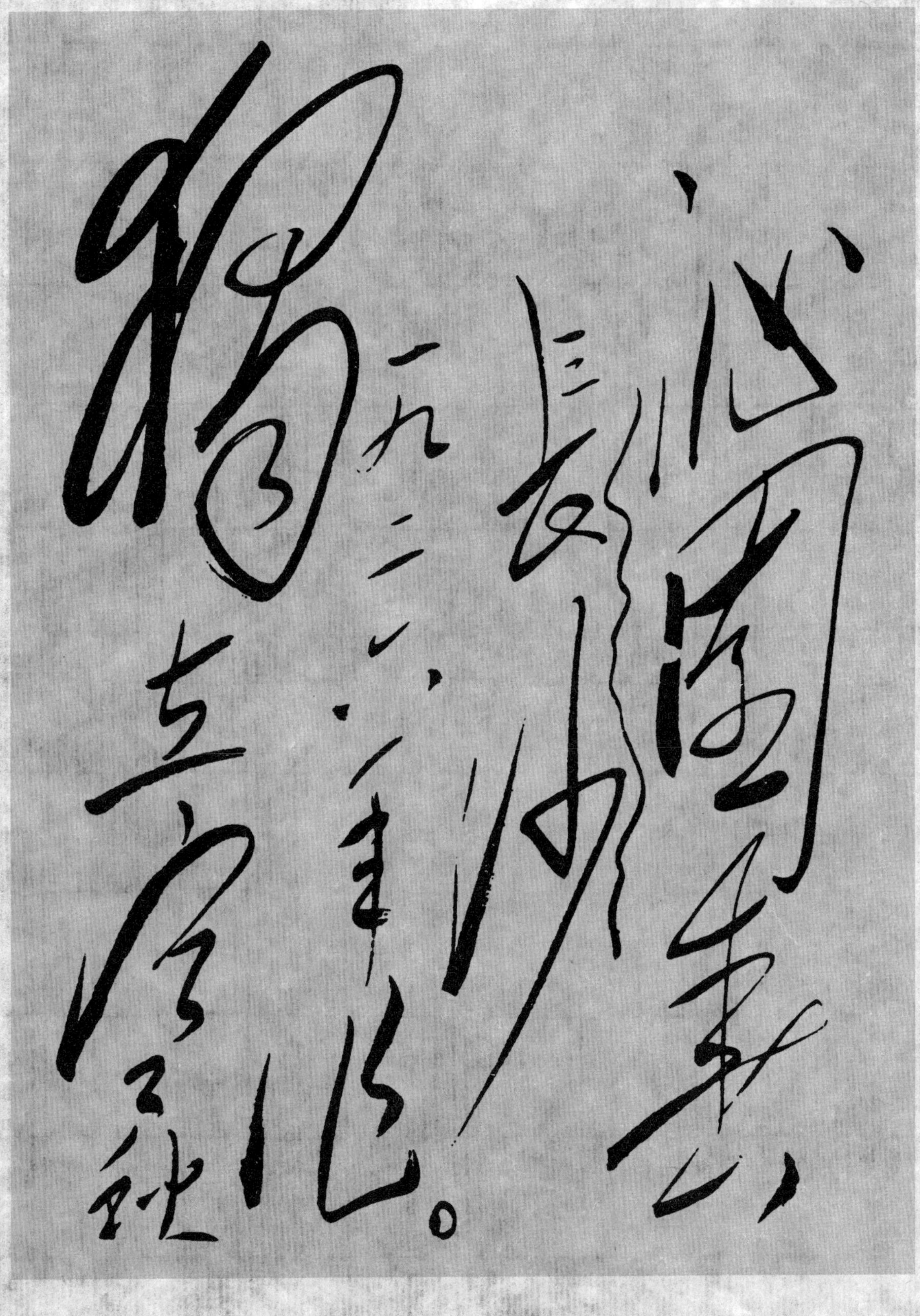

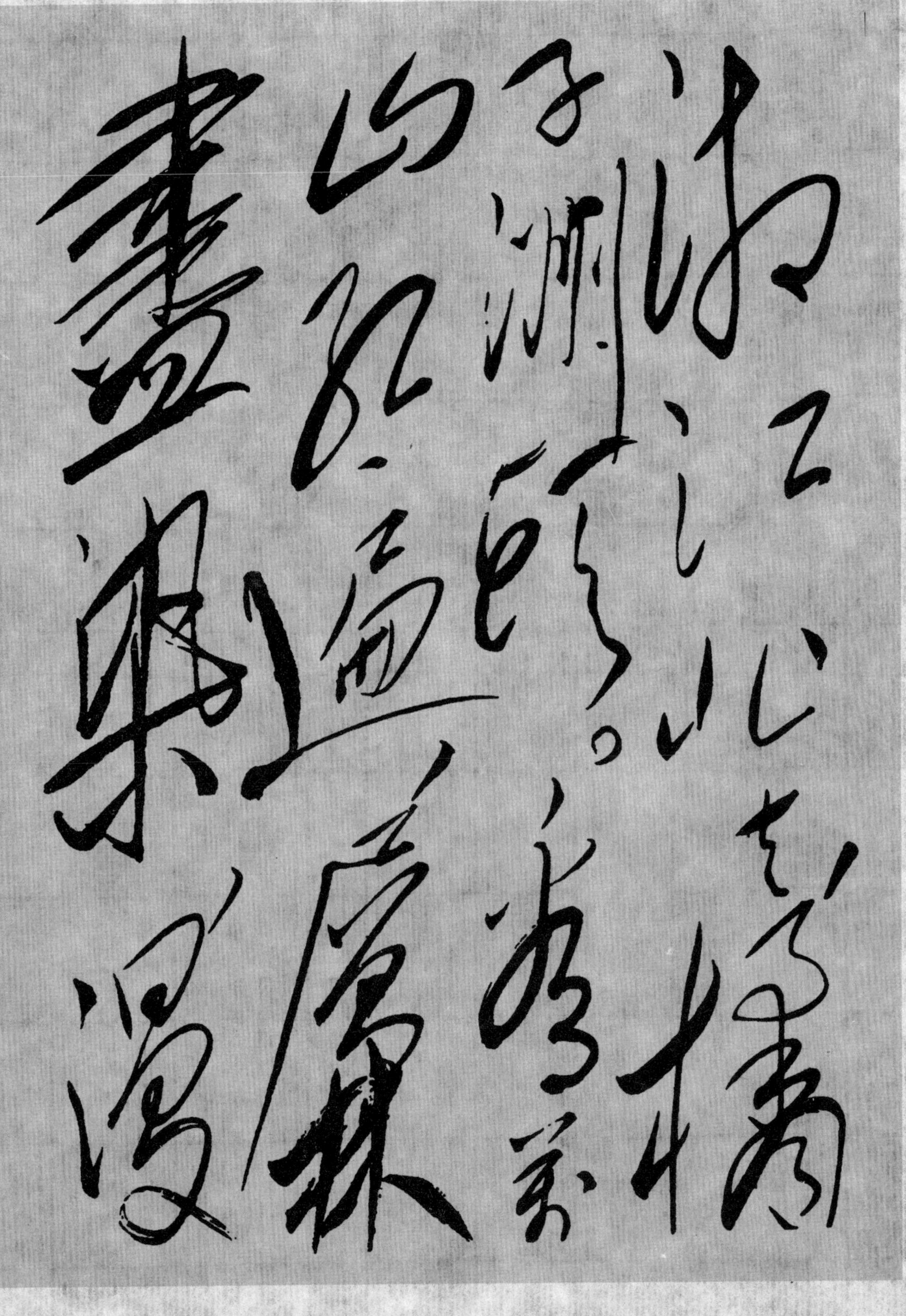

第二时期·自作诗词

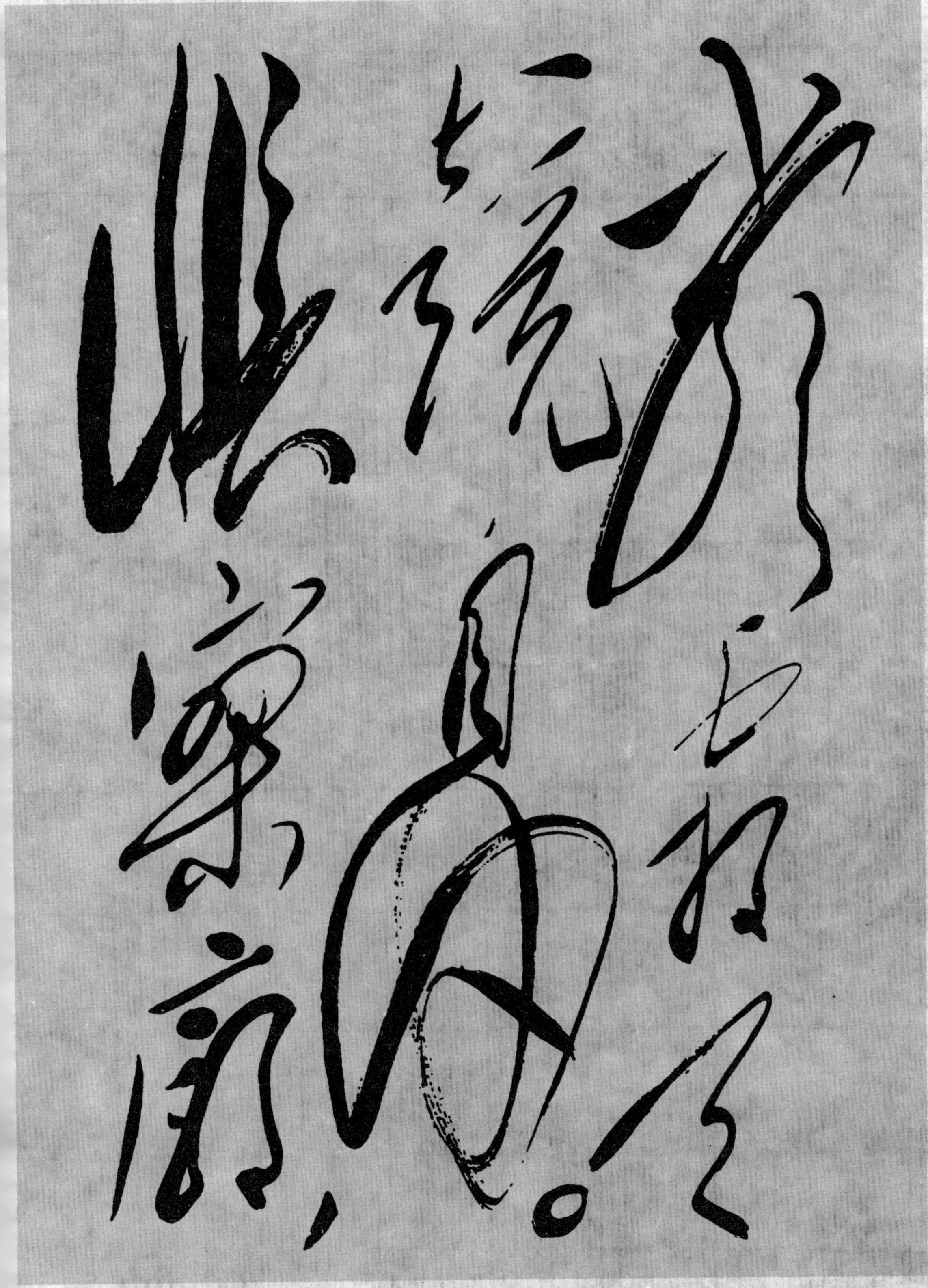

第二时期·自作诗词

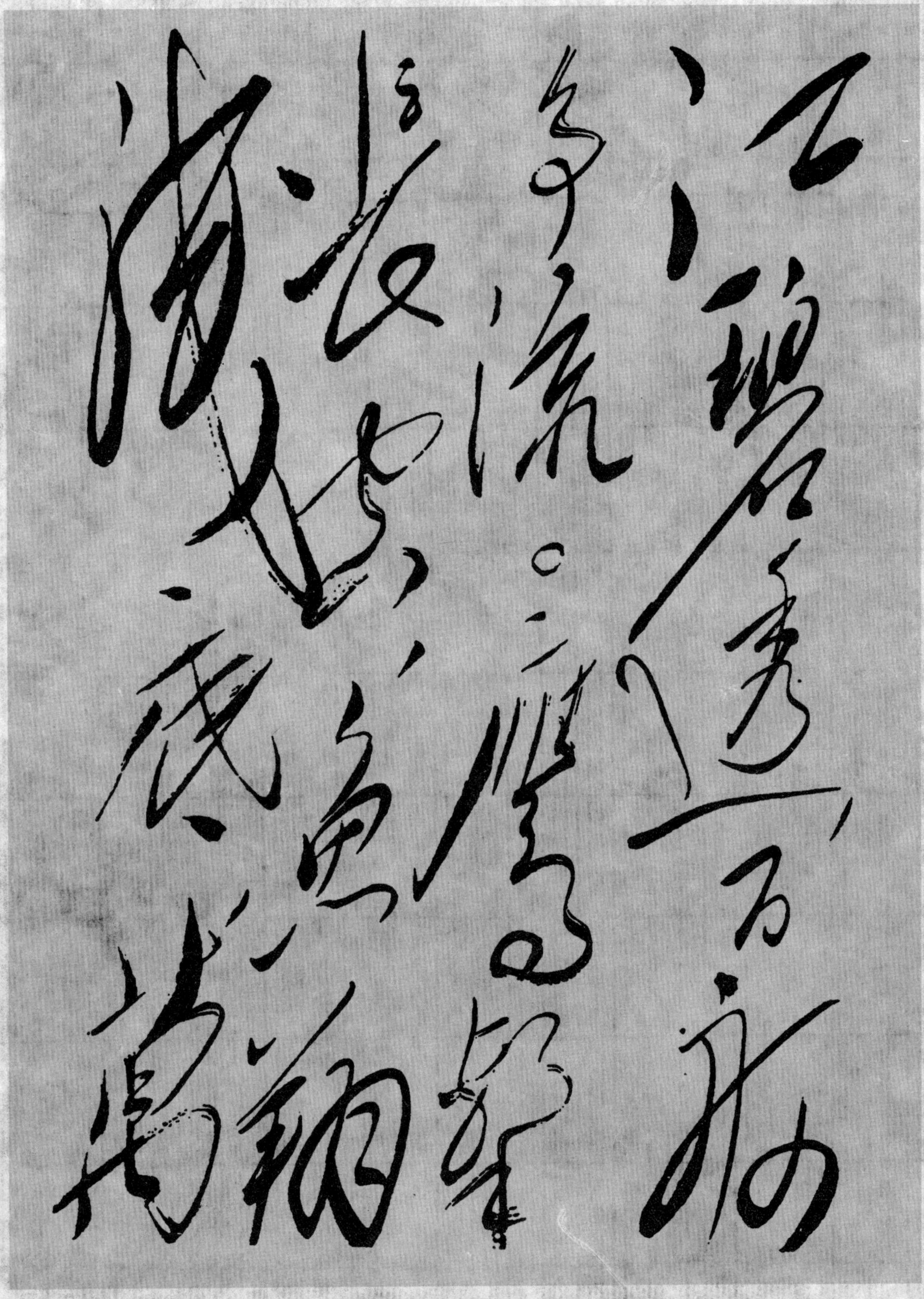

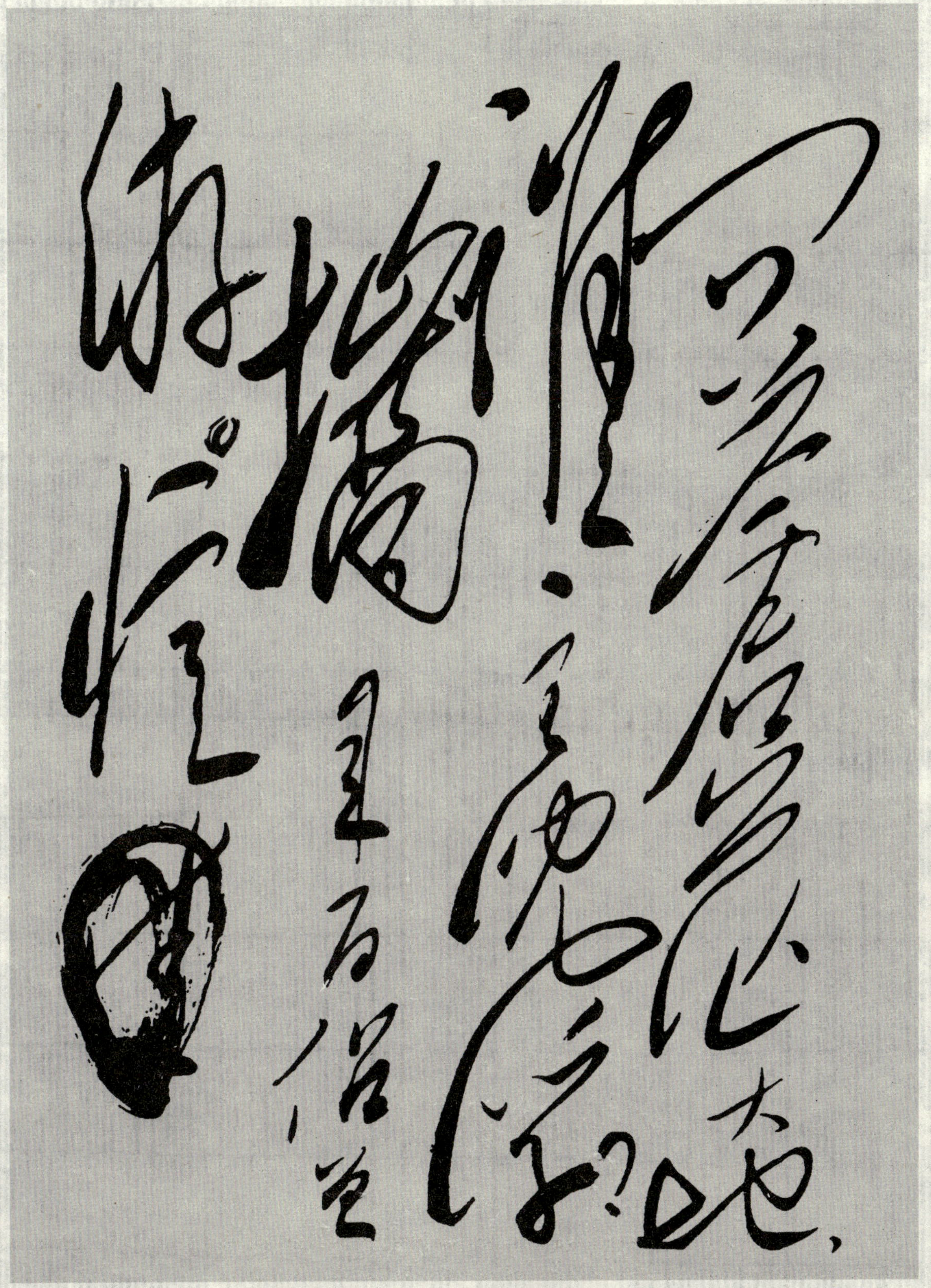

第二时期·自作诗词

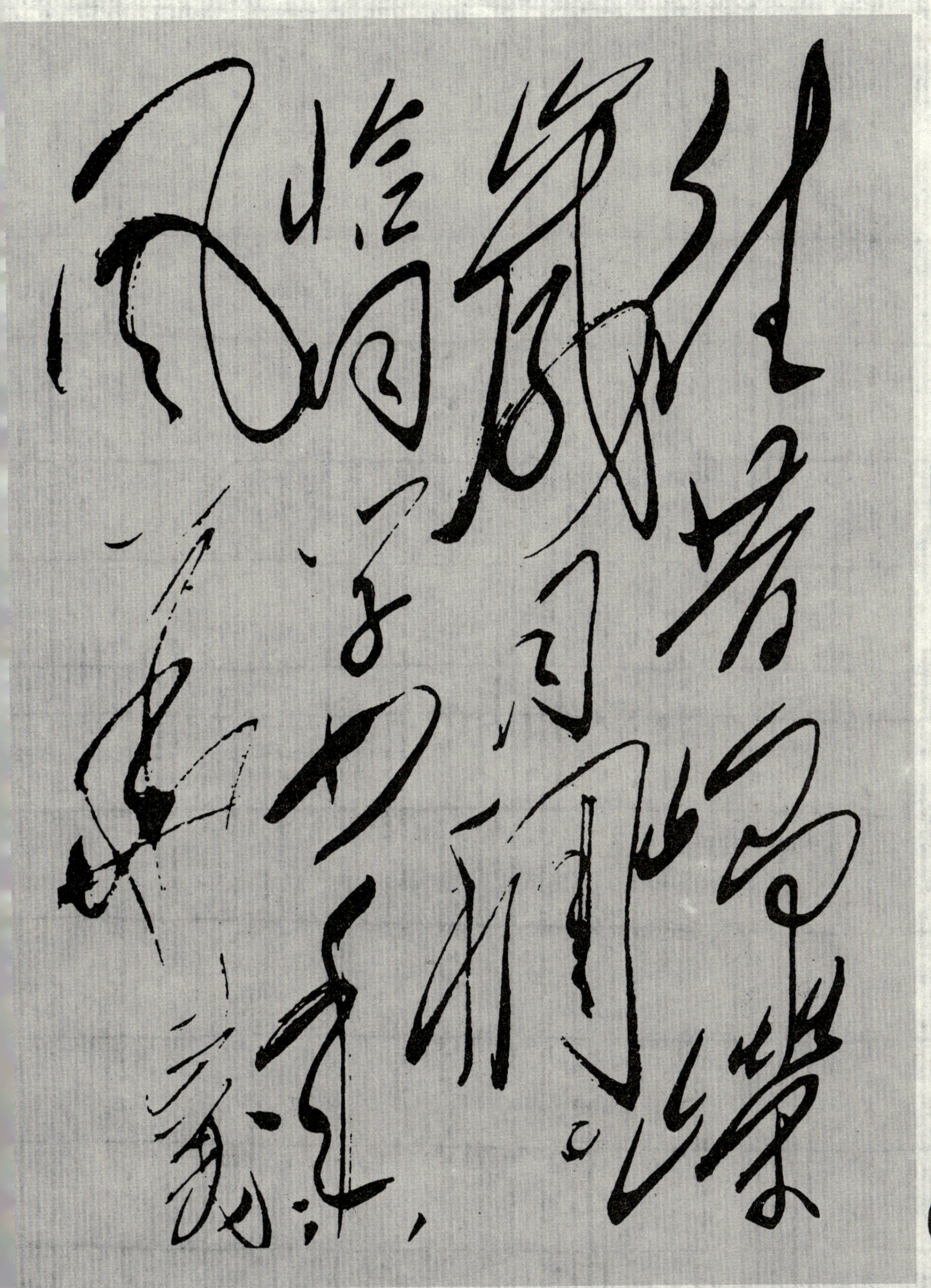

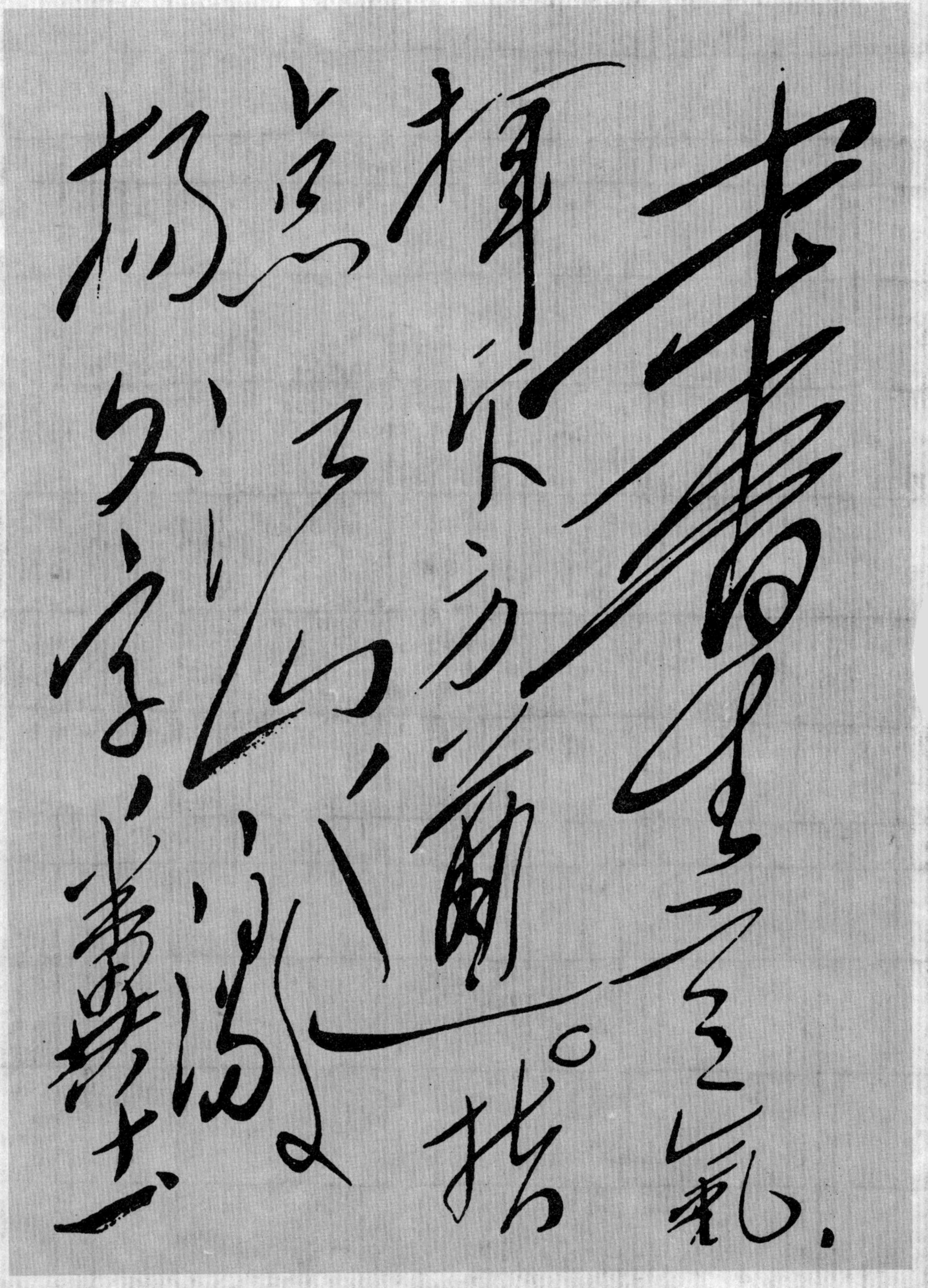

第二时期·自作诗词

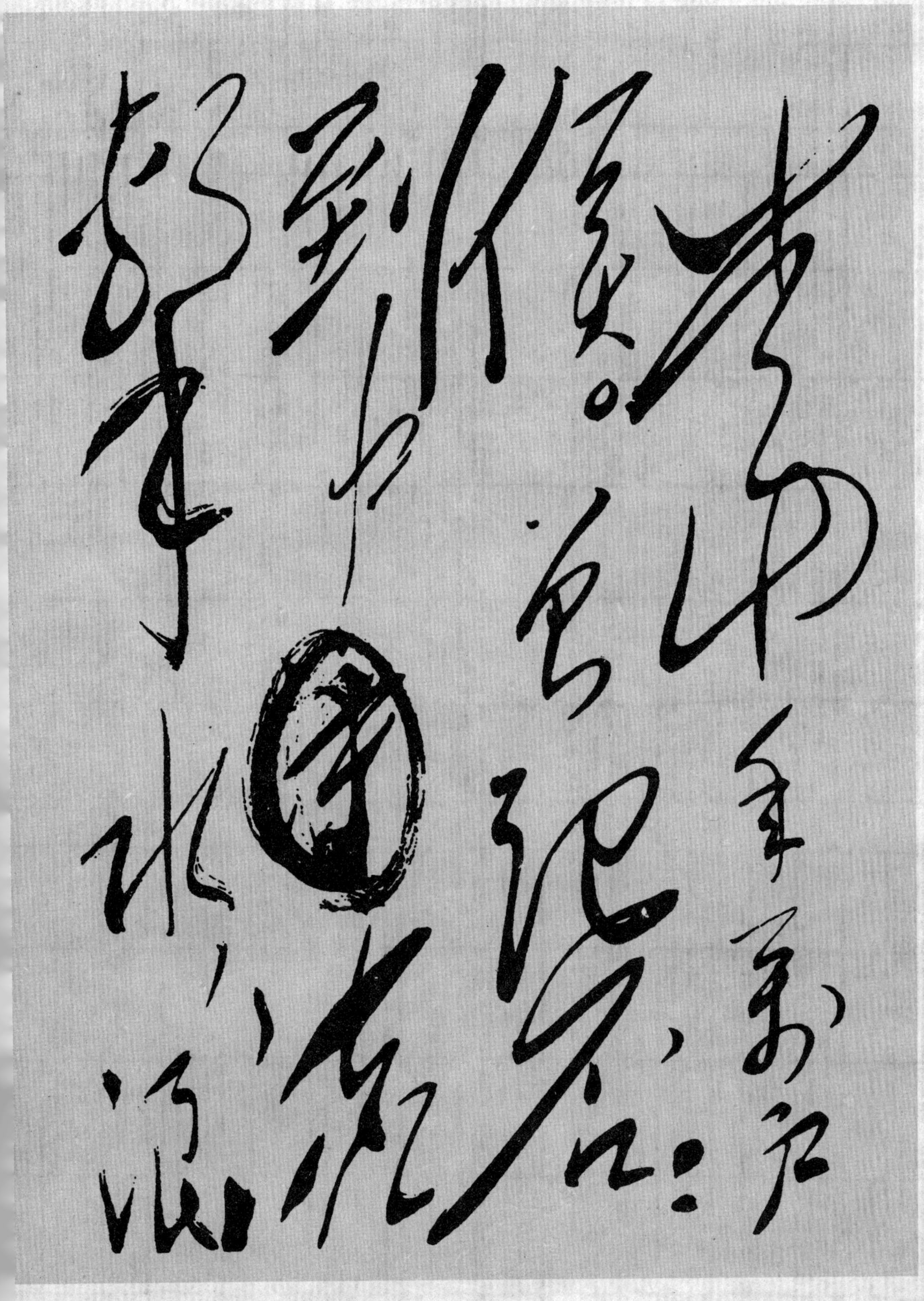

菩萨蛮
登黄鹤楼

一九二七年春

茫茫九派流中国，沉沉一线穿南北。烟雨莽苍苍，龟蛇锁大江。

黄鹤知何去？剩有游人处。把酒酹滔滔，心潮逐浪高！

调寄菩萨蛮登黄鹤楼

一九二七

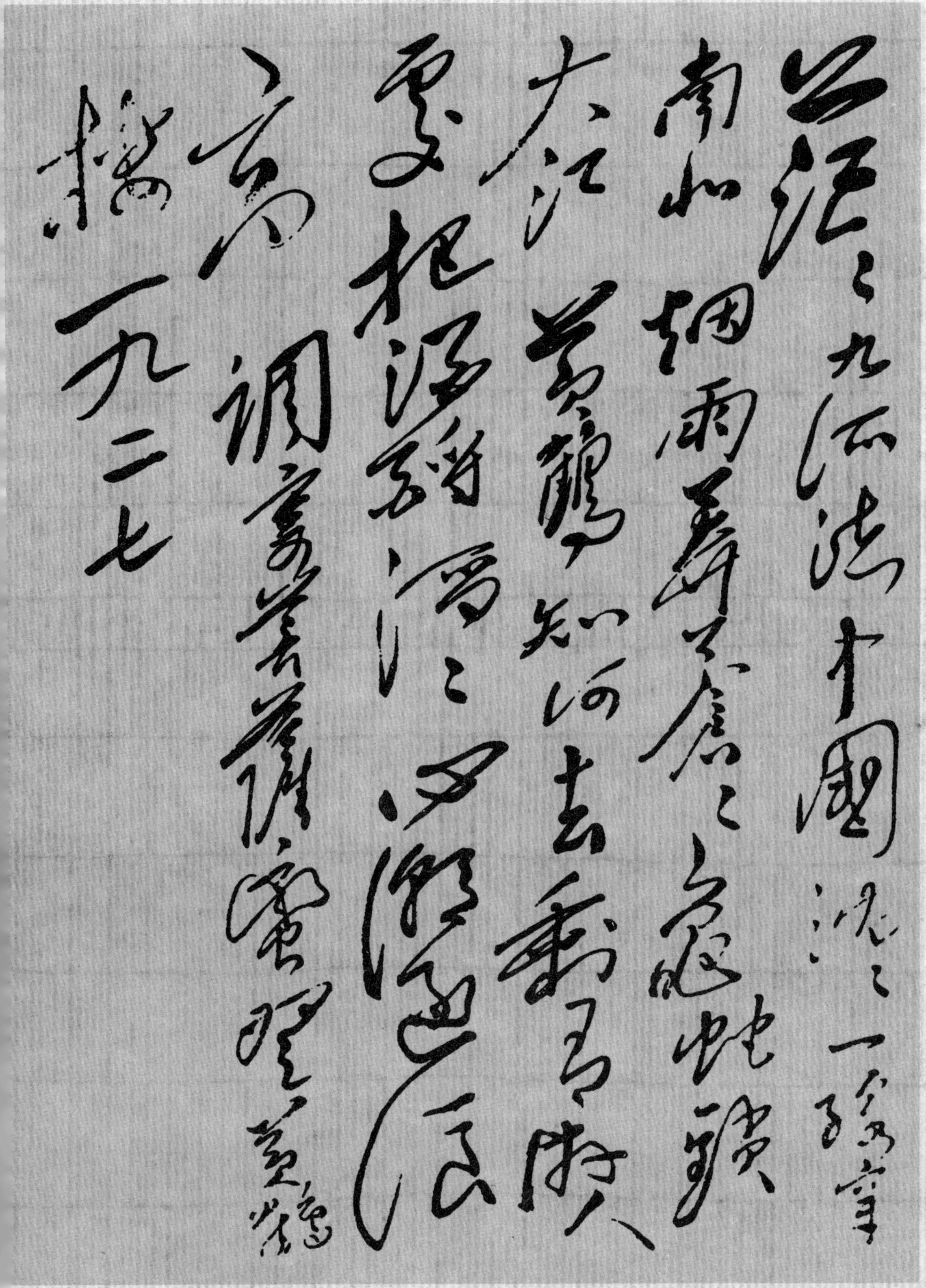

西江月
井冈山

一九二八年秋

山下旌旗在望，山头鼓角相闻。敌军围困万千重，我自岿然不动。

早已森严壁垒，更加洋界上炮声隆，报道敌军宵盾。

毛泽东

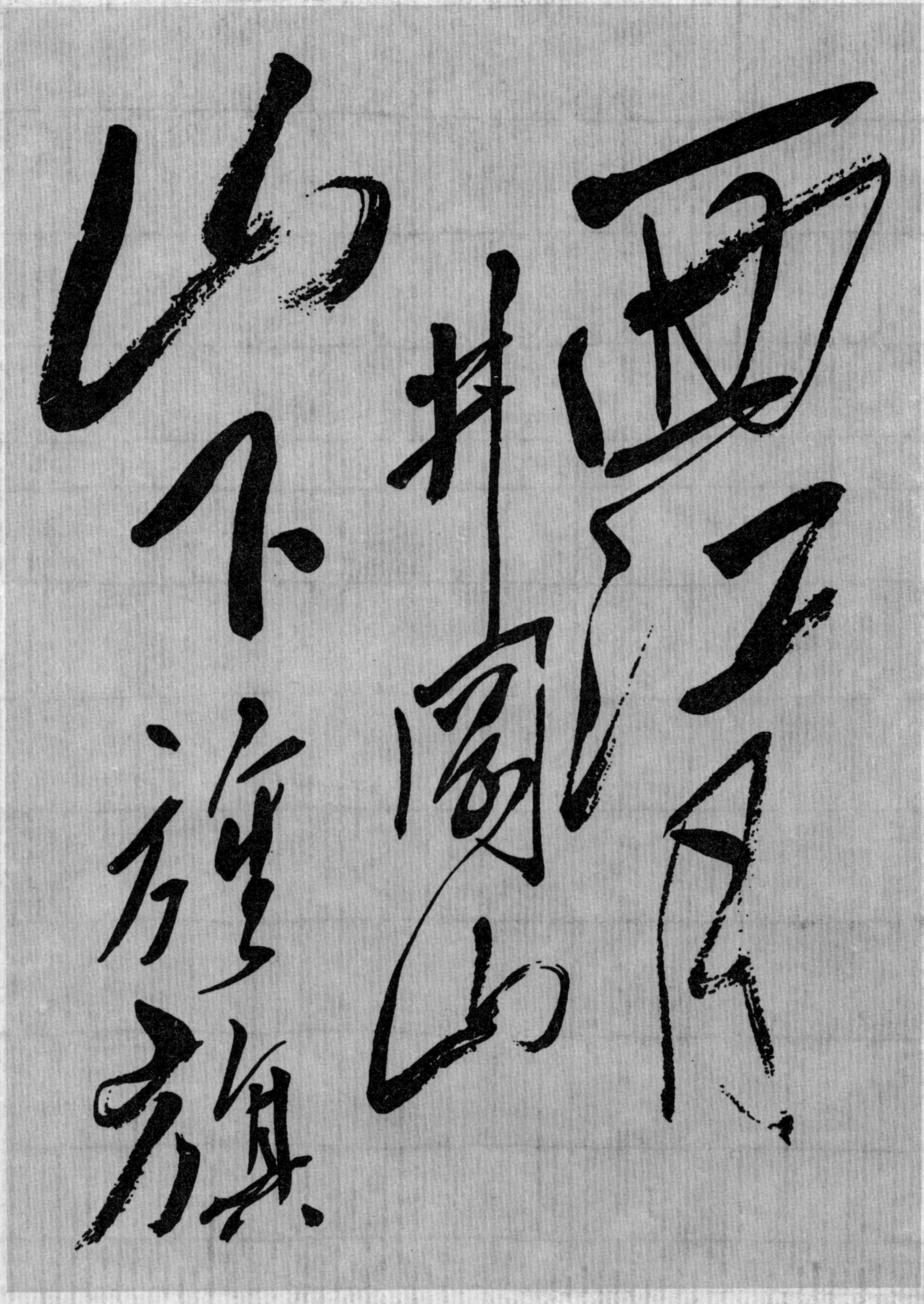

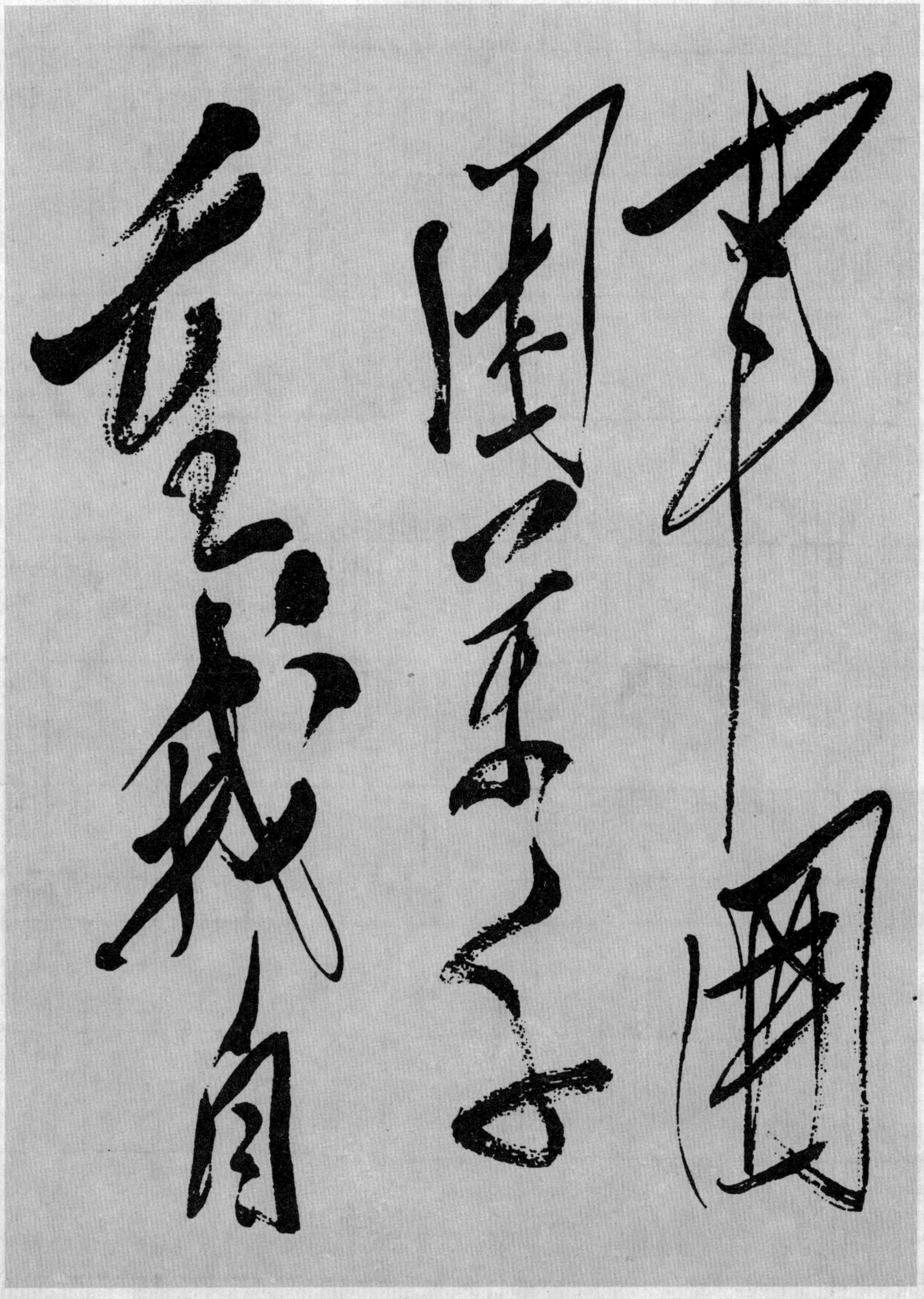

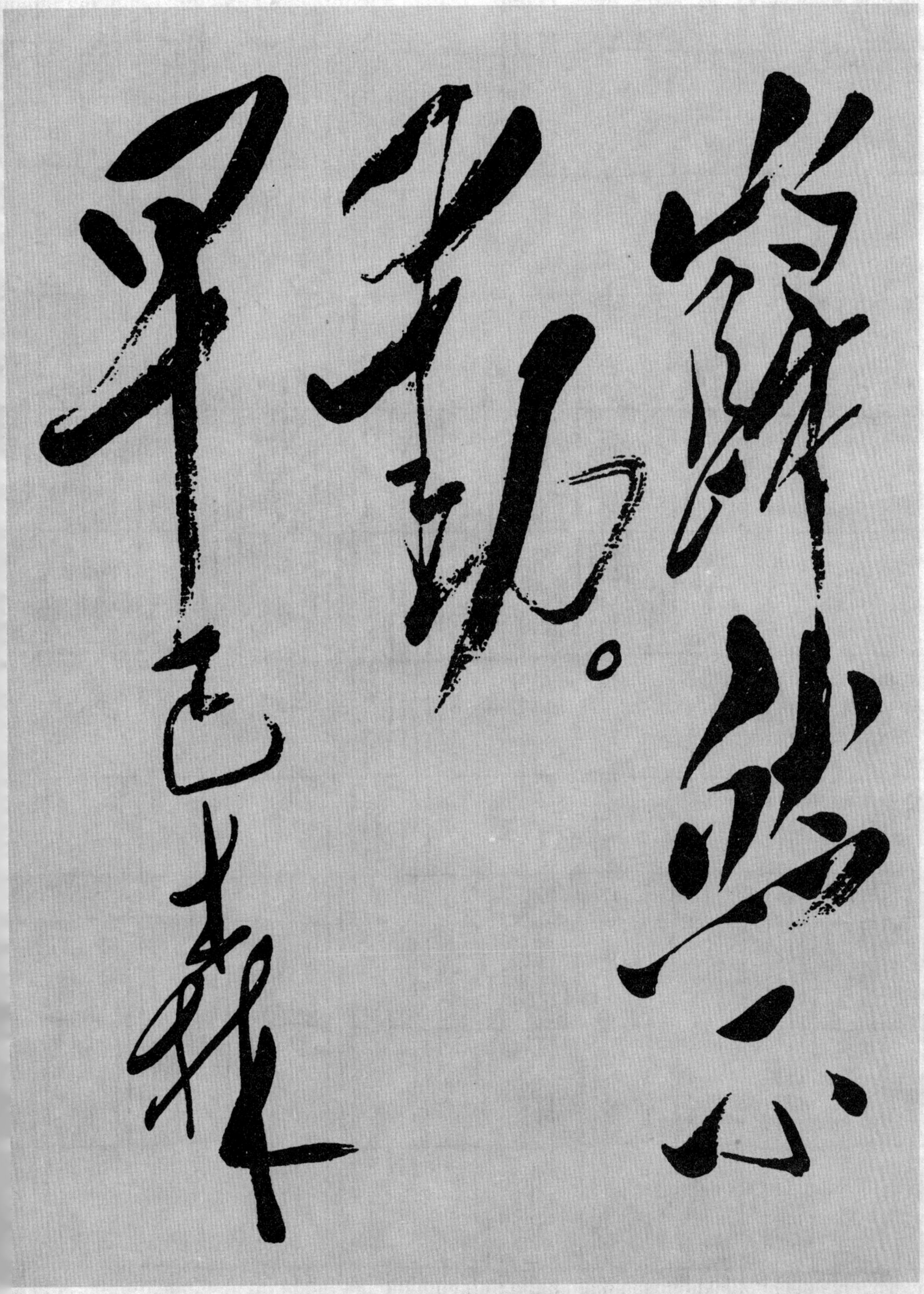

第二时期・自作诗词

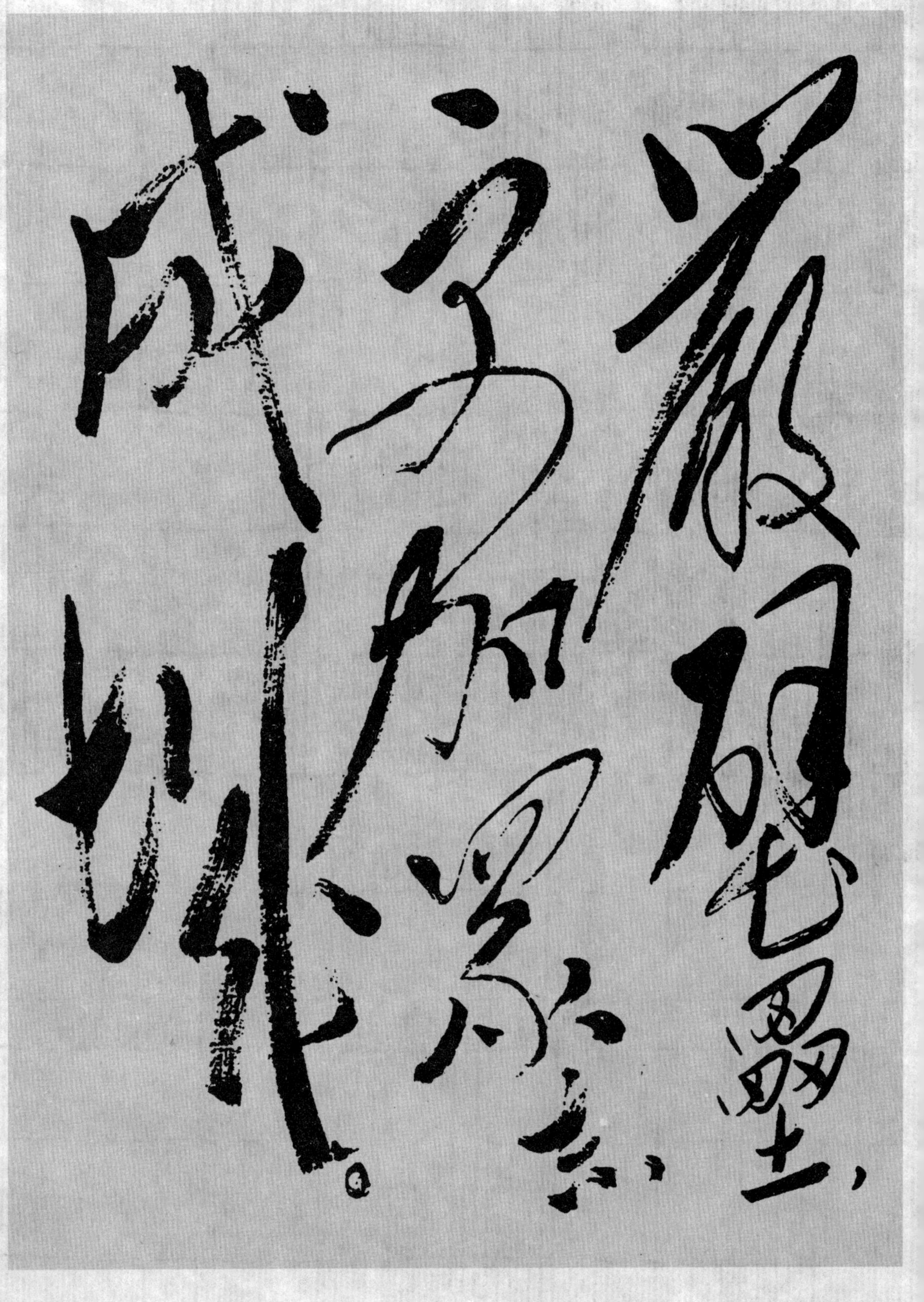

第二时期·自作诗词

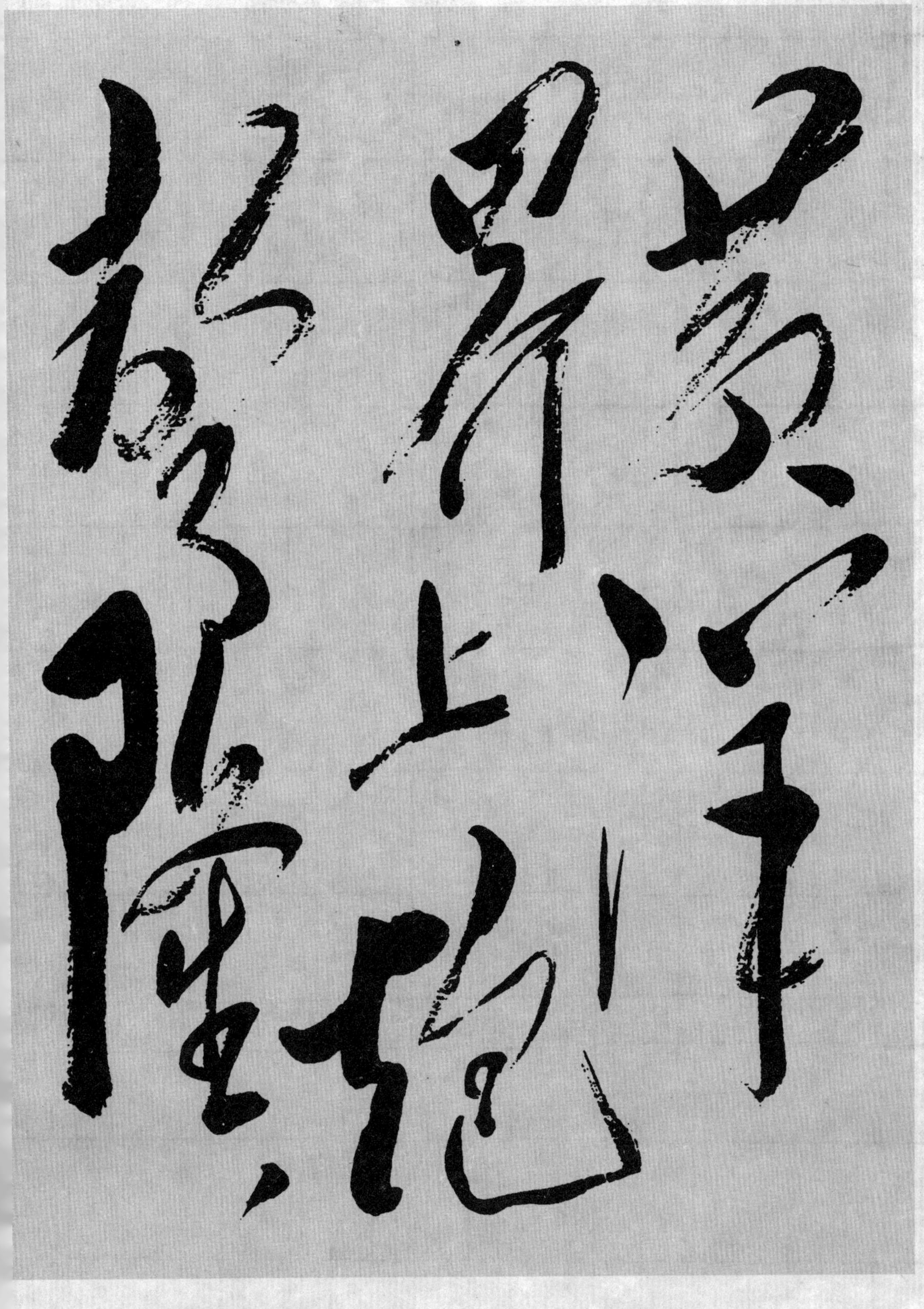

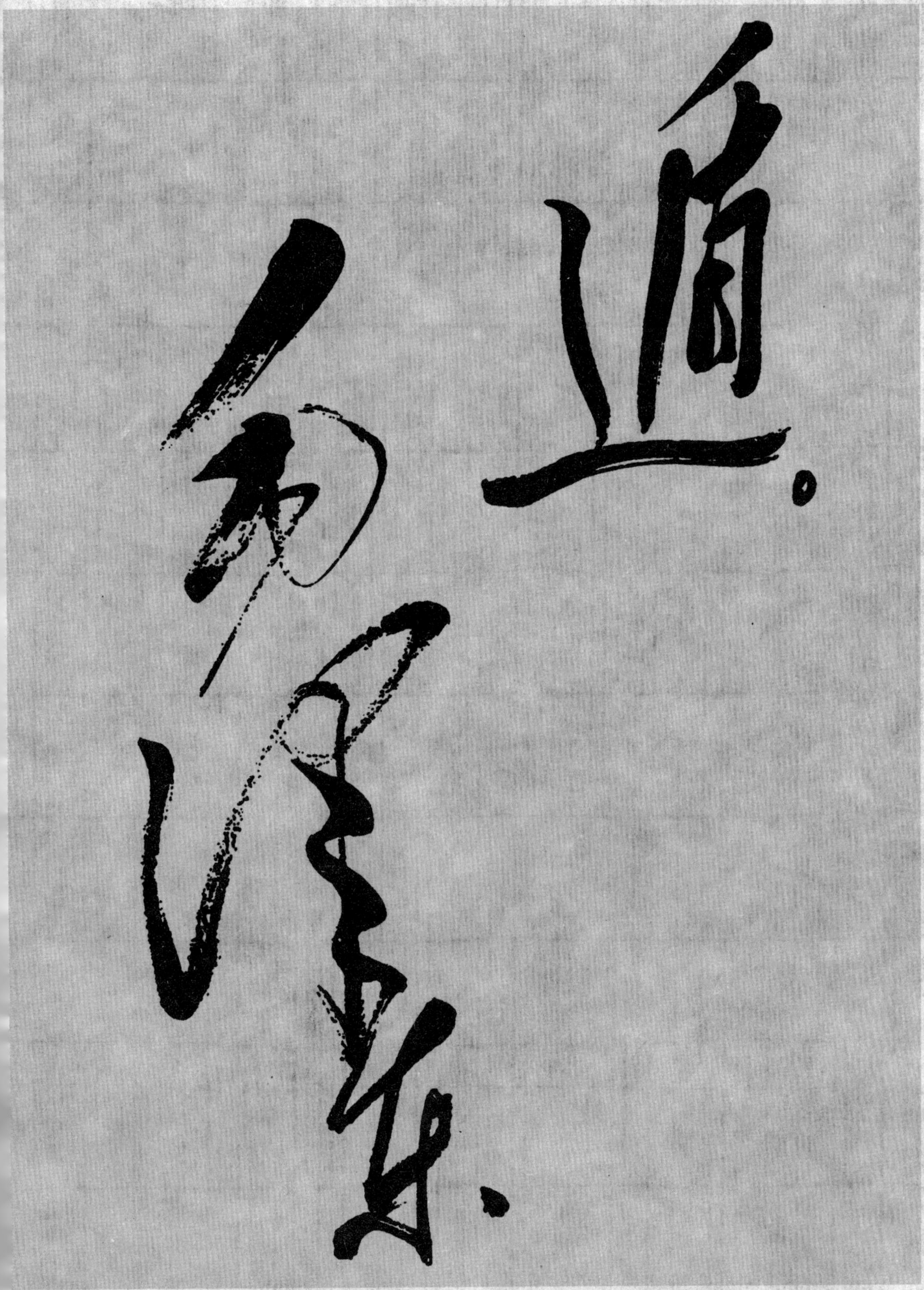

毛澤東手書真迹

第二时期·自作诗词

第二时期·自作诗词

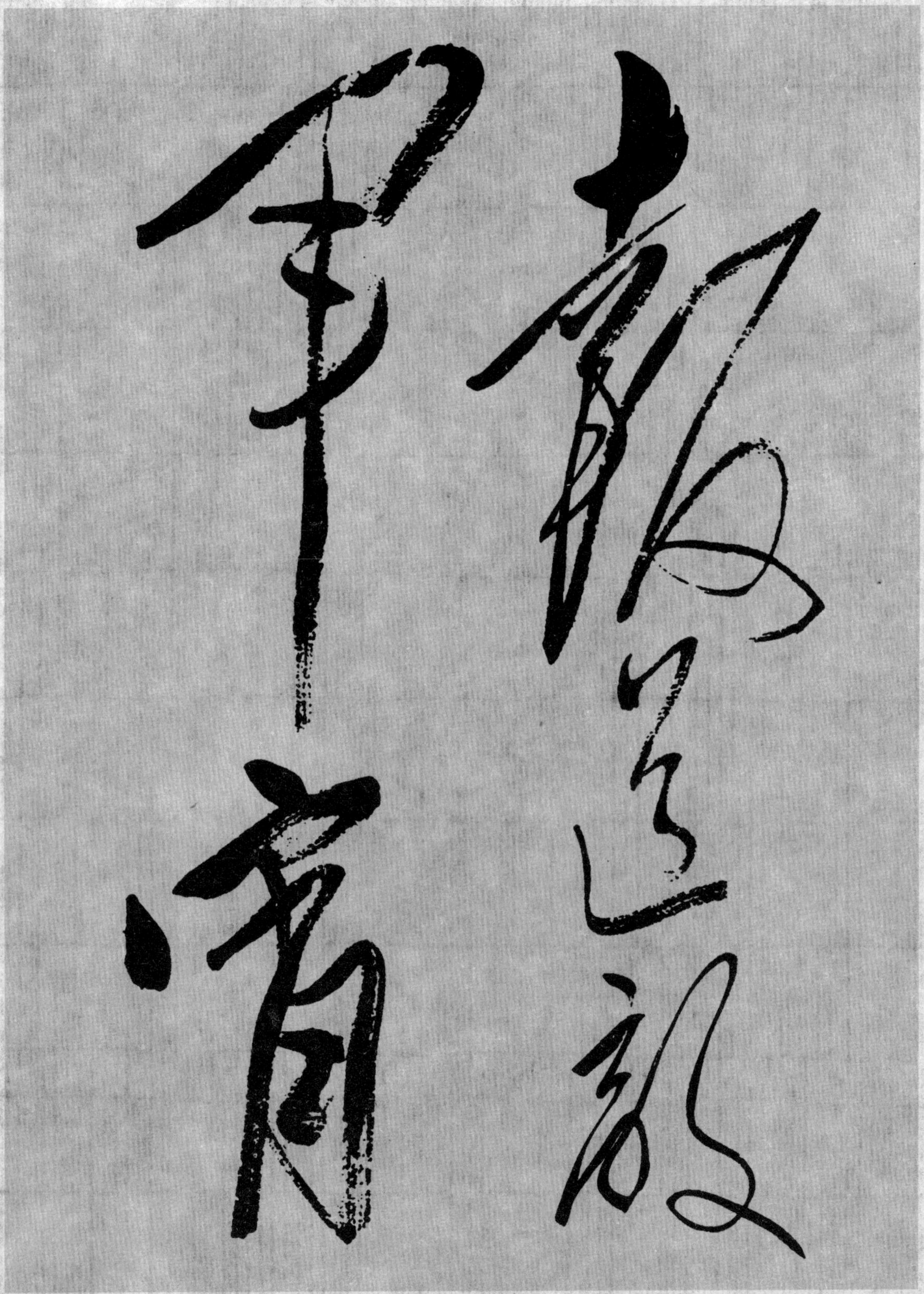

清平乐

蒋桂战争

一九二九年秋

风云突变，军阀重开战。洒向人间都是怨，一枕黄粱再现。

红旗越过汀江，直下龙岩上杭。收拾金瓯一片，分田分地真忙。

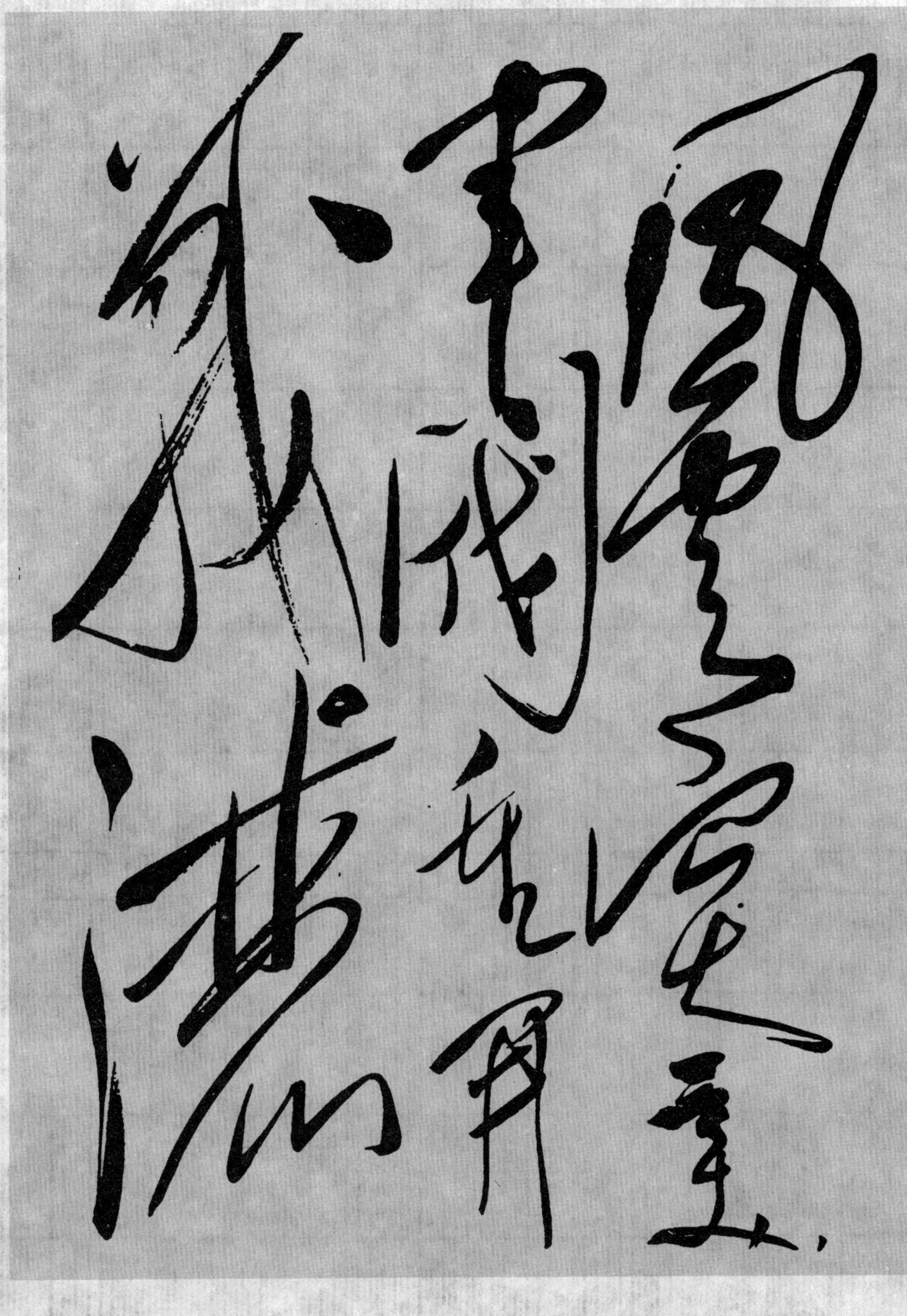

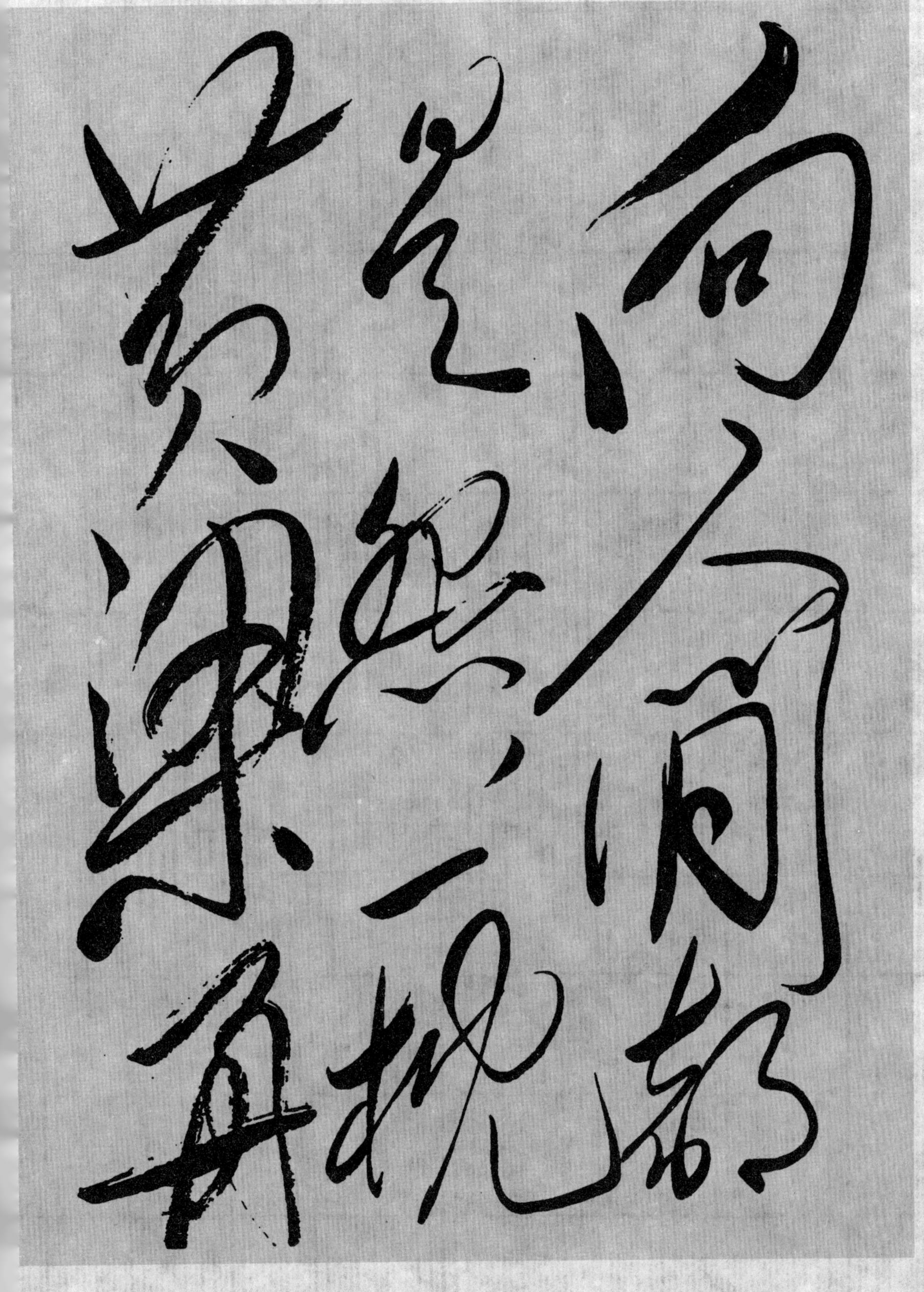

第二时期·自作诗词

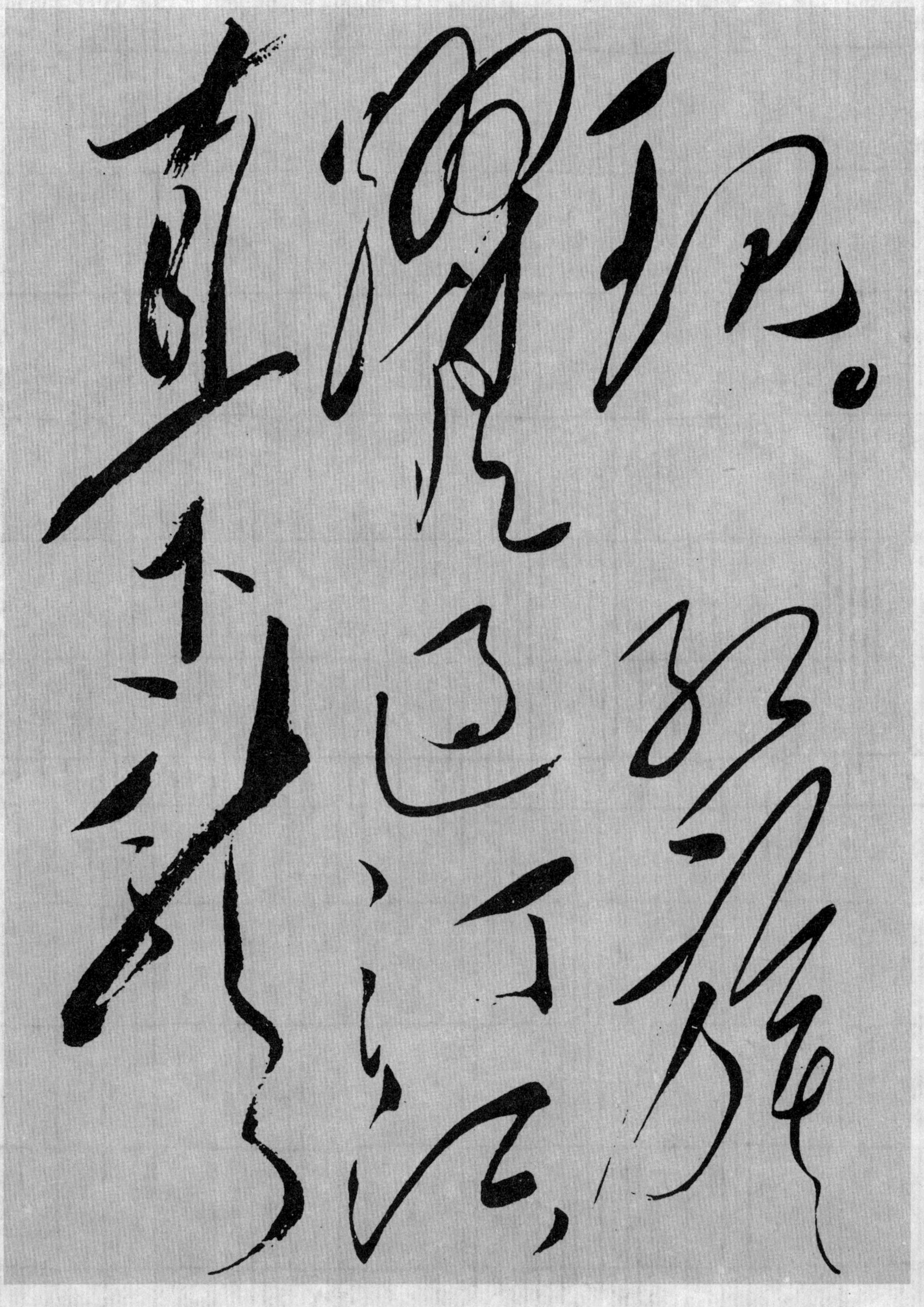

第二时期·自作诗词

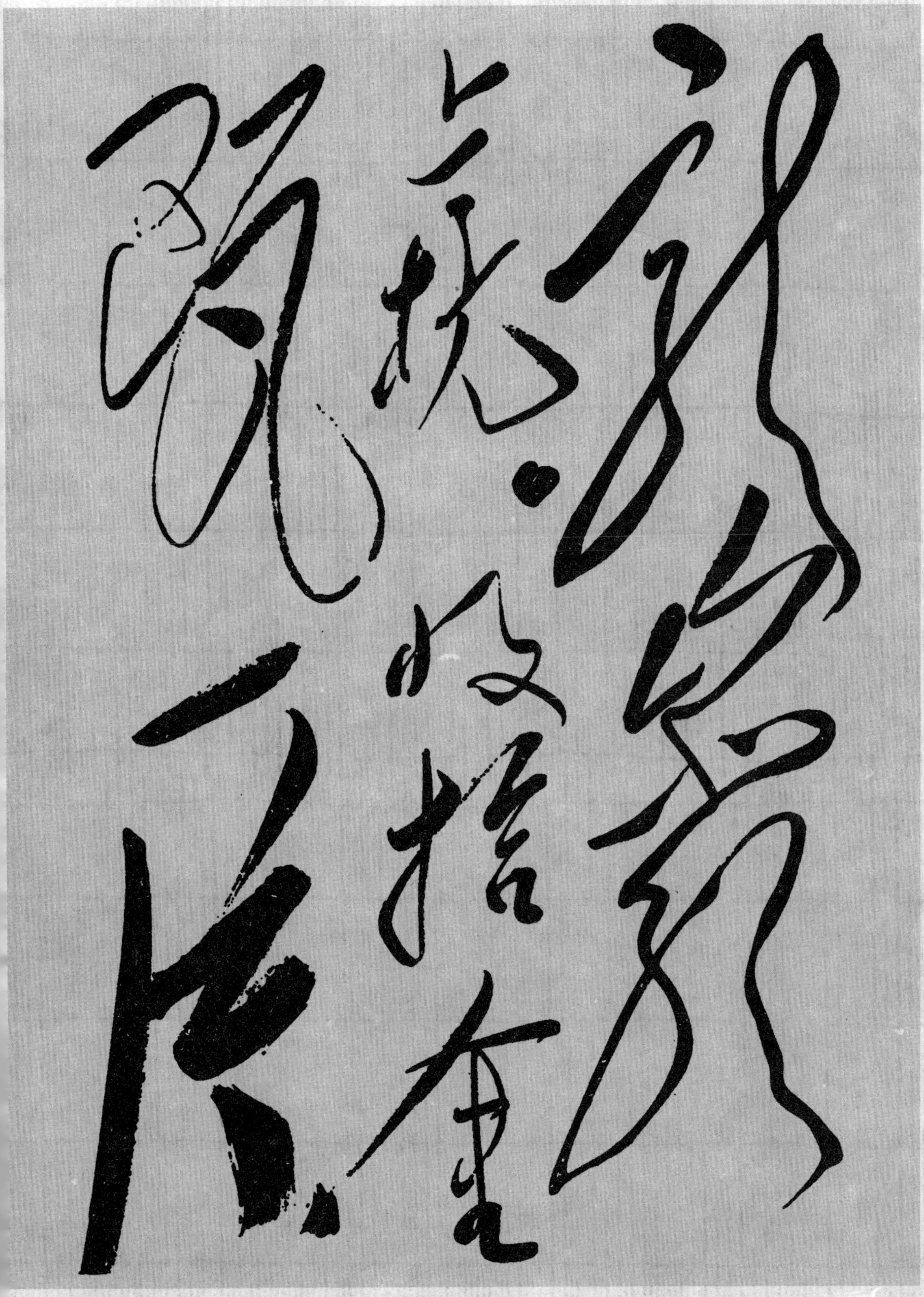

采桑子

重阳

一九二九年十月

人生易老天难老，岁岁重阳。今又重阳，战地黄花分外香。

一年一度秋风劲，不似春光。胜似春光，廖廓江天万里霜。

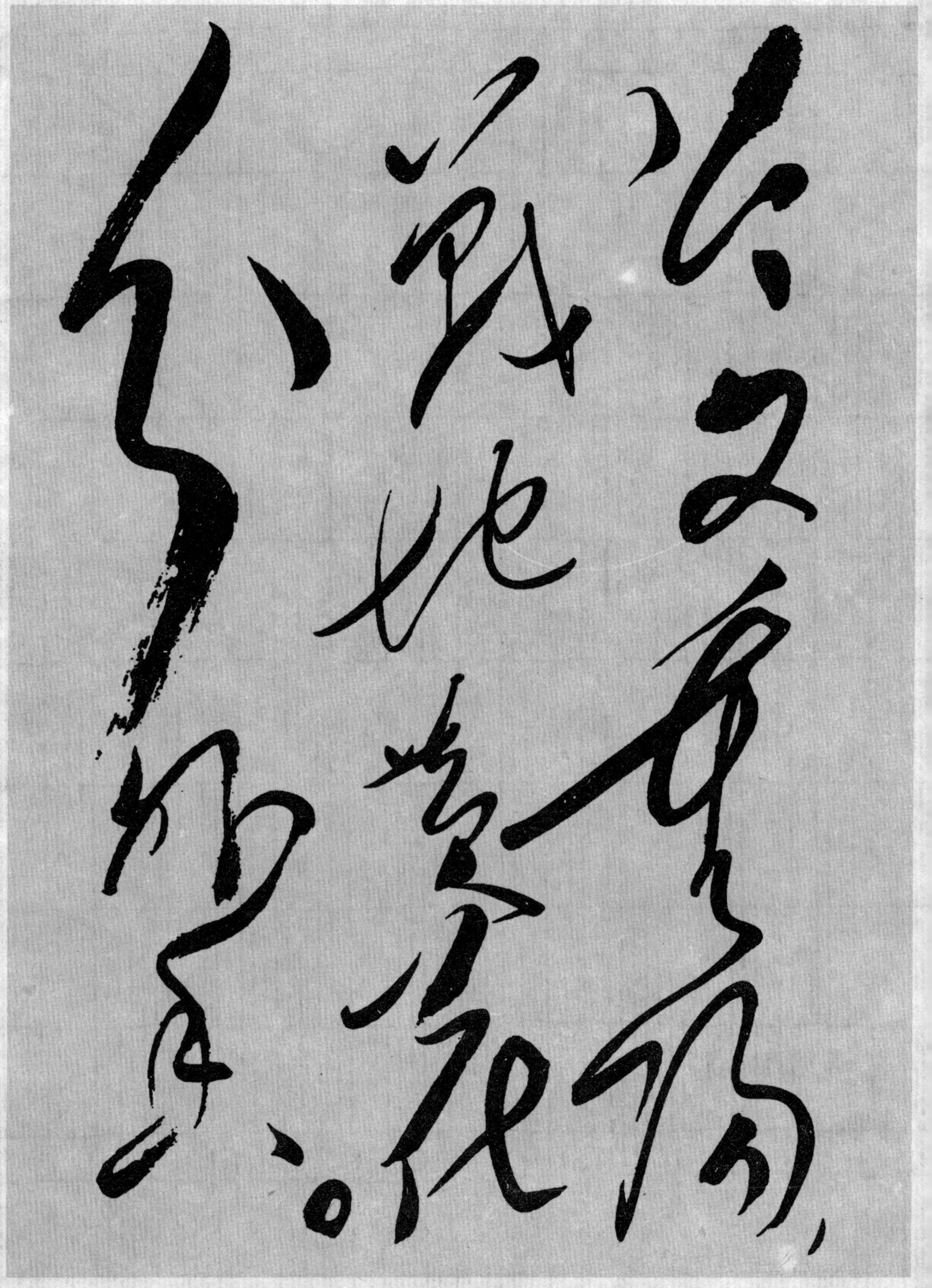

第二时期·自作诗词

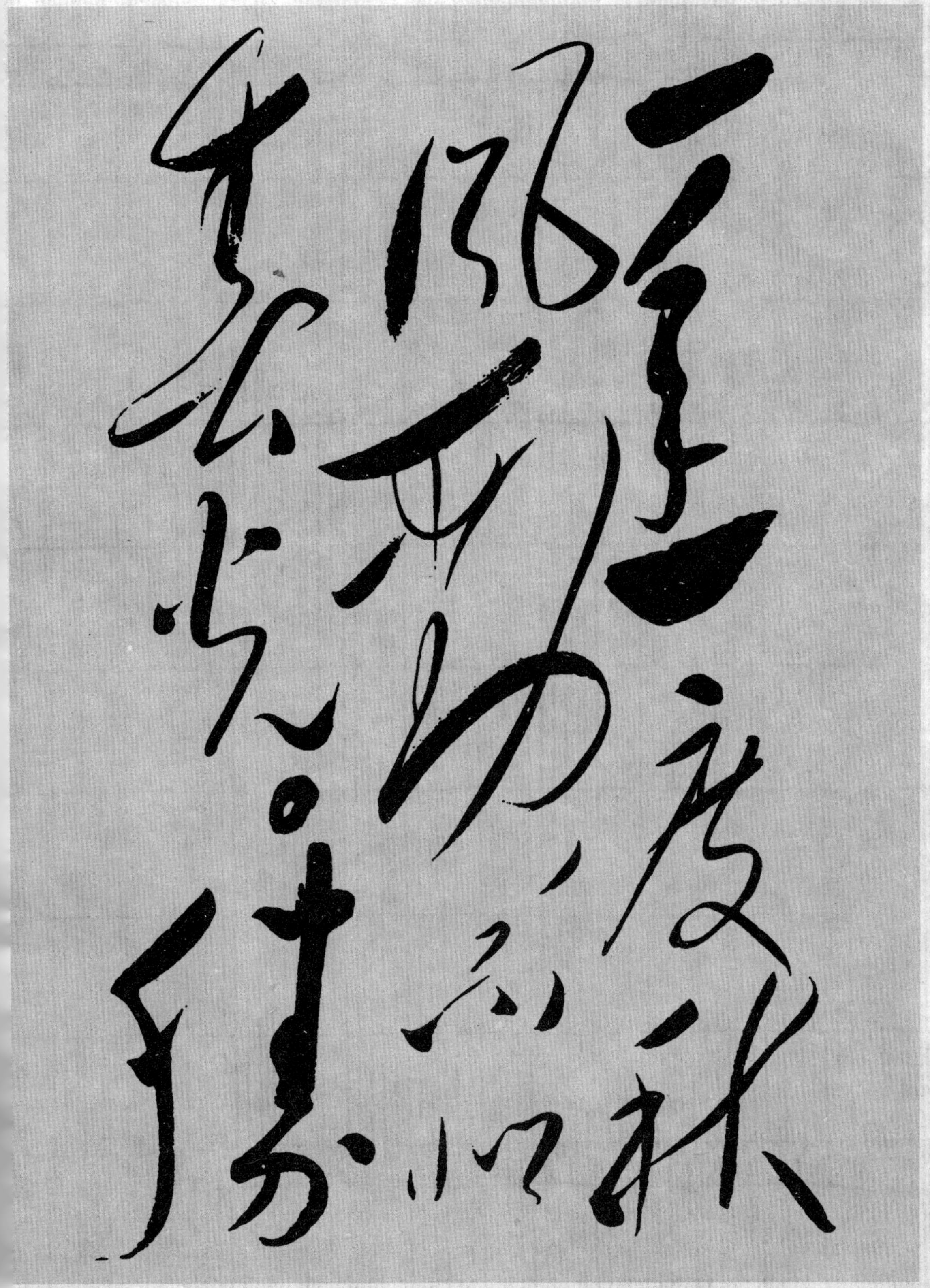

第二时期・自作诗词

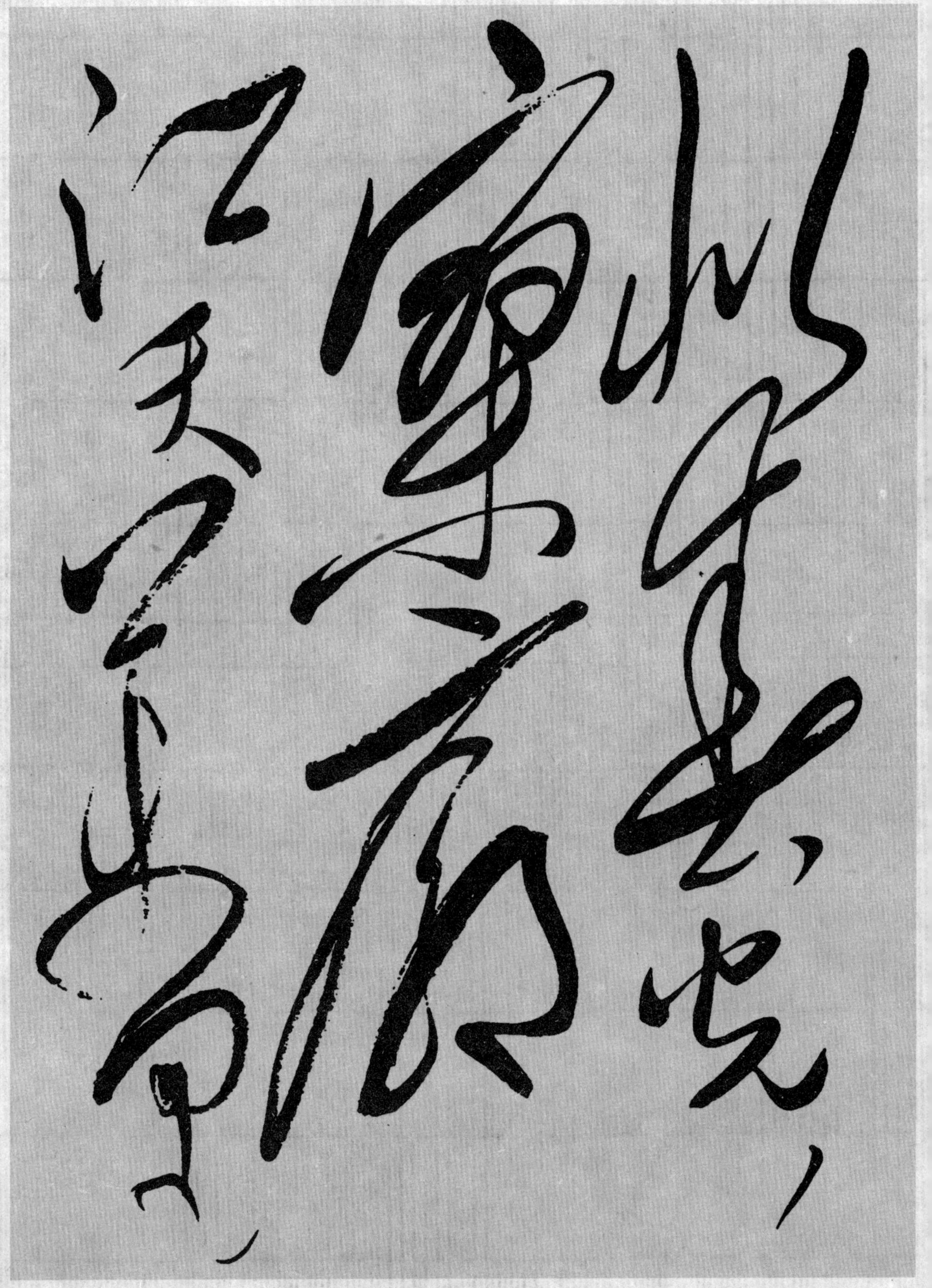

减字木兰花·广昌路上

一九三〇年二月

漫天皆白，雪里行军情更切。头上高山，风卷红旗冻不翻。

北生何去？赣江风雪迷漫处。命令昨颁，十万工家下吉安。

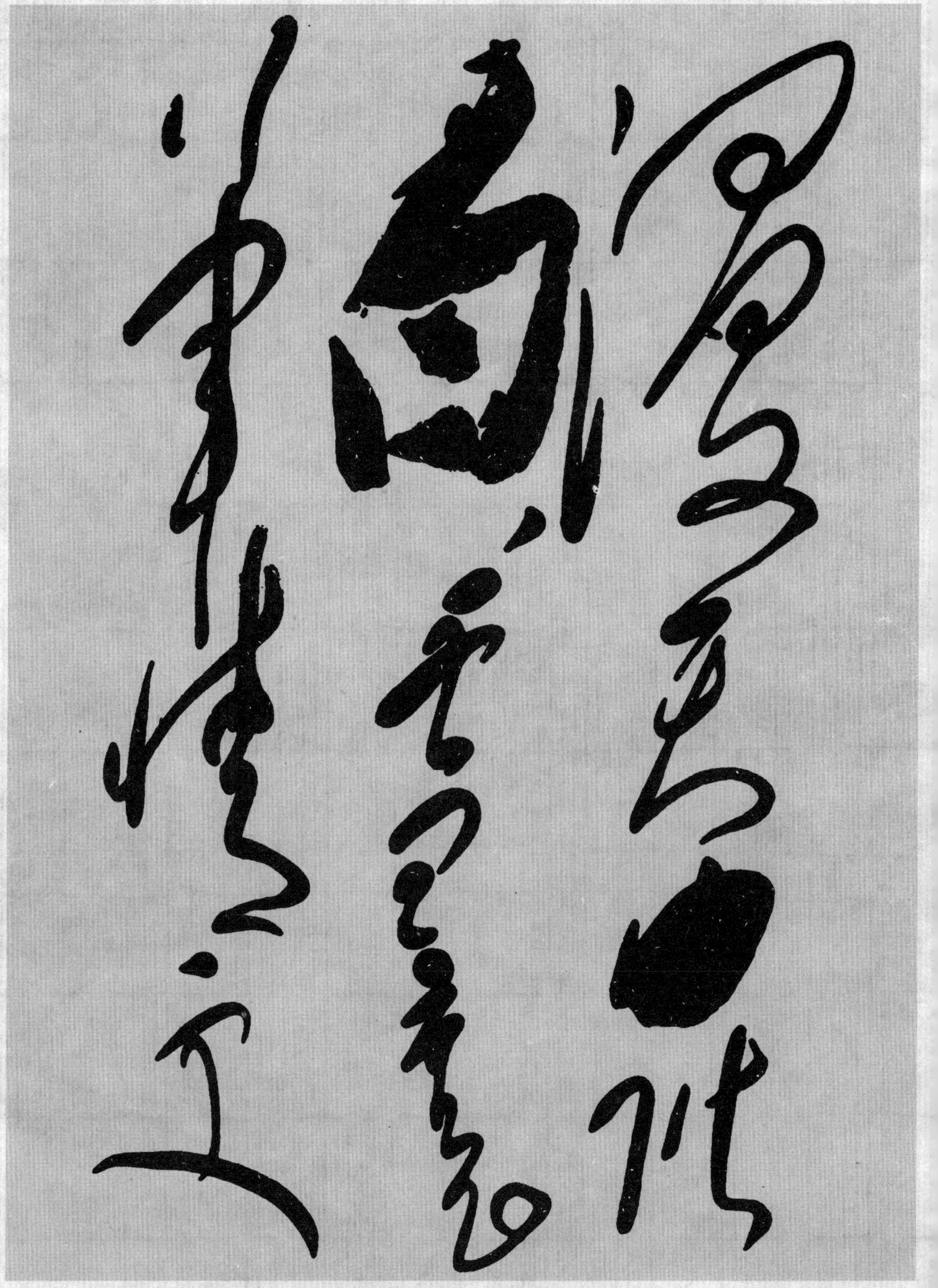

第二时期·自作诗词

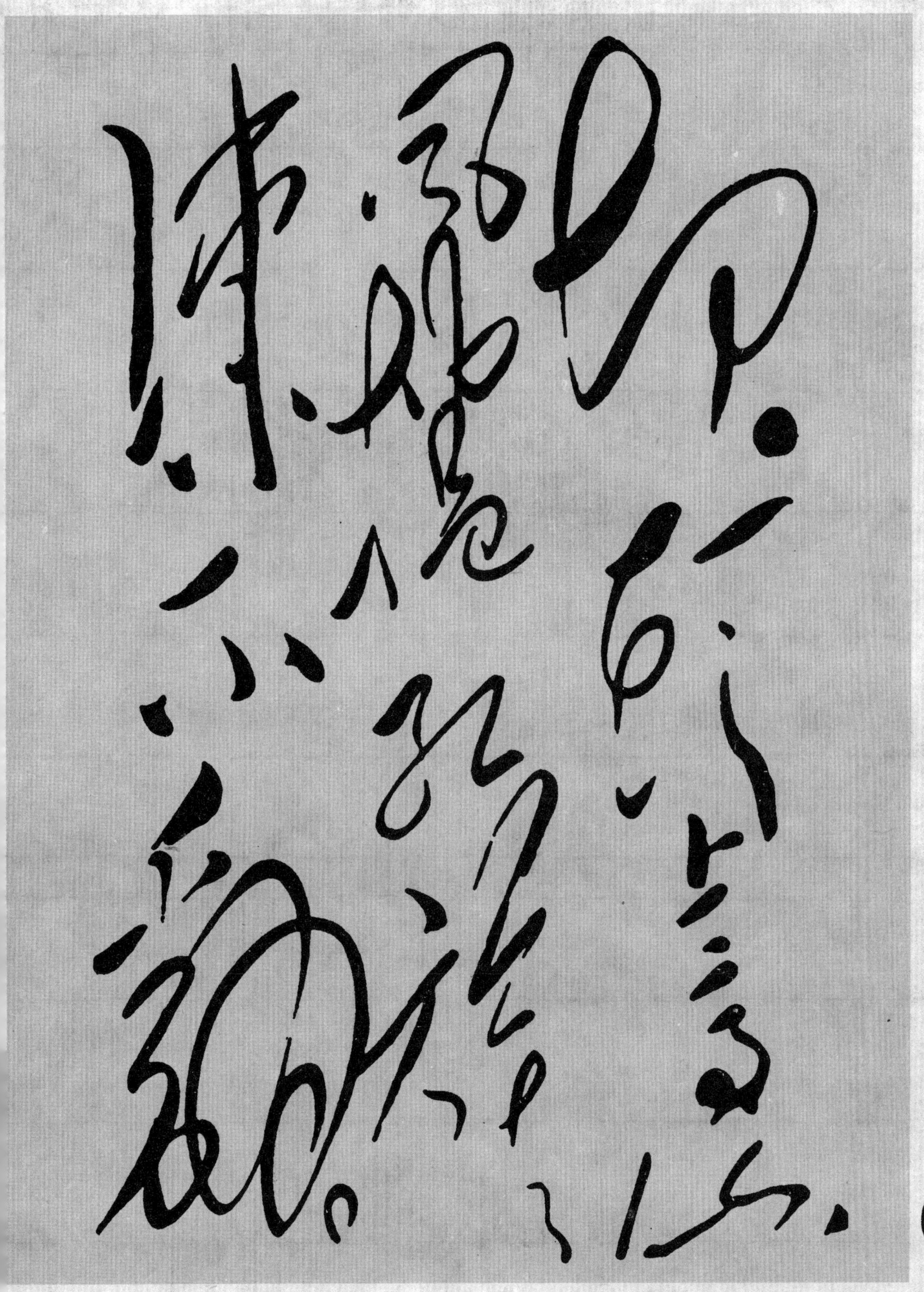

第二时期·自作诗词

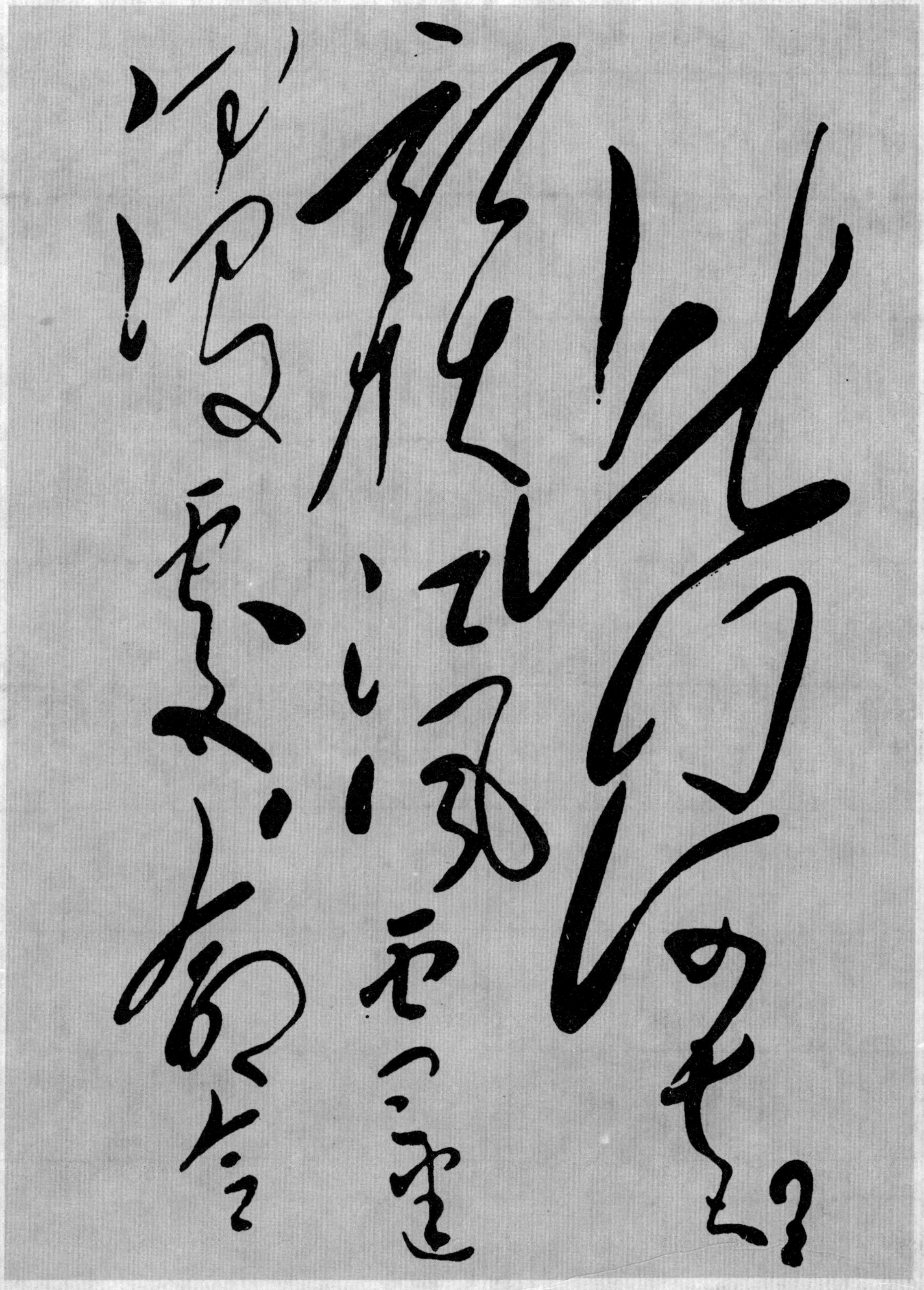

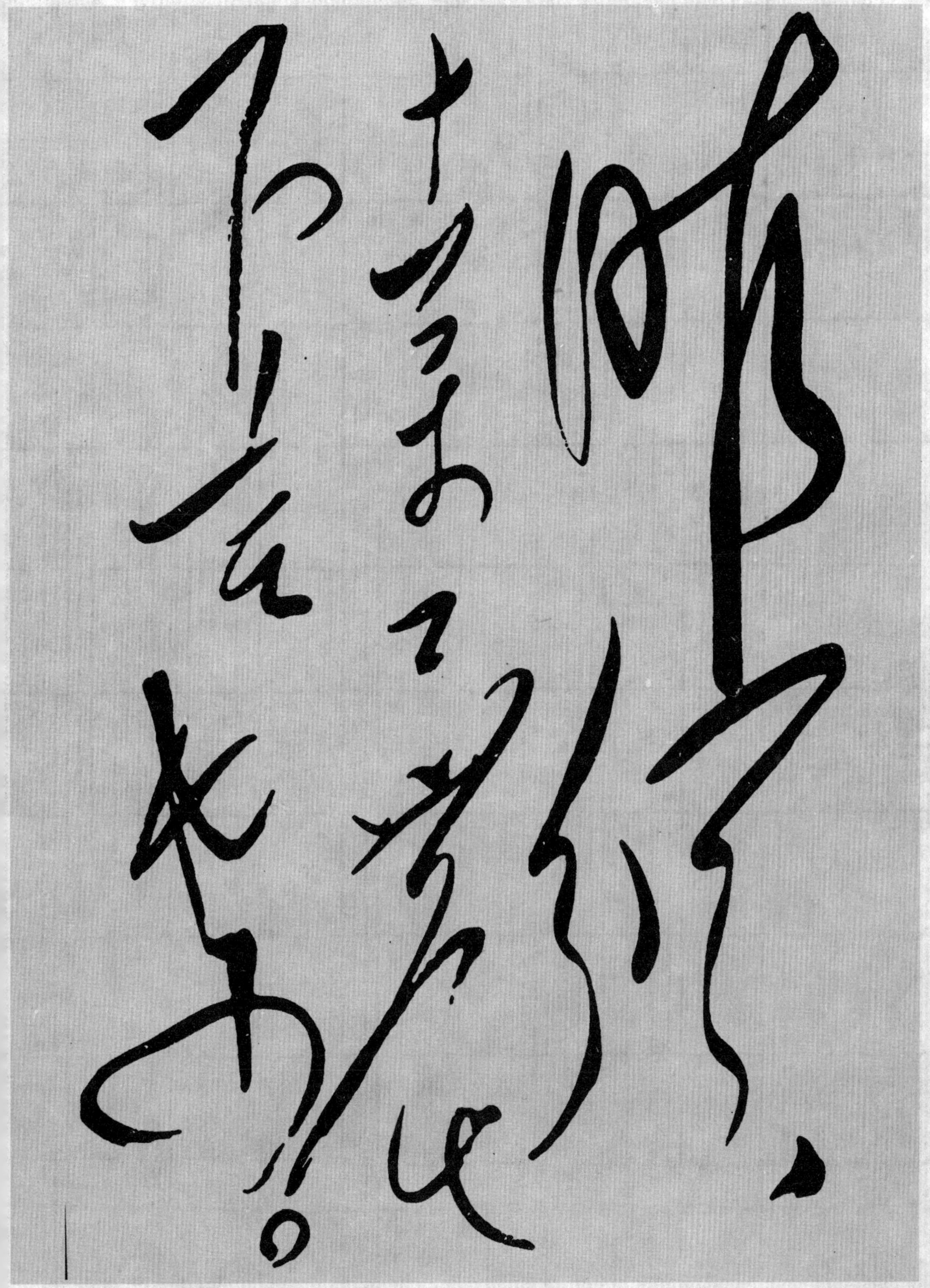

菩萨蛮

大柏地

一九三三年夏

赤橙黄绿青蓝紫，谁持彩练当空舞？雨后复斜阳，关山阵阵苍。

当年鹿战急，弹洞前村壁，装点此关山，今朝更好看。

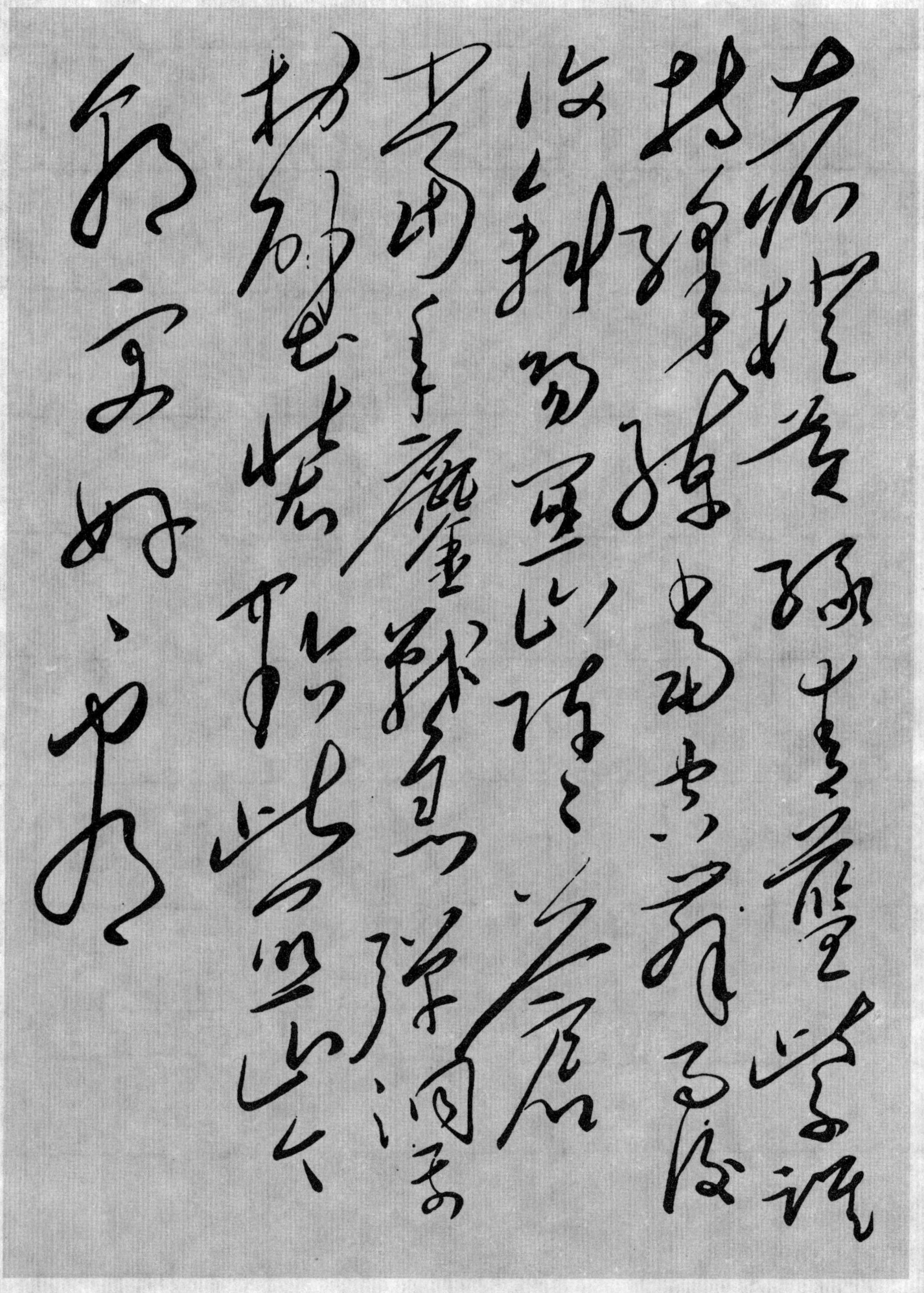

清平乐

会昌

（手迹之一）

一九三四年夏

东方欲晓，莫道君行早。踏遍青山人未老，风景这边独好。

会昌城外高峰，颠连直接东溟。战士指看南粤，更加郁郁葱葱。

调寄清平乐一九三四年登会昌山

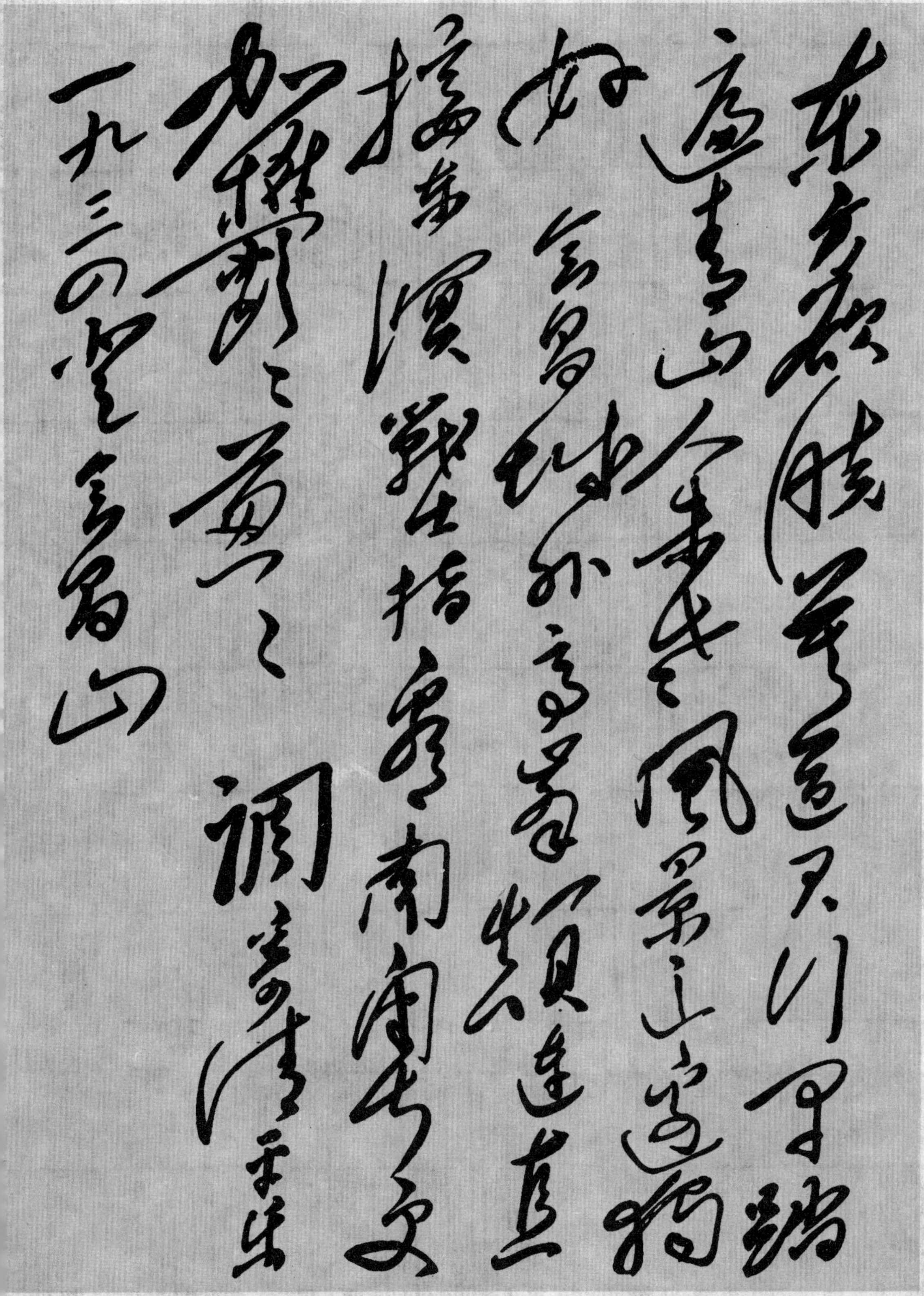

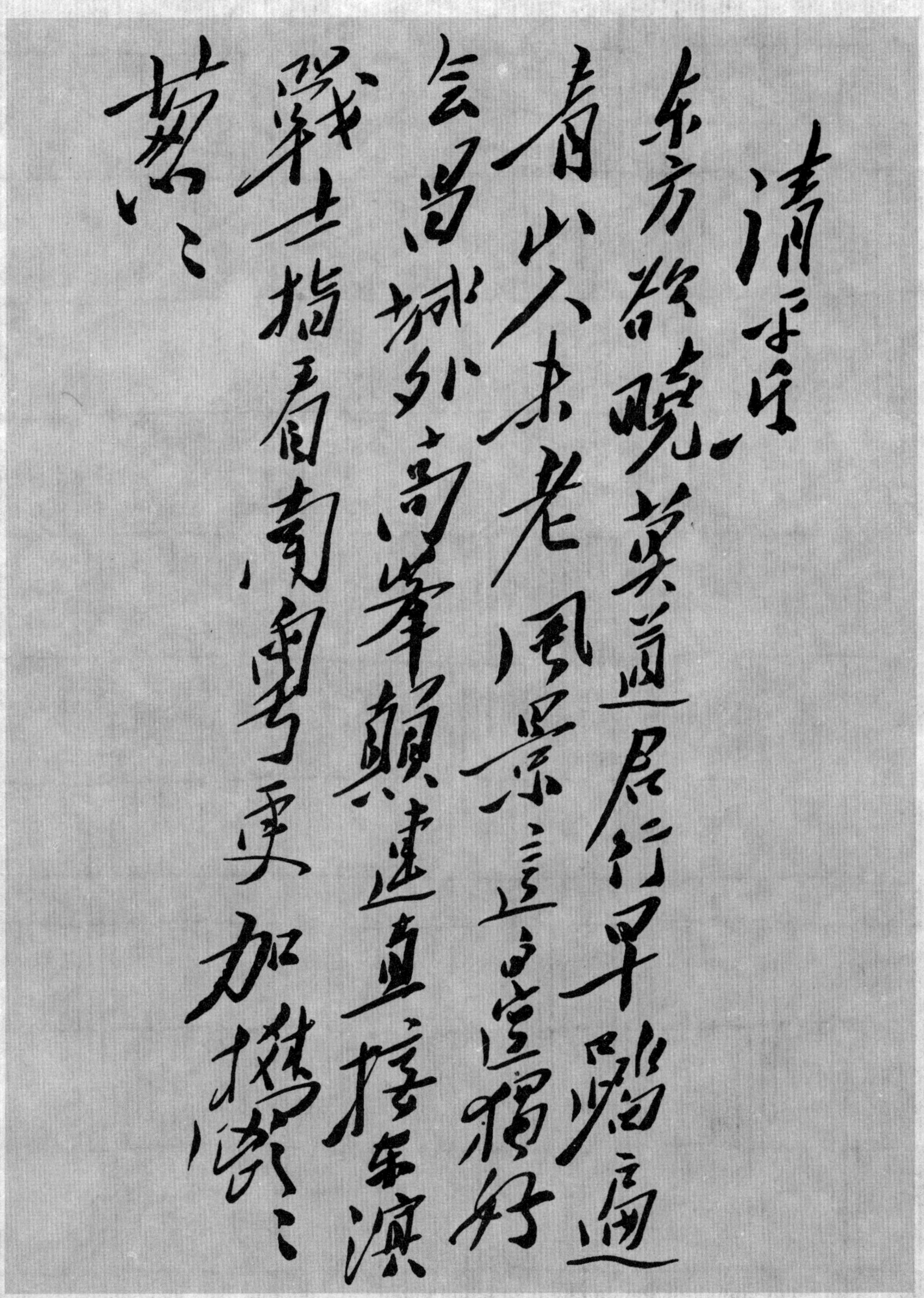
清平乐
东方欲晓，莫道君行早。踏遍青山人未老，风景这边独好。会昌城外高峰，颠连直接东溟。战士指看南粤，更加郁郁葱葱。

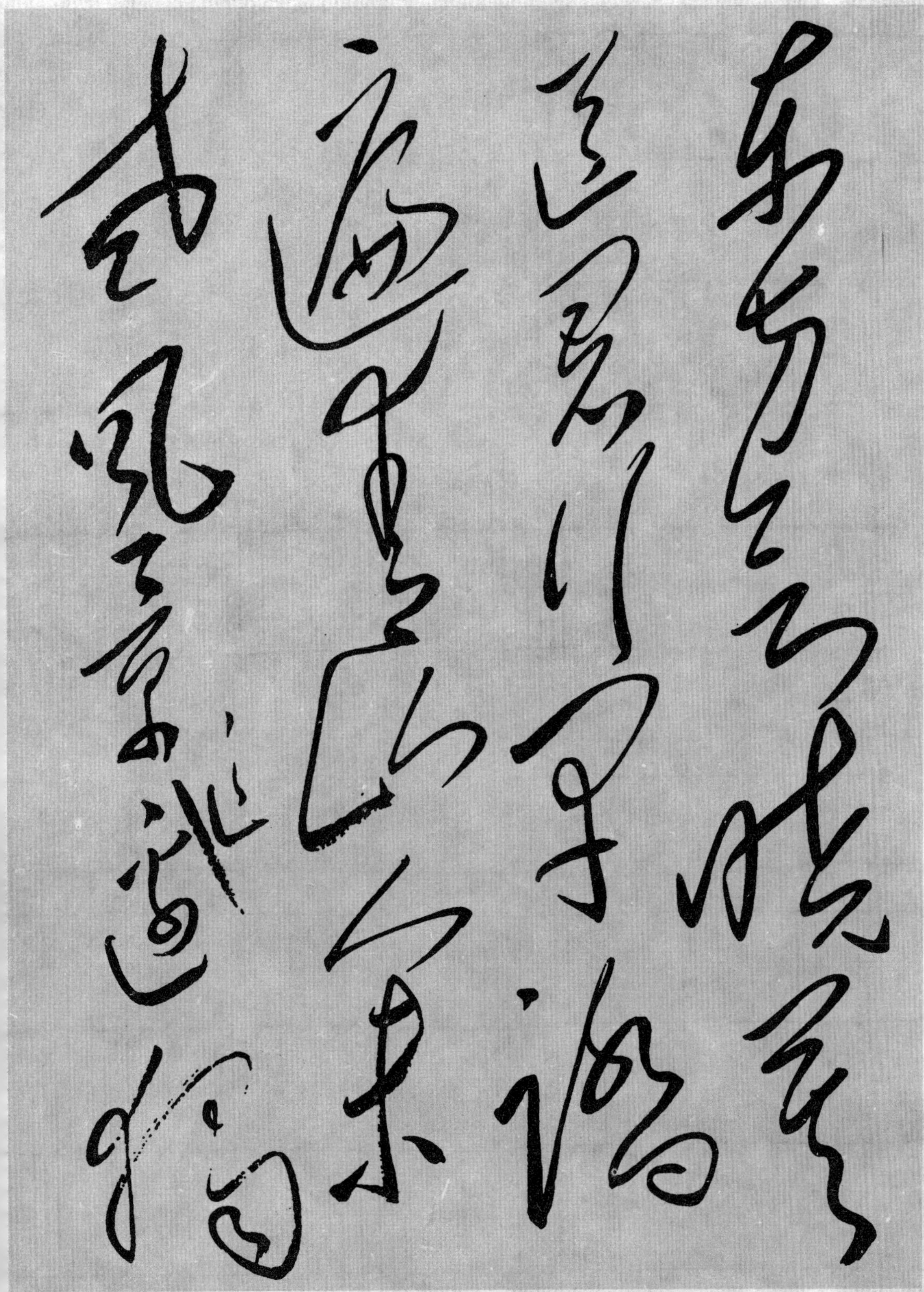
东方欲晓，莫道君行早。踏遍青山人未老，风景这边独好。

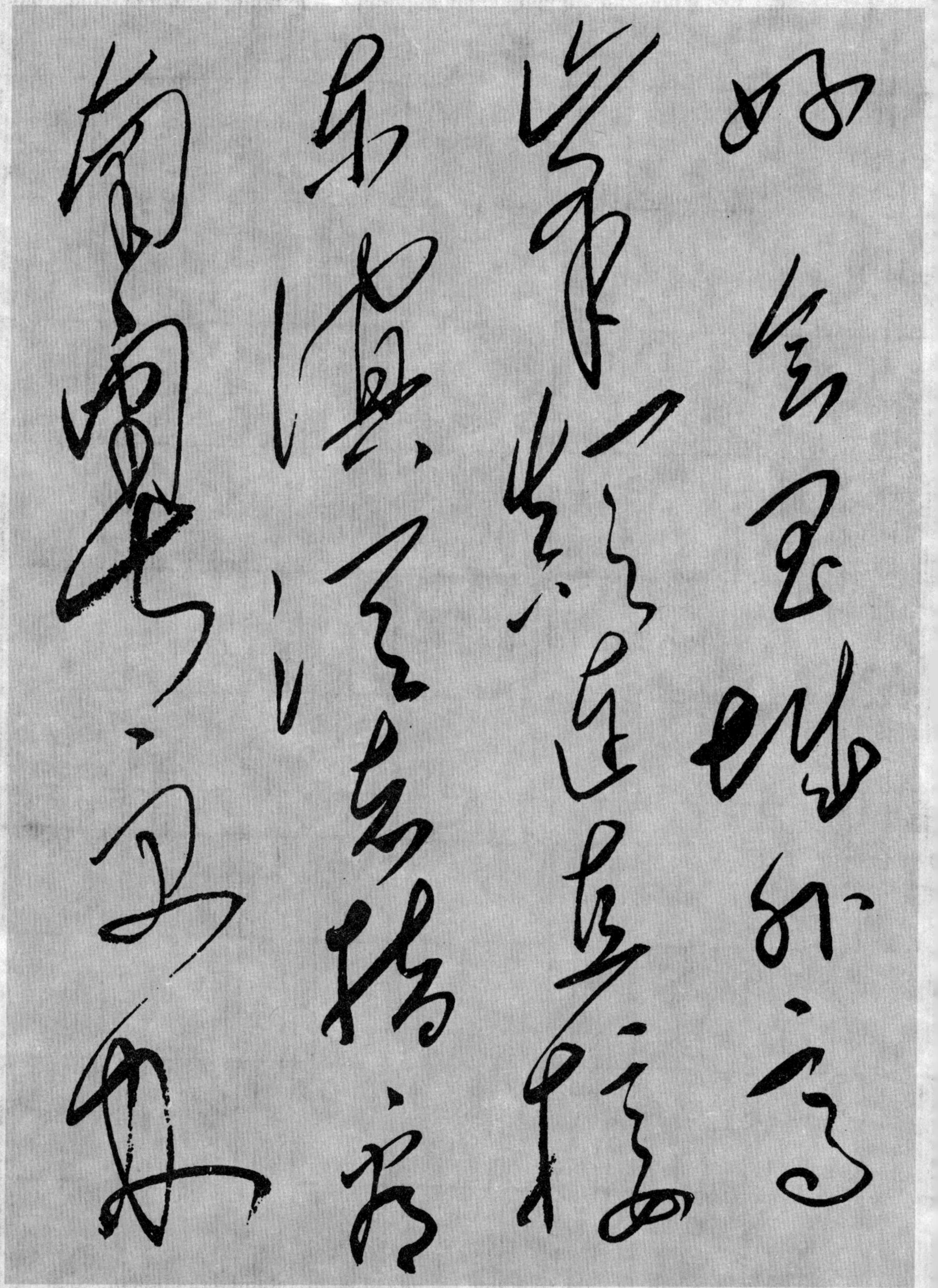

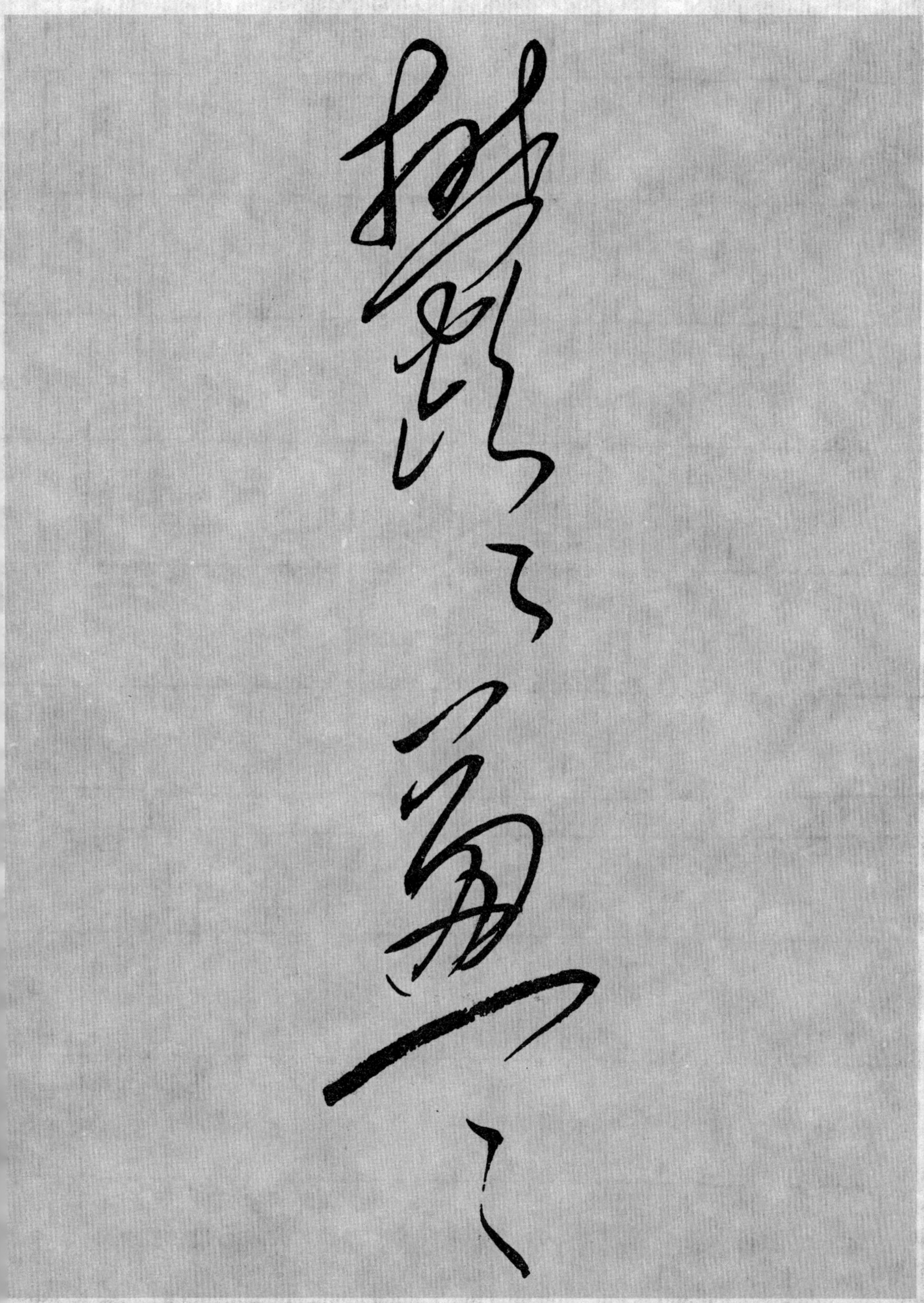

清平乐
会昌
（手迹之四）

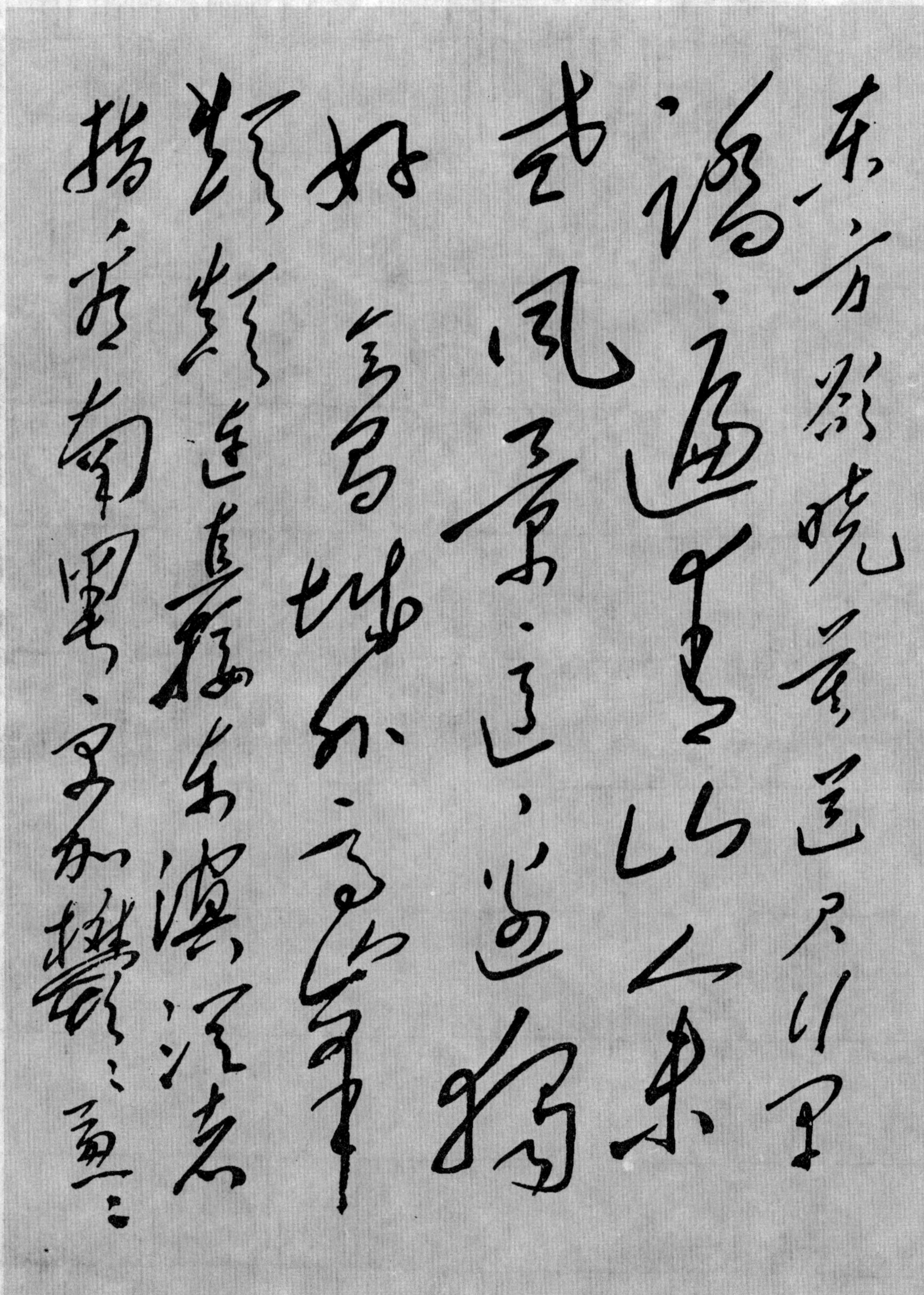

忆秦娥
娄山关
一九三五年二月

西风烈，长空雁叫霜晨月。霜晨月，马蹄声碎，喇叭声咽。

雄关漫漫真如铁，而今迈步从头越。从头越，苍山如海，残阳如血。

毛泽东

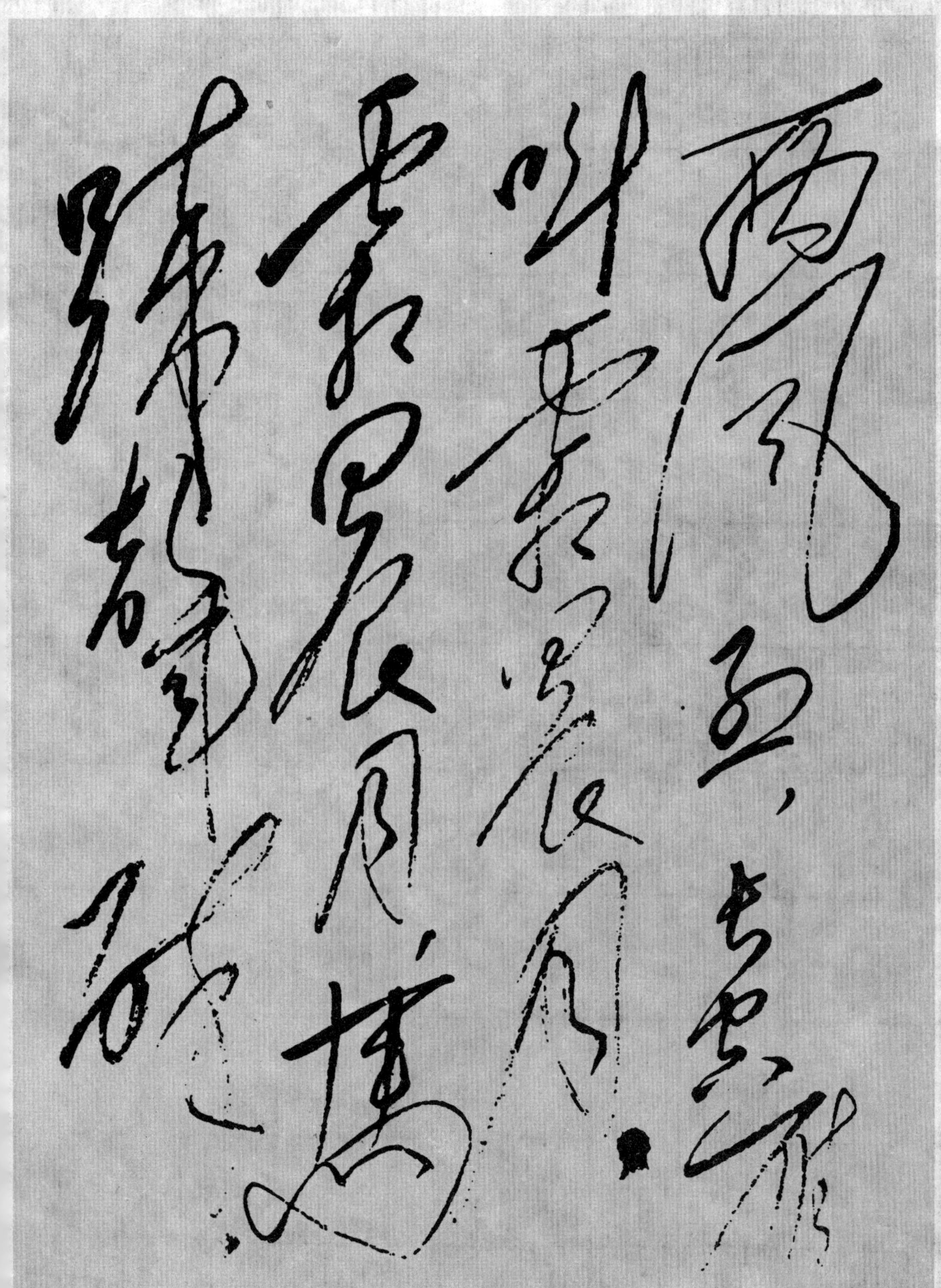

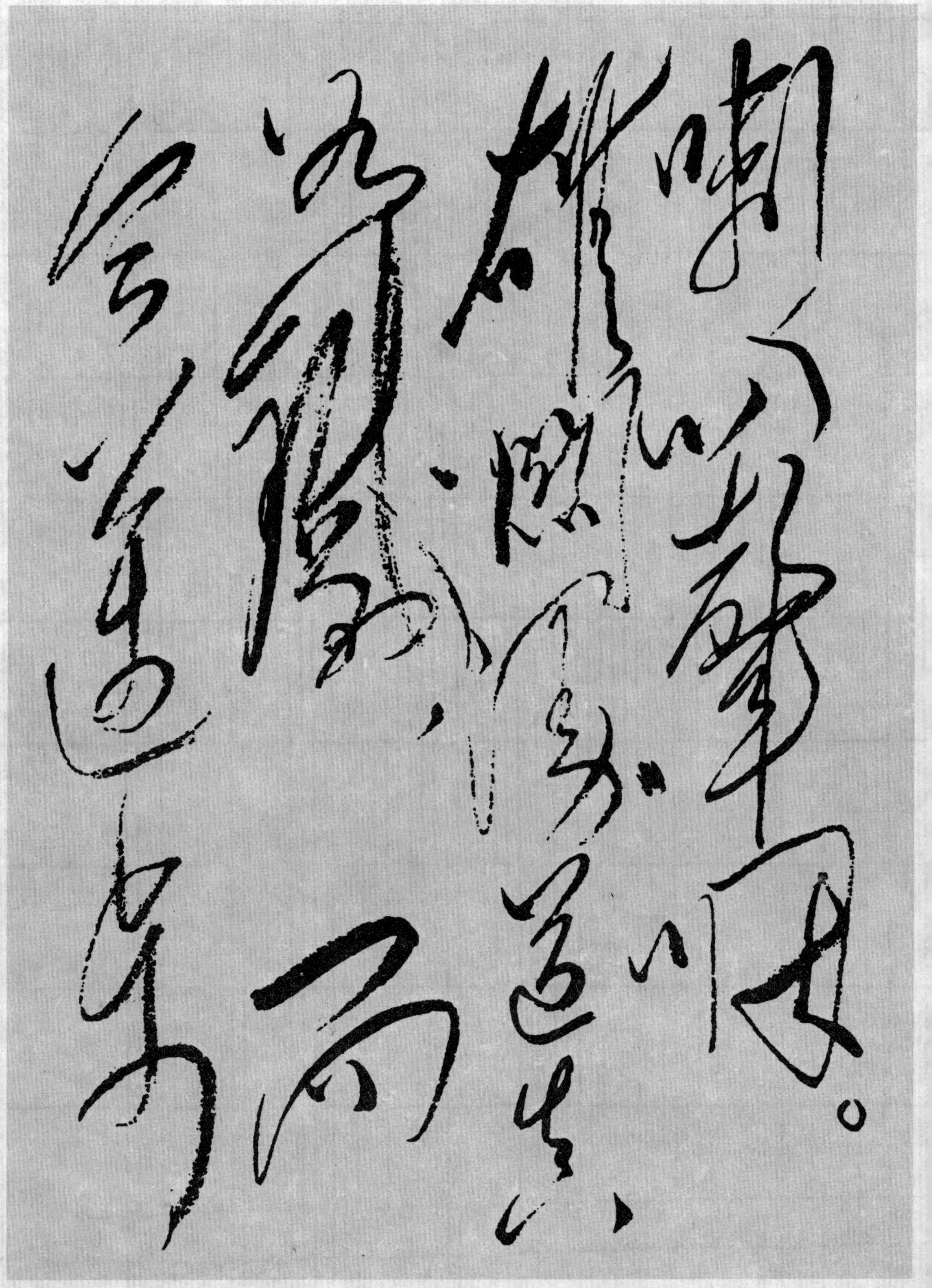

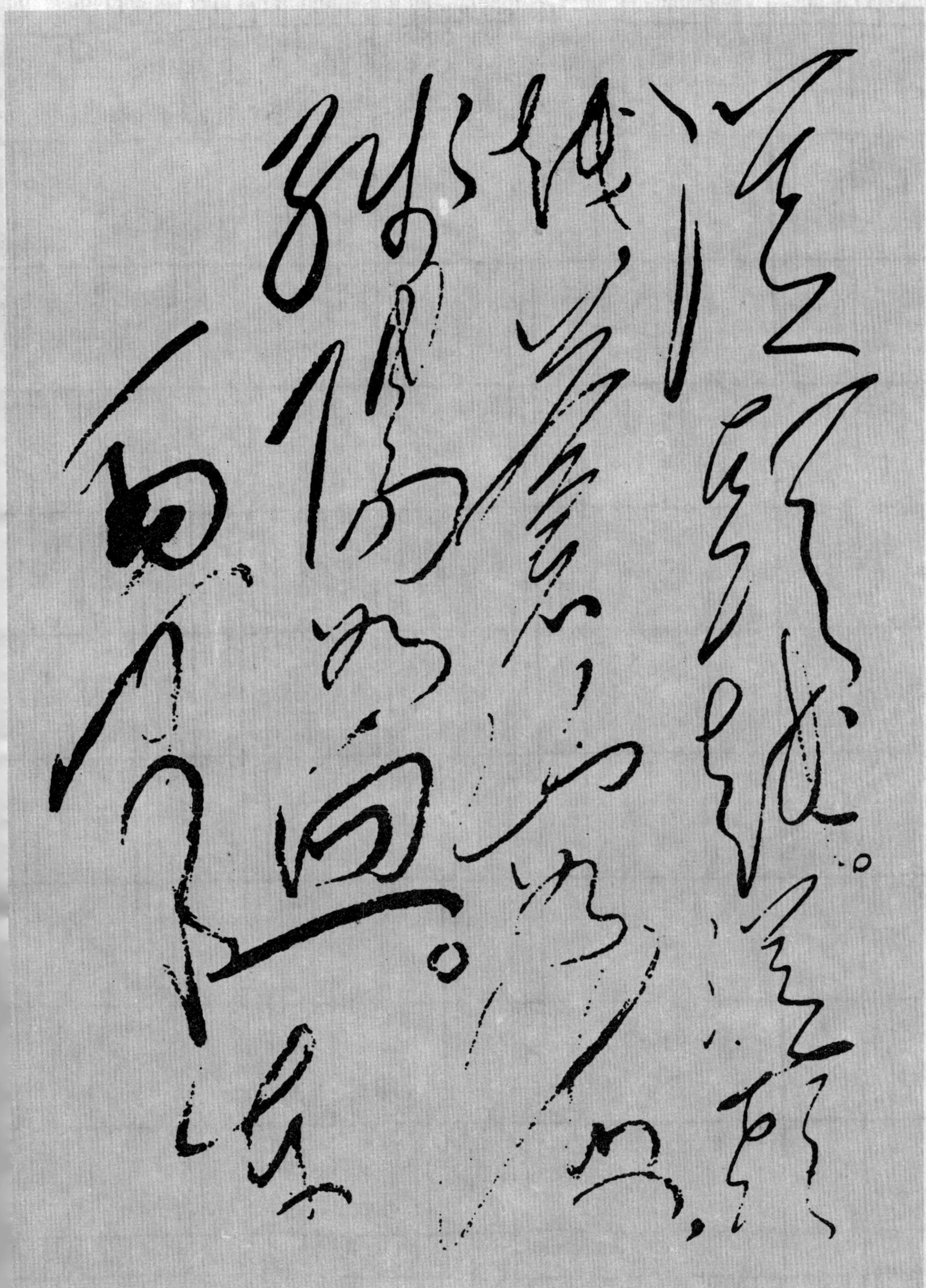

七律
长征
一九三五年十月

红军不怕远征难，万水千山只等闲。五岭逶迤腾细浪，乌蒙磅礴走泥丸。

金沙水拍云崖暖，大渡桥横铁锁寒。更喜岷山千里雪，三军过后尽开颜。

毛泽东

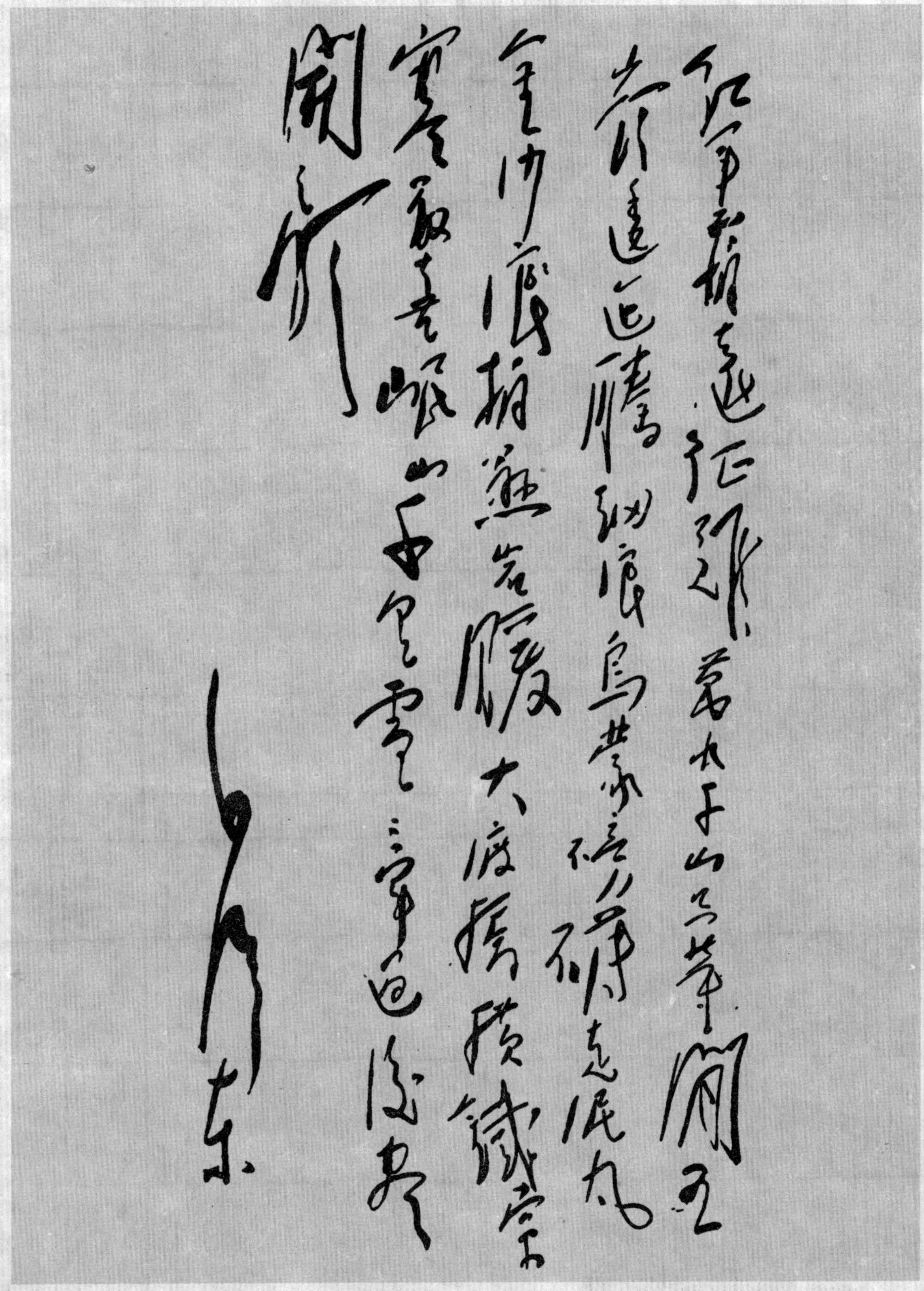

念奴娇
昆仑
一九三五年十月

横空出世，莽昆仑，阅尽人间春色。飞起玉龙三百万，搅得周天寒彻。夏日消溶，江河横溢，人或为鱼鳖。千秋功罪，谁人曾与评说？

而今我谓昆仑：不要这高，不要这多雪。安得倚天抽宝剑，把汝裁为三截？一截遗欧，一截赠美，一截还东国。环球同此凉热。

右反帝念奴娇一首

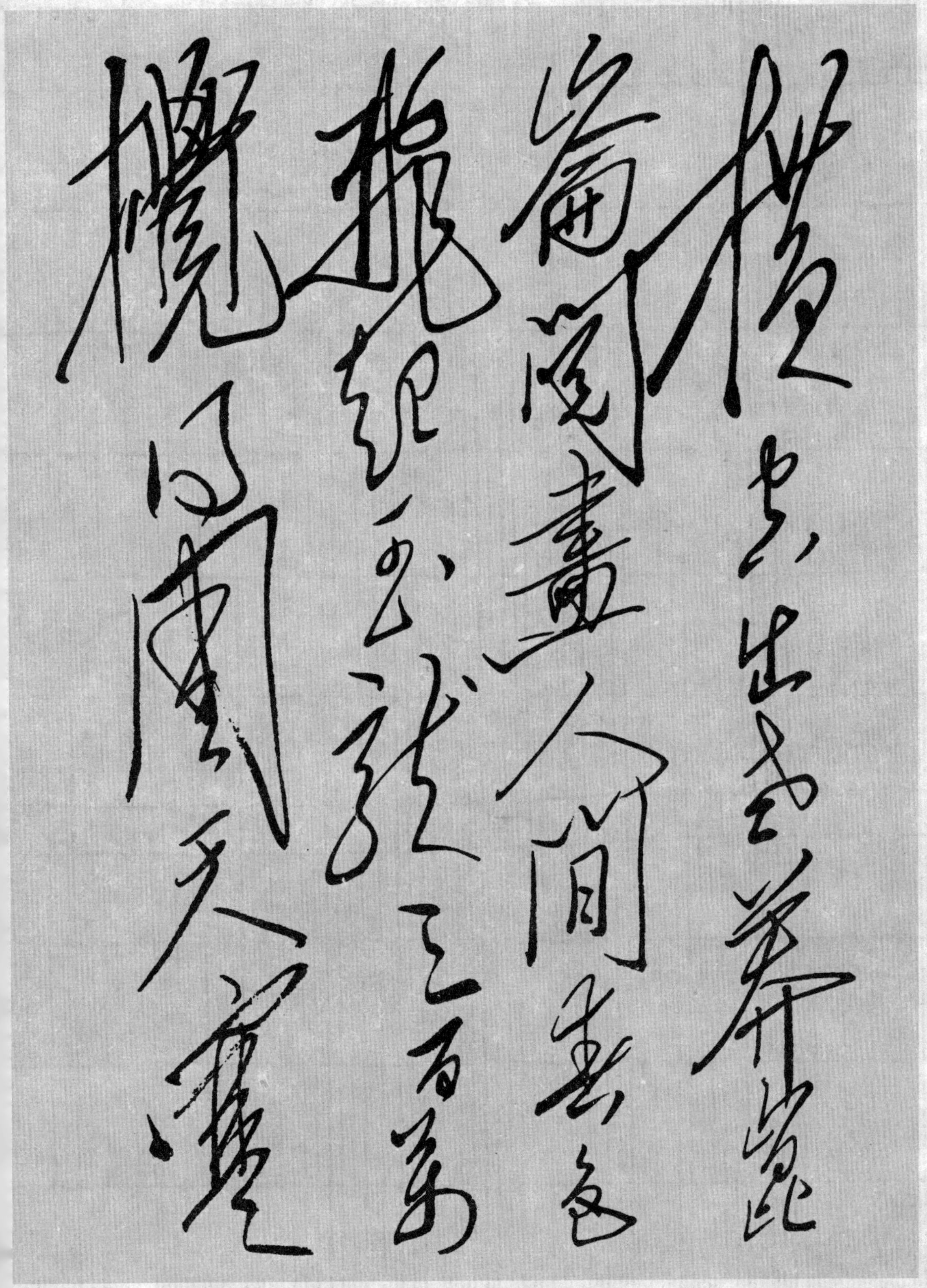

第二时期·自作诗词

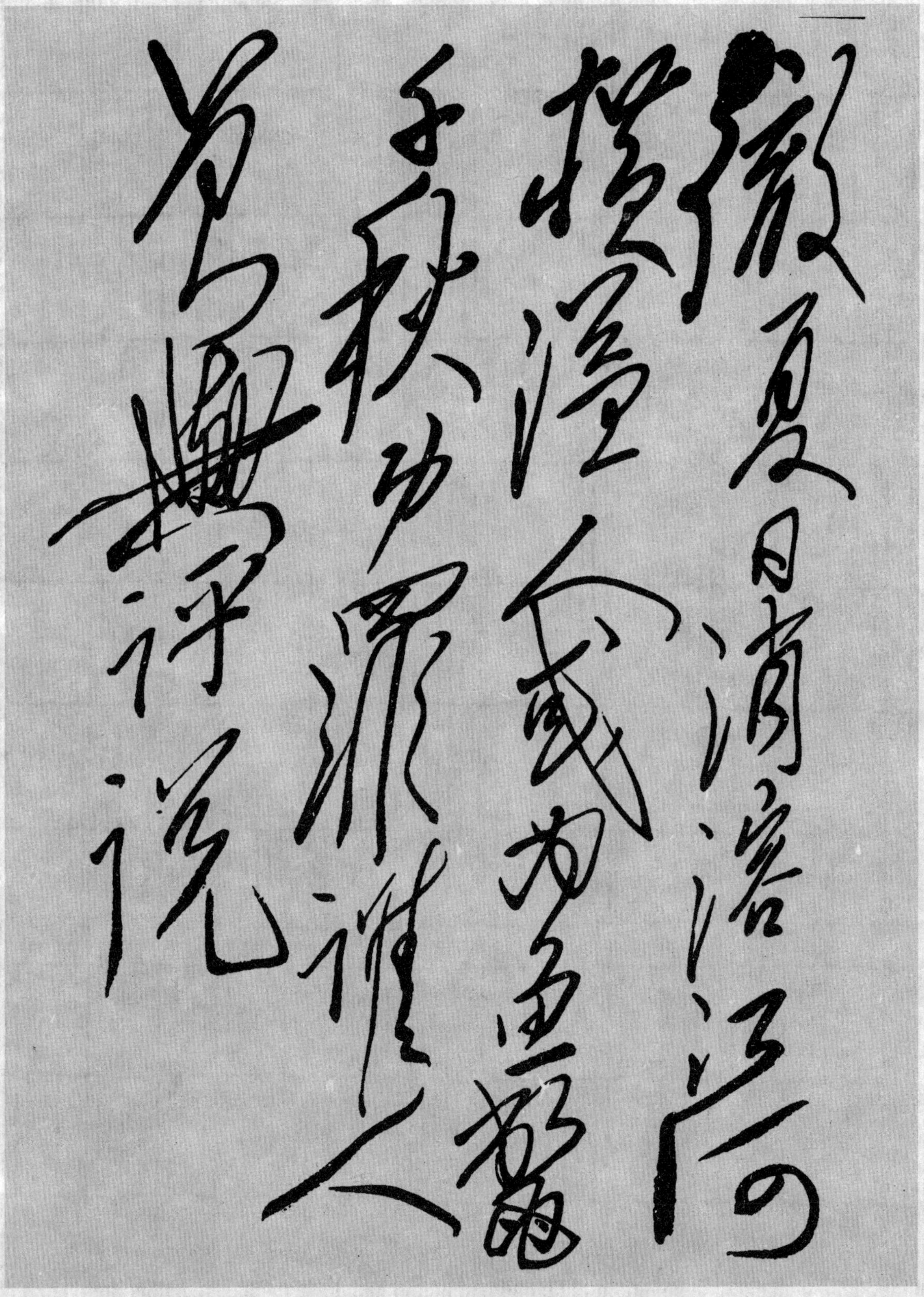

第二时期·自作诗词

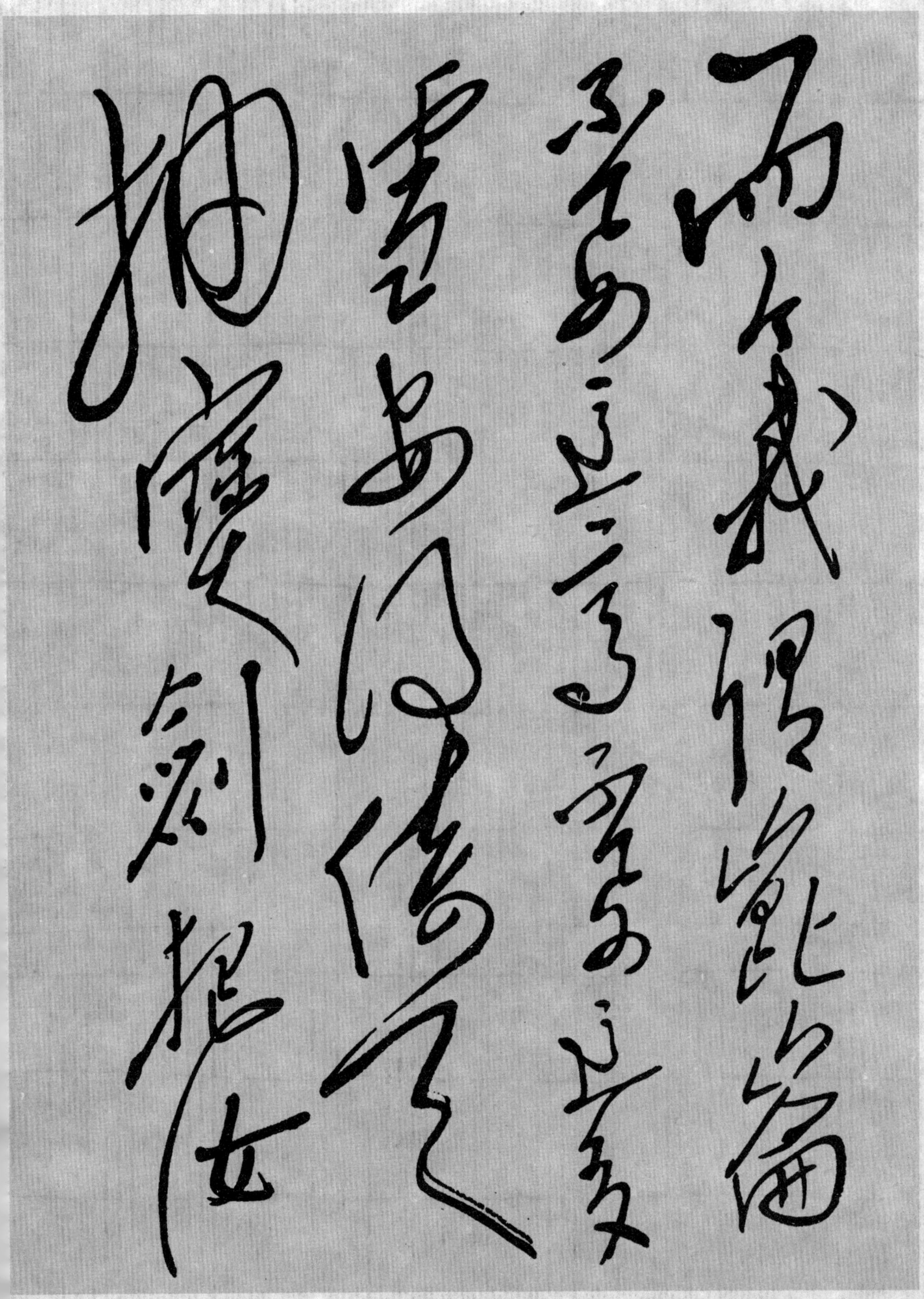

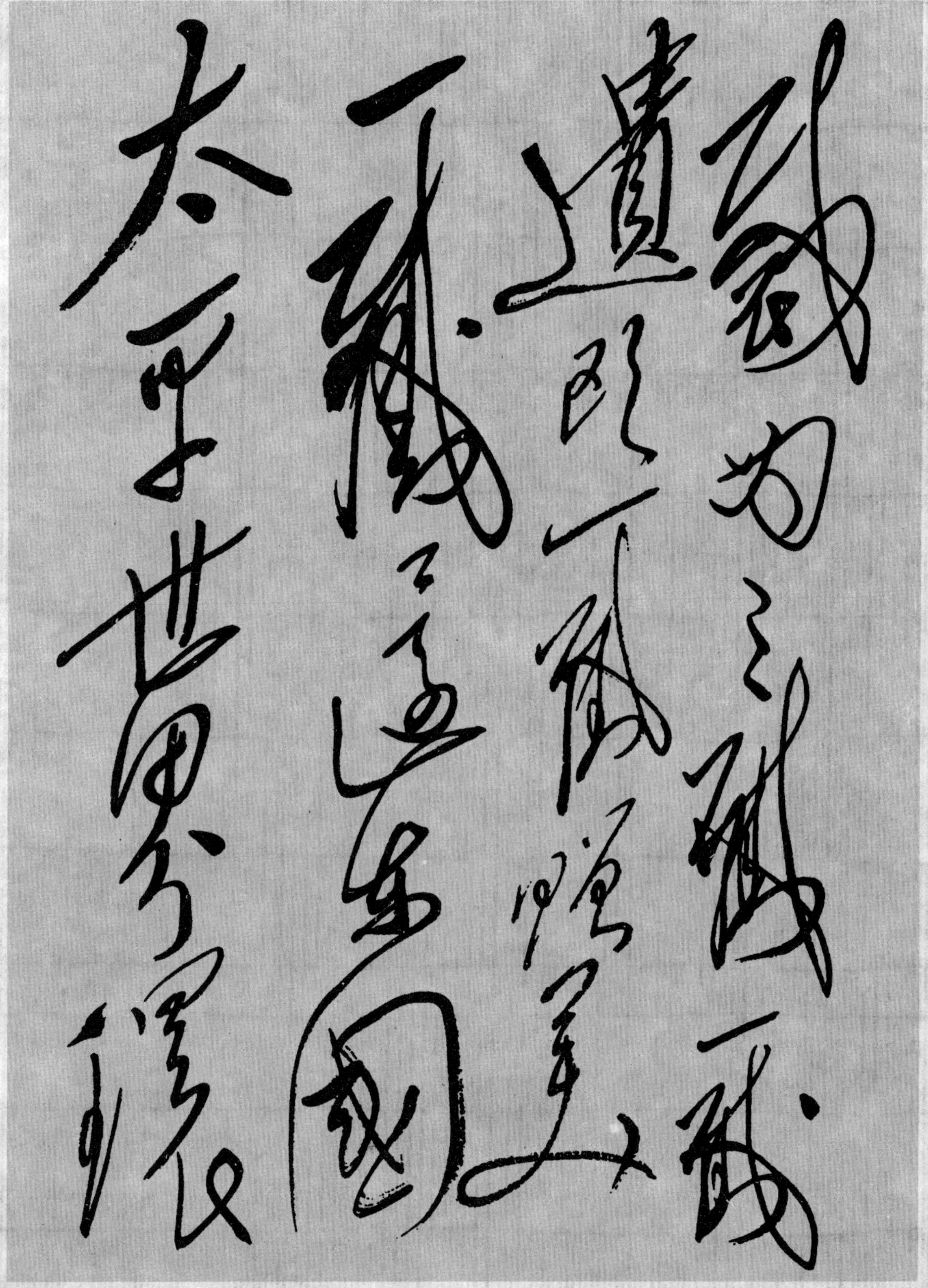

第二時期・自作诗词

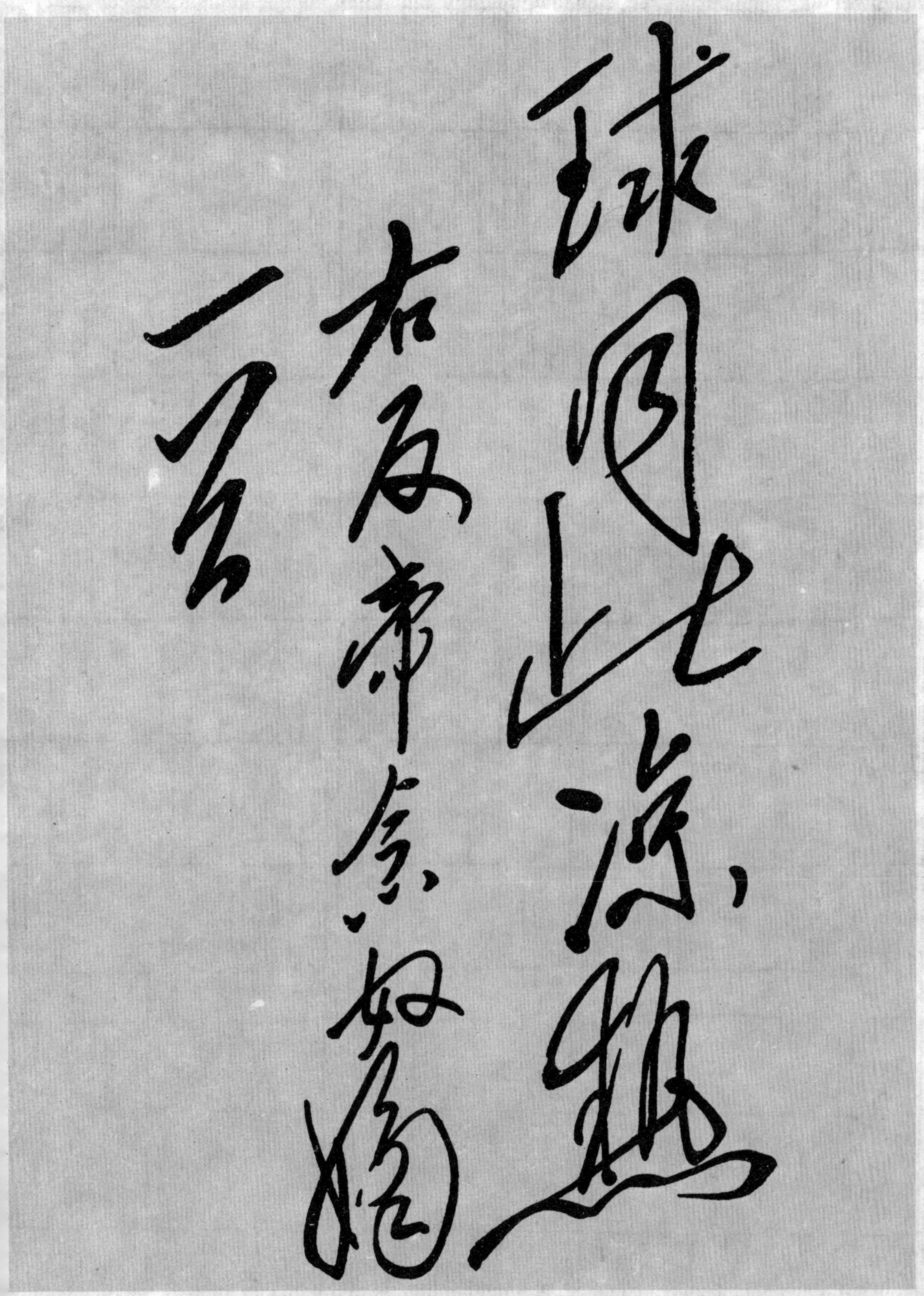

清平乐

六盘山

一九三五年十月

天高云淡，望断南飞雁。不到长城非好汉，屈指行程二万。

六盘山上高峰，红旗漫卷西风。今日长缨在手，何时缚在仓龙？

毛泽东

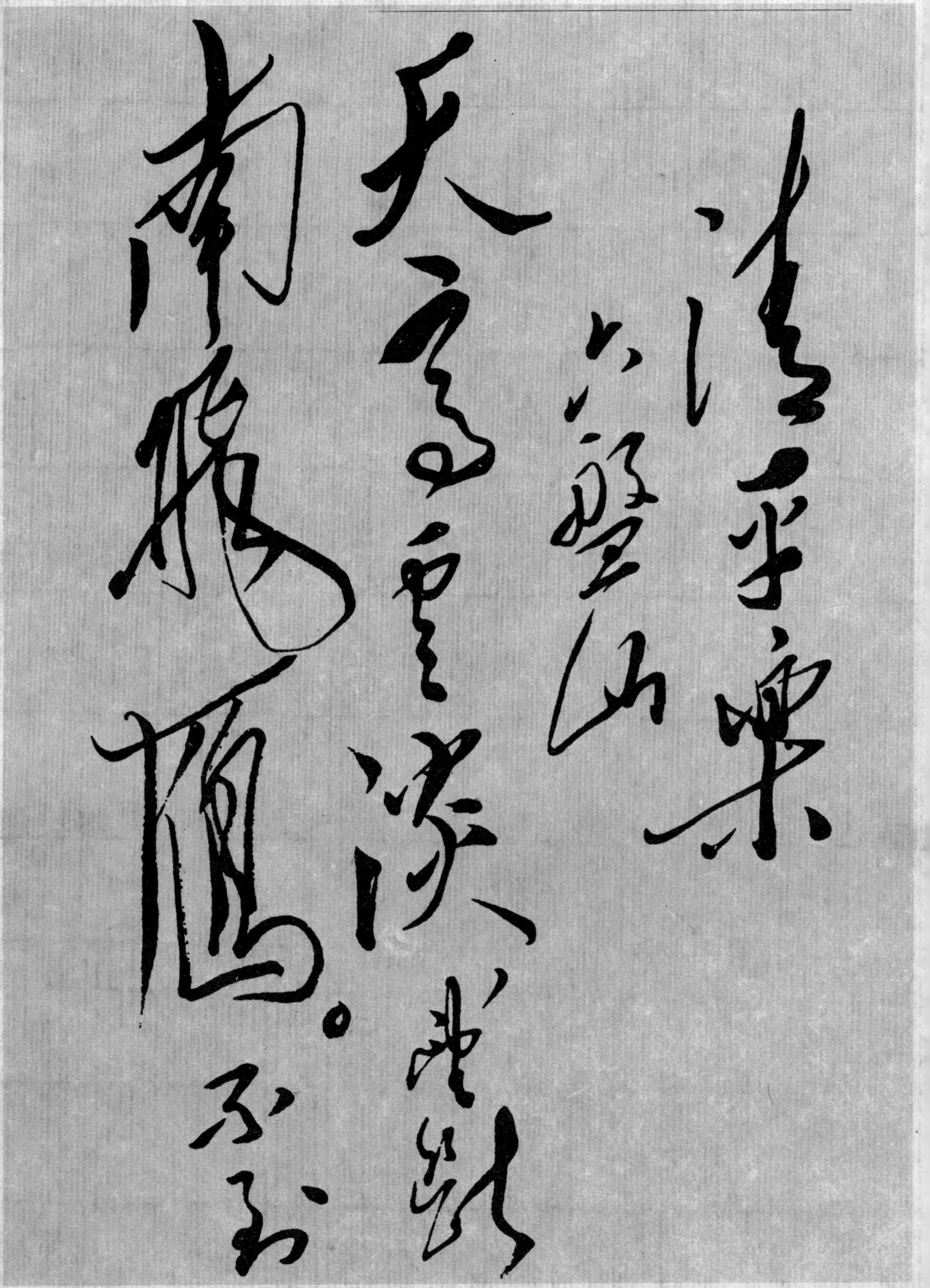

第二时期·自作诗词

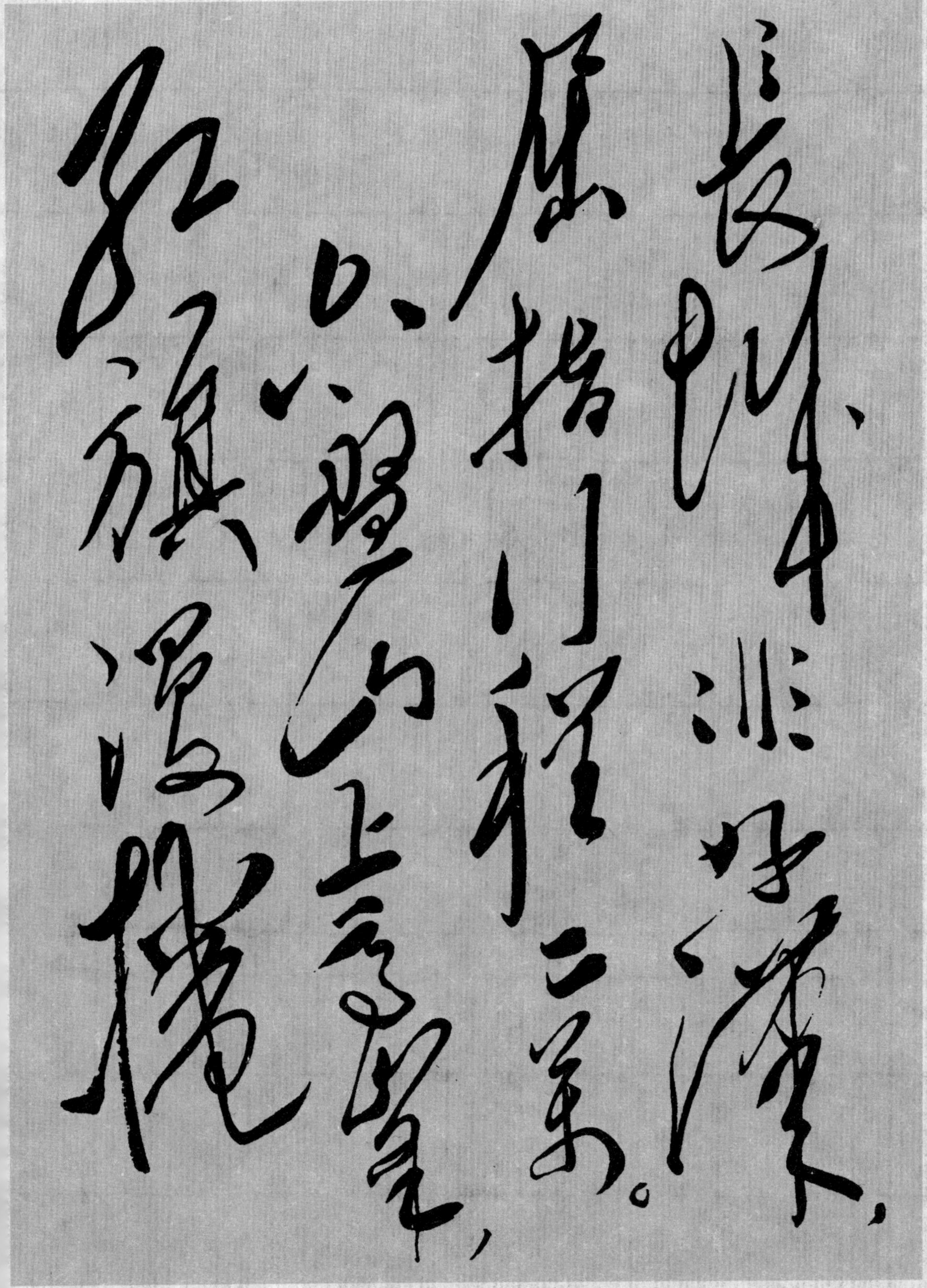

沁园春

雪

一九三六年二月

北国风光，千里冰封，万里雪飘。望长城内外，惟余莽莽；大河上下，顿失滔滔。山舞银蛇，原驰蜡象，欲与天公试比高。须晴日，看红装素裹，分外妖娆。

江山如此多娇，引无数英雄竞折腰。惜秦皇汉武，略输文采；唐宗宋祖，稍逊风骚。一代天骄，成吉思汗，只识弯弓射大雕。俱往矣，数风流人物，还看今朝。

毛泽东

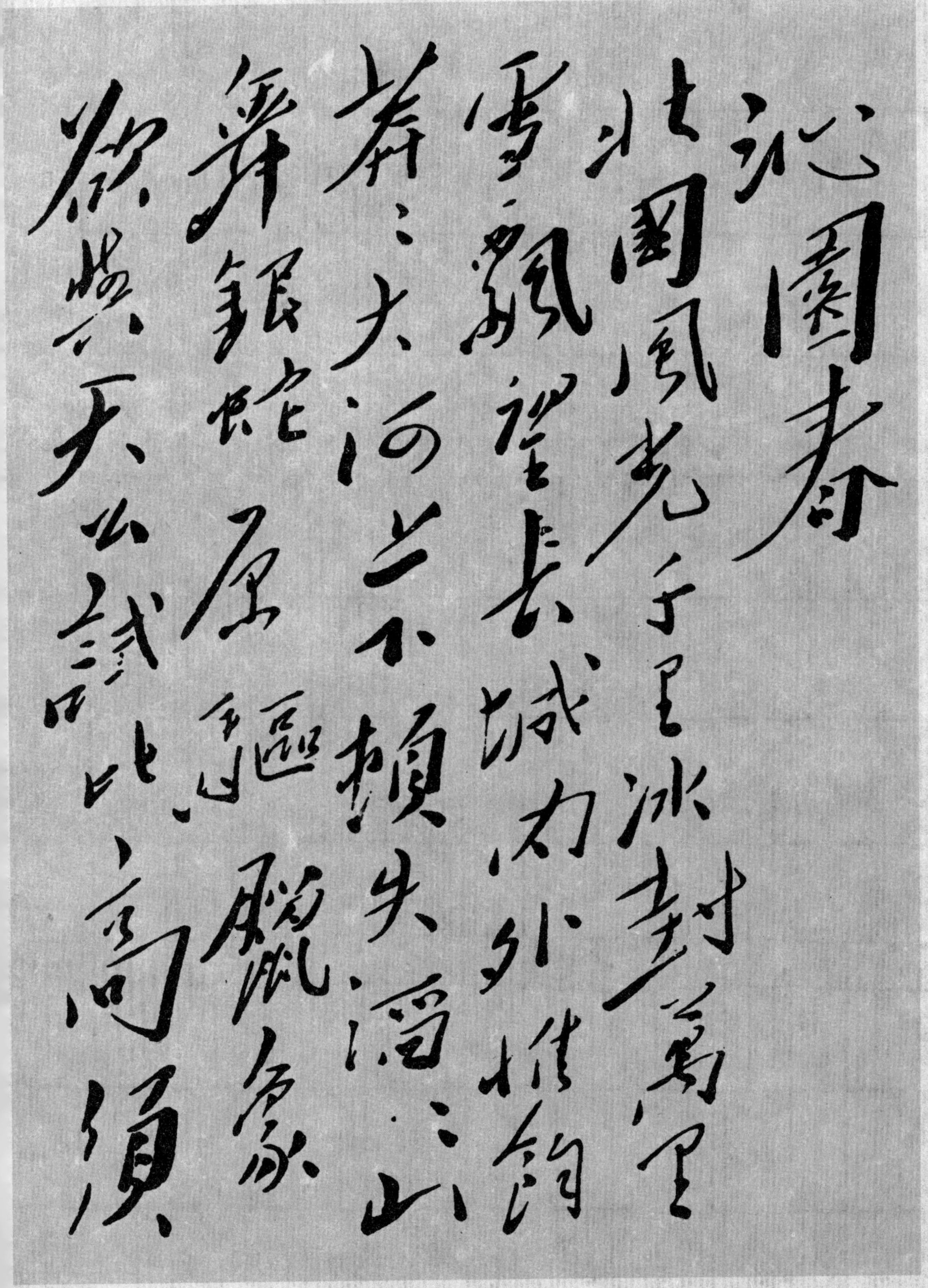

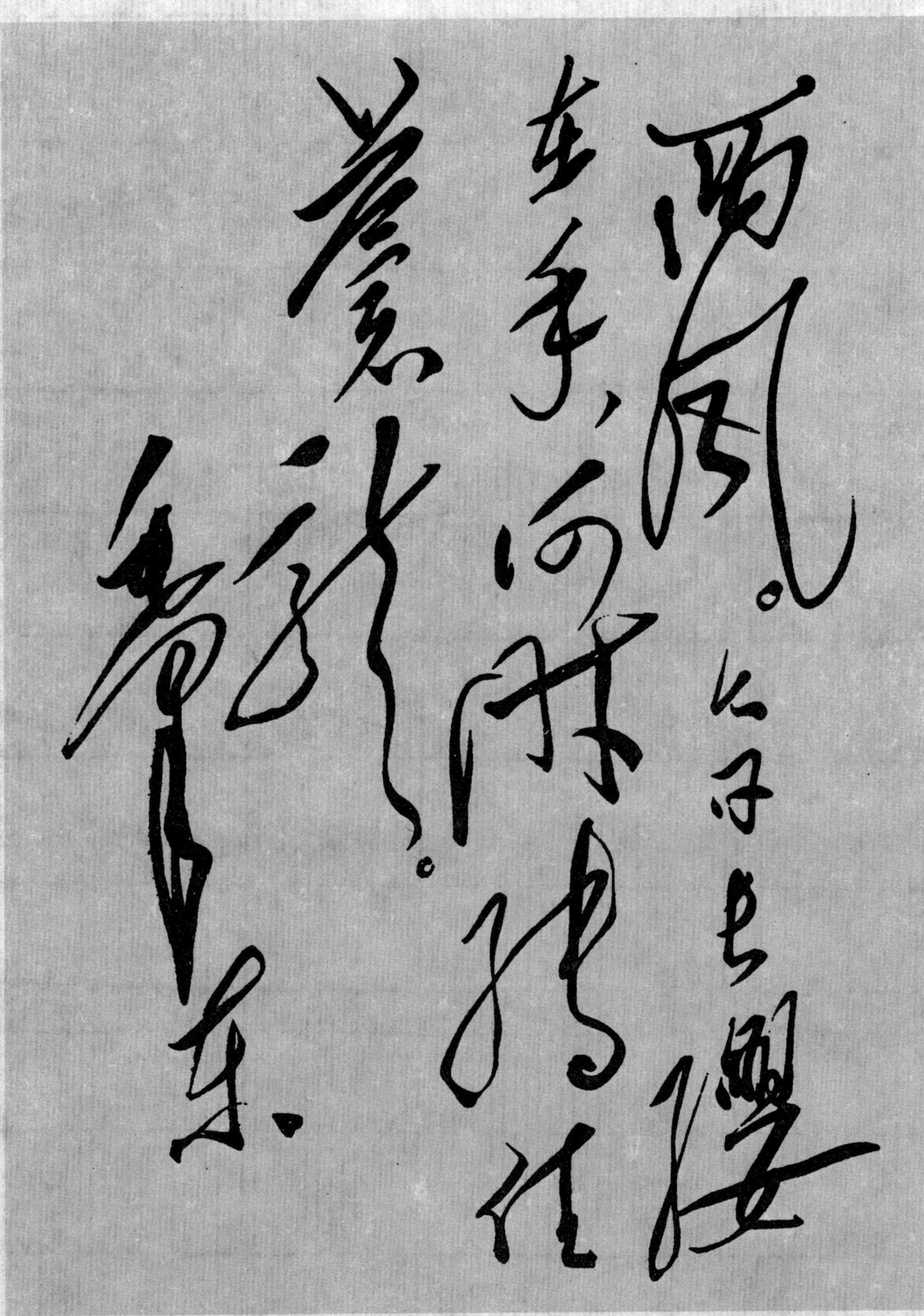

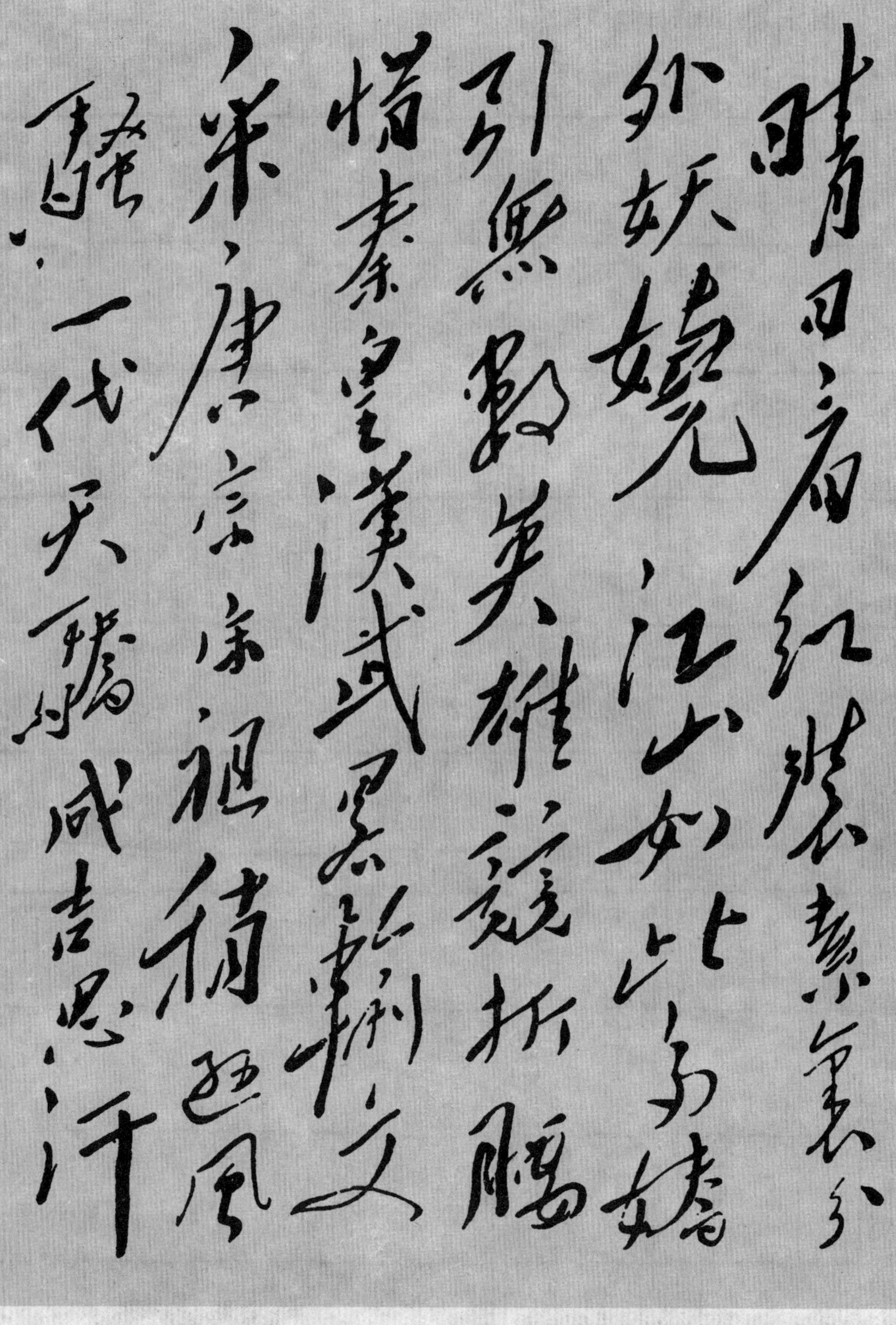
晴日看紅装素裹分
外妖娆江山如此多娇
引無數英雄竞折腰
惜秦皇漢武略輸文
采唐宗宋祖稍遜風
騷一代天驕成吉思汗

第二时期·自作诗词

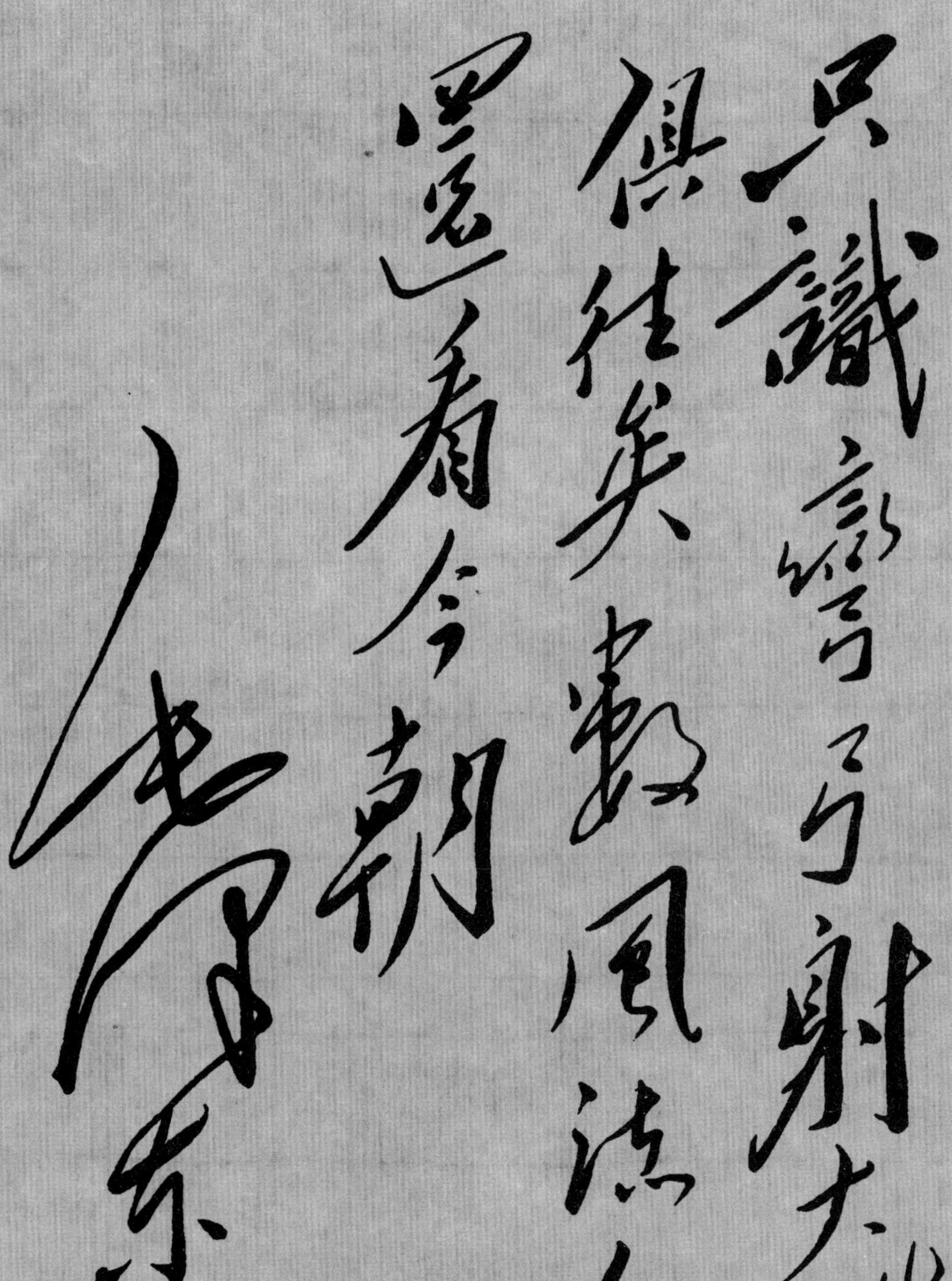
只識彎弓射大雕
俱往矣數風流人物
還看今朝
毛泽东

临江仙

给丁玲同志

一九三六年十月

壁上红旗飘落照，西风漫卷孤城。保安人物一时新。洞中开宴会，招待出牢人。

纤笔一枝谁与似？三千毛瑟精兵。阵图开向陇山东。昨天文小姐，今日武将军。

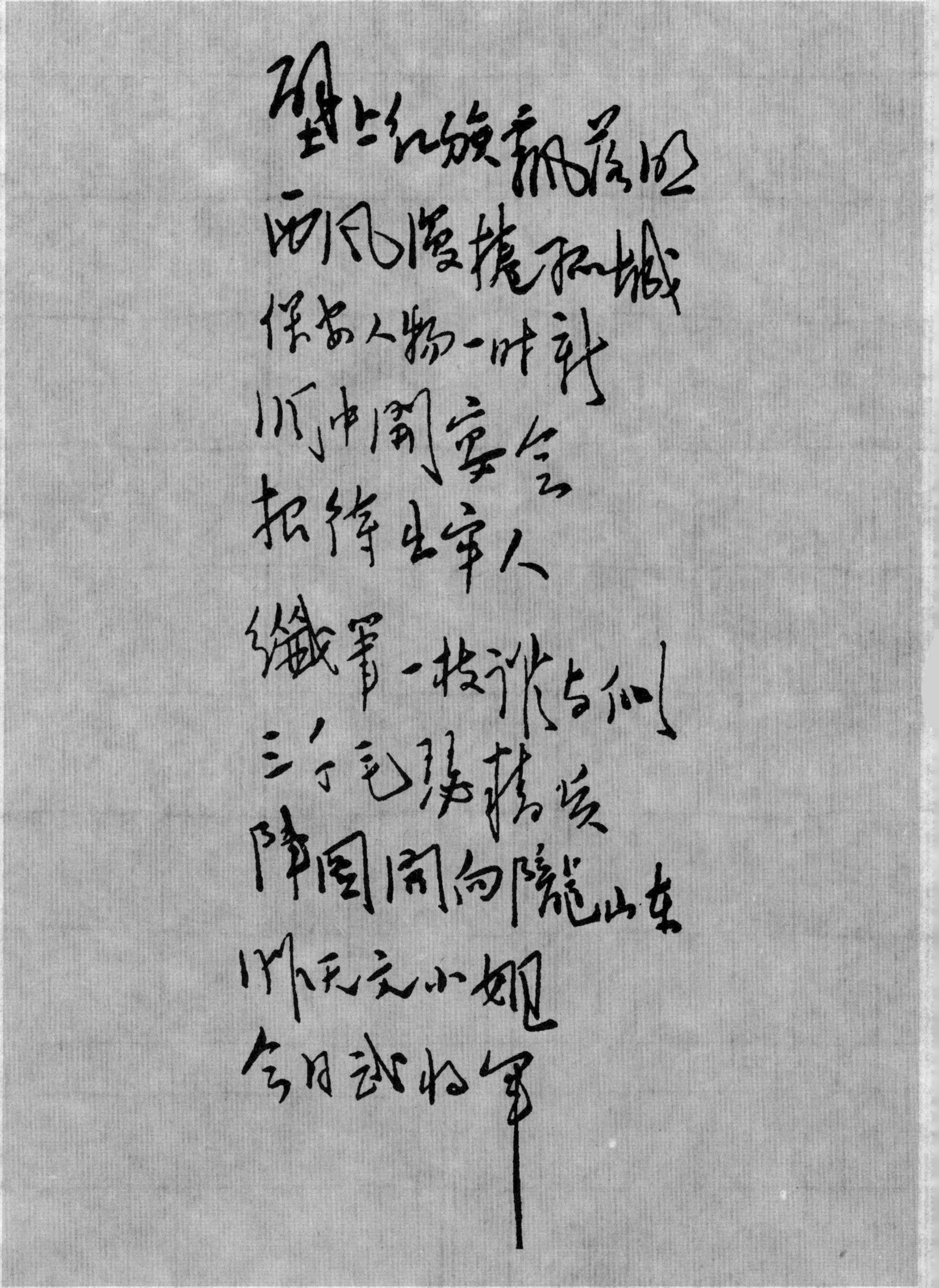

沁园春

雪

一九三六年二月

北国风光，千里冰封，万里雪飘。望长城内外，惟余莽莽；大河上下，顿失滔滔。山舞银蛇，原驰蜡象，欲与天公试比高。须晴日，看红装素裹，分外妖娆。

江山如此多娇，引无数英雄竞折腰。惜秦皇汉武，略输文采；唐宗宋祖，稍逊风骚。一代天骄，成吉思汗，只识弯弓射大雕。俱往矣，数风流人物，还看今朝。

毛泽东

一九四五年十月书

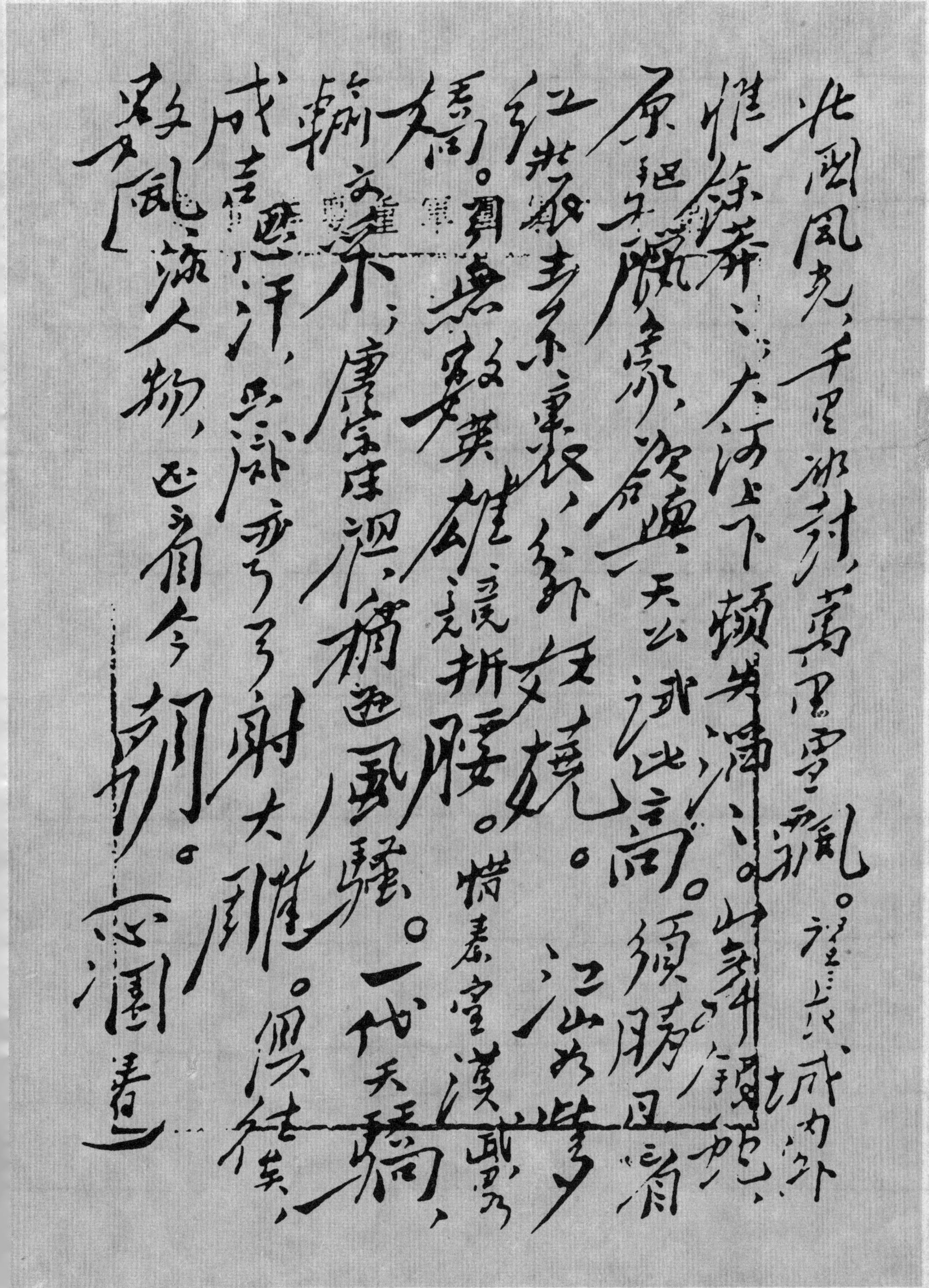

七律
人民解放军占领南京

一九四九年四月

钟山风雨起苍黄，百万雄师过大江。虎踞龙盘今胜昔，天翻地覆慨而慷。

宜将剩勇追穷寇，不可沽名学霸王。天未〔若〕有情天亦老，人间正道是沧桑。

一九四五年十月书

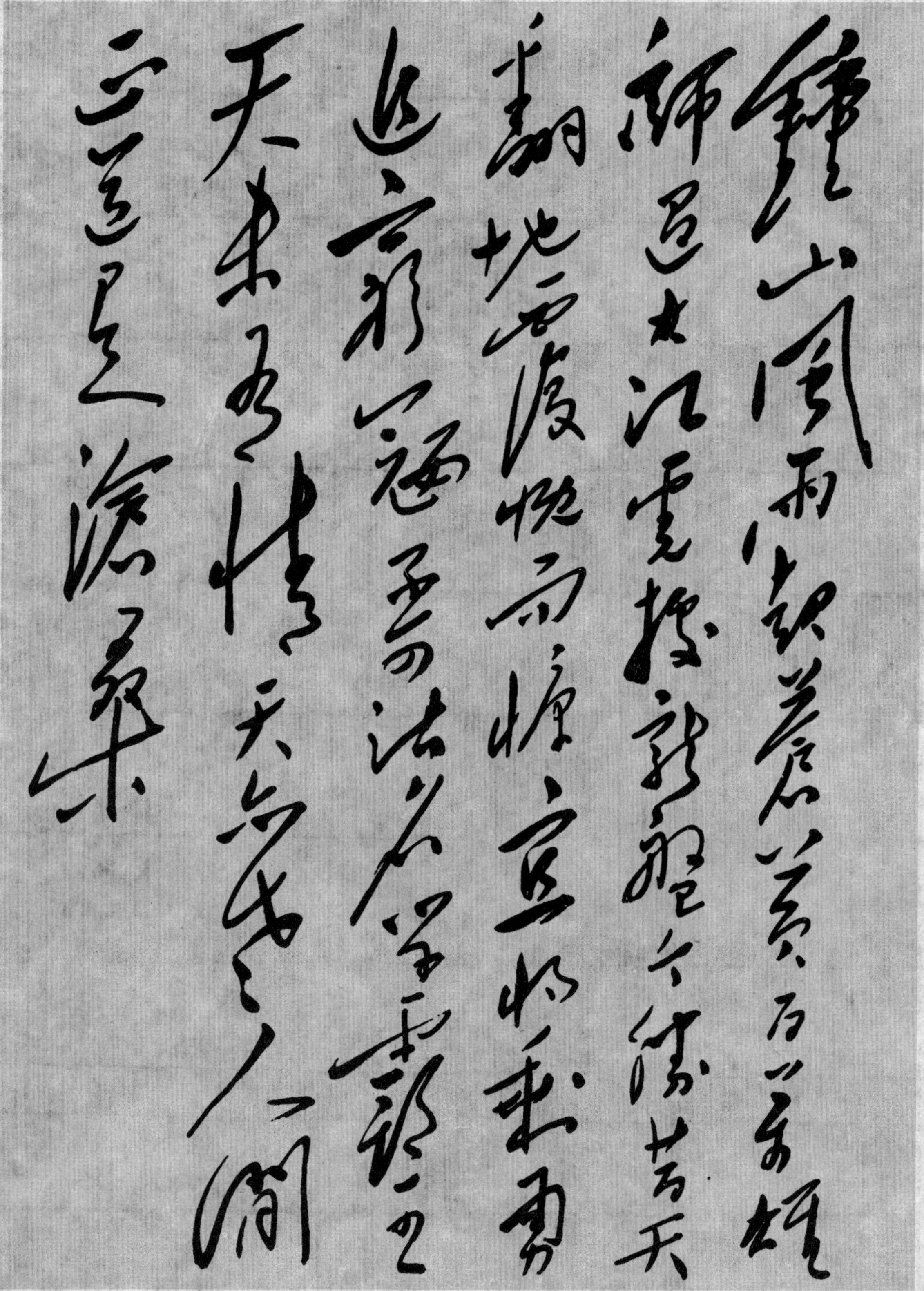

七律
和柳亚子先生

一九四九年四月二十九日

饮茶粤海未能忘，索句渝州叶正黄。三十一年还旧国，暮暮时节读华章。

牢骚太盛防肠断，风物长宜放眼量。莫道昆明池水浅，观鱼胜过富春江。

章和柳先生三月廿八日之作敬祈教正

毛泽东

一九四九年四月廿九日

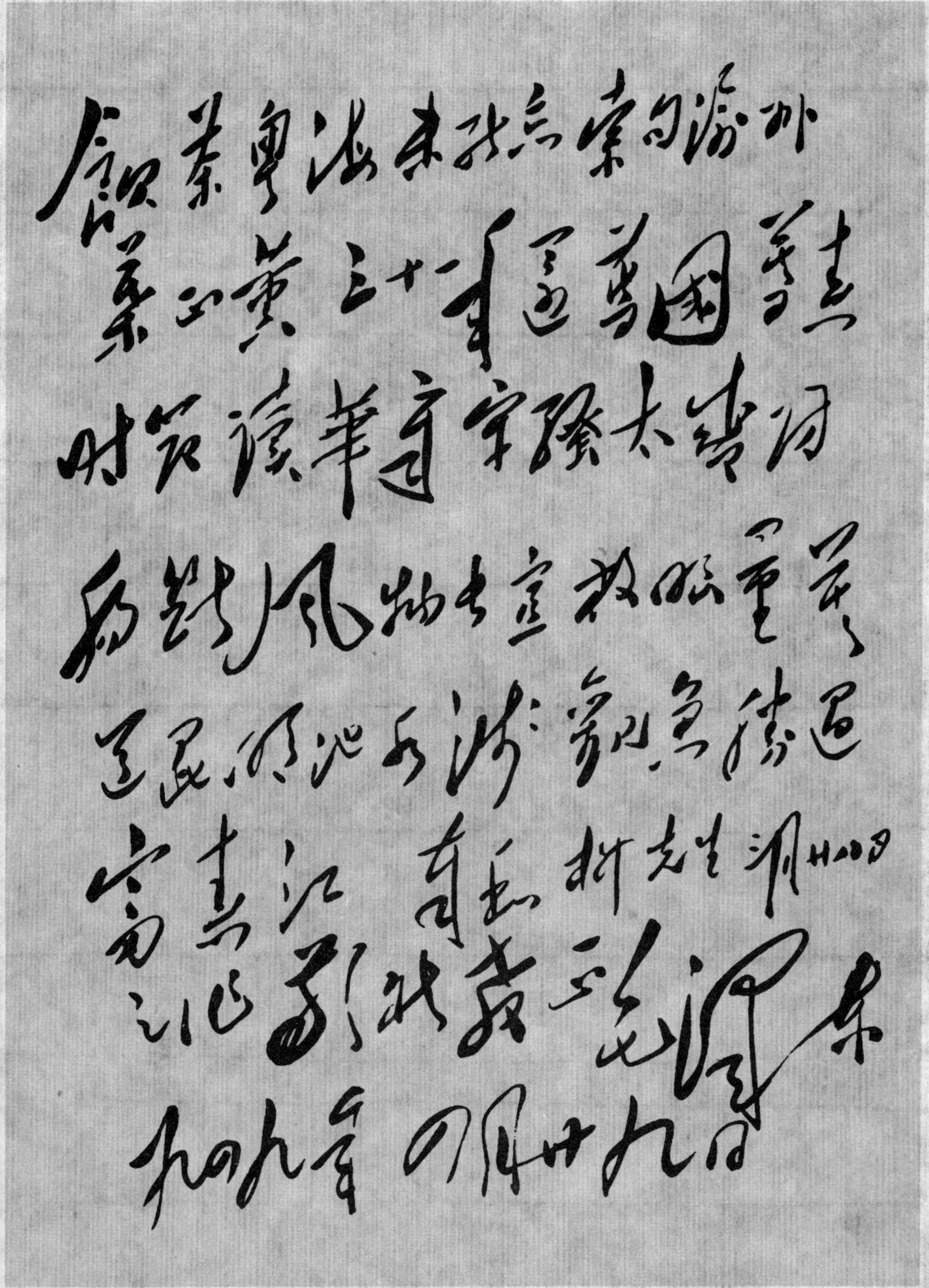

第三时期·自作诗词

柳亚子原词

浣溪沙

一九五〇年十月三日

十月三日之夕于怀仁堂观西南各民族文工团、新疆文工团、吉林省延边文工团、内蒙古文工团联合演出歌舞晚会，毛主席命填是阕，用纪大团结盛况云尔！

火树银花不夜天。弟兄姊妹舞翩跹。歌声唱彻月儿圆。

不是一人能领导，那容百族共骈阗？良宵盛会喜空前！

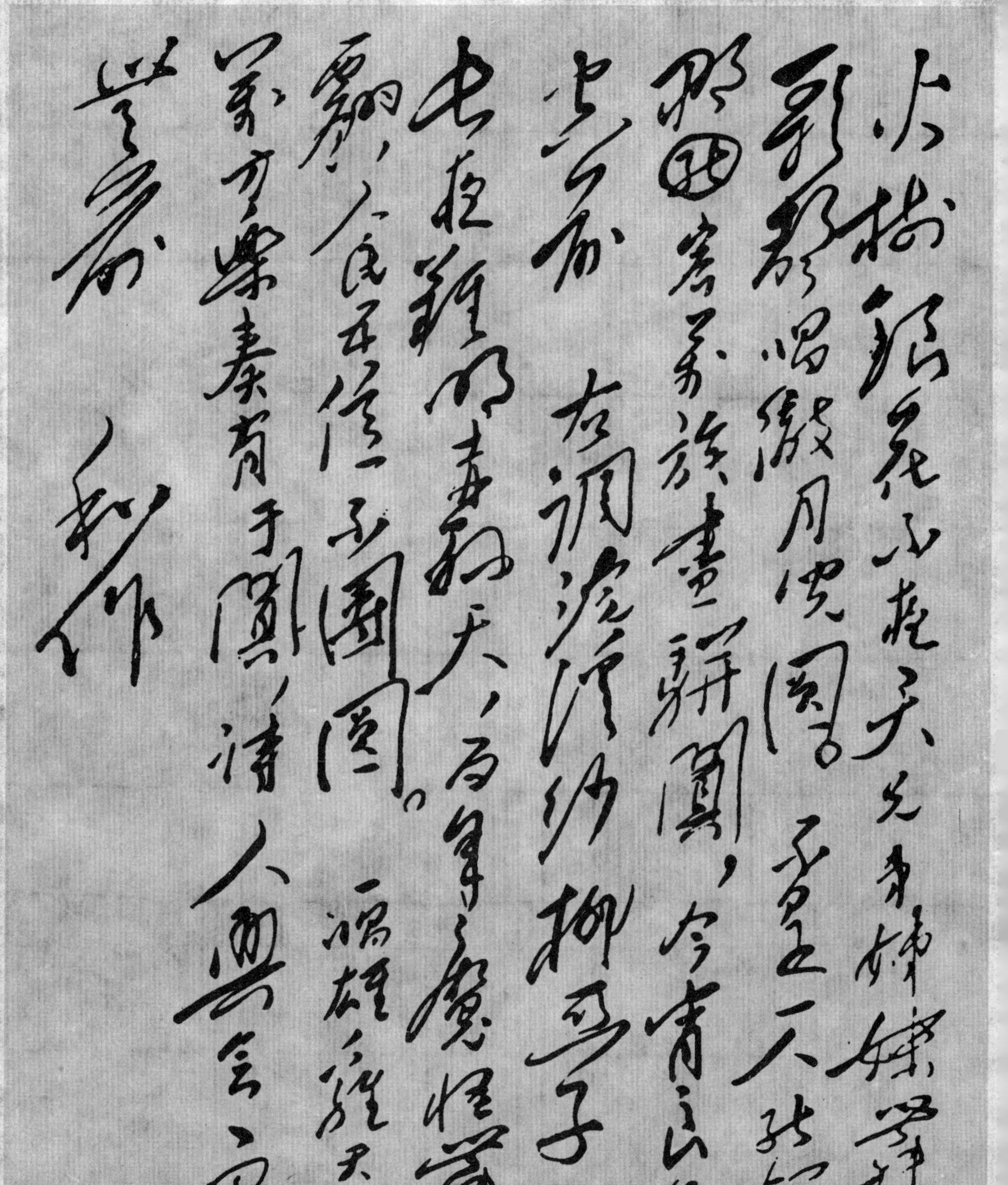

浣溪沙

和柳亚子先生

一九五〇年十月

一九五〇年国庆观剧，柳亚子先生即席赋浣溪沙，因步其韵奉和。

长夜难明赤县天，百年魔怪舞翩跹，人民五亿不团圆。

一唱雄鸡天下白，万方乐奏有于阗，诗人兴会更无前。

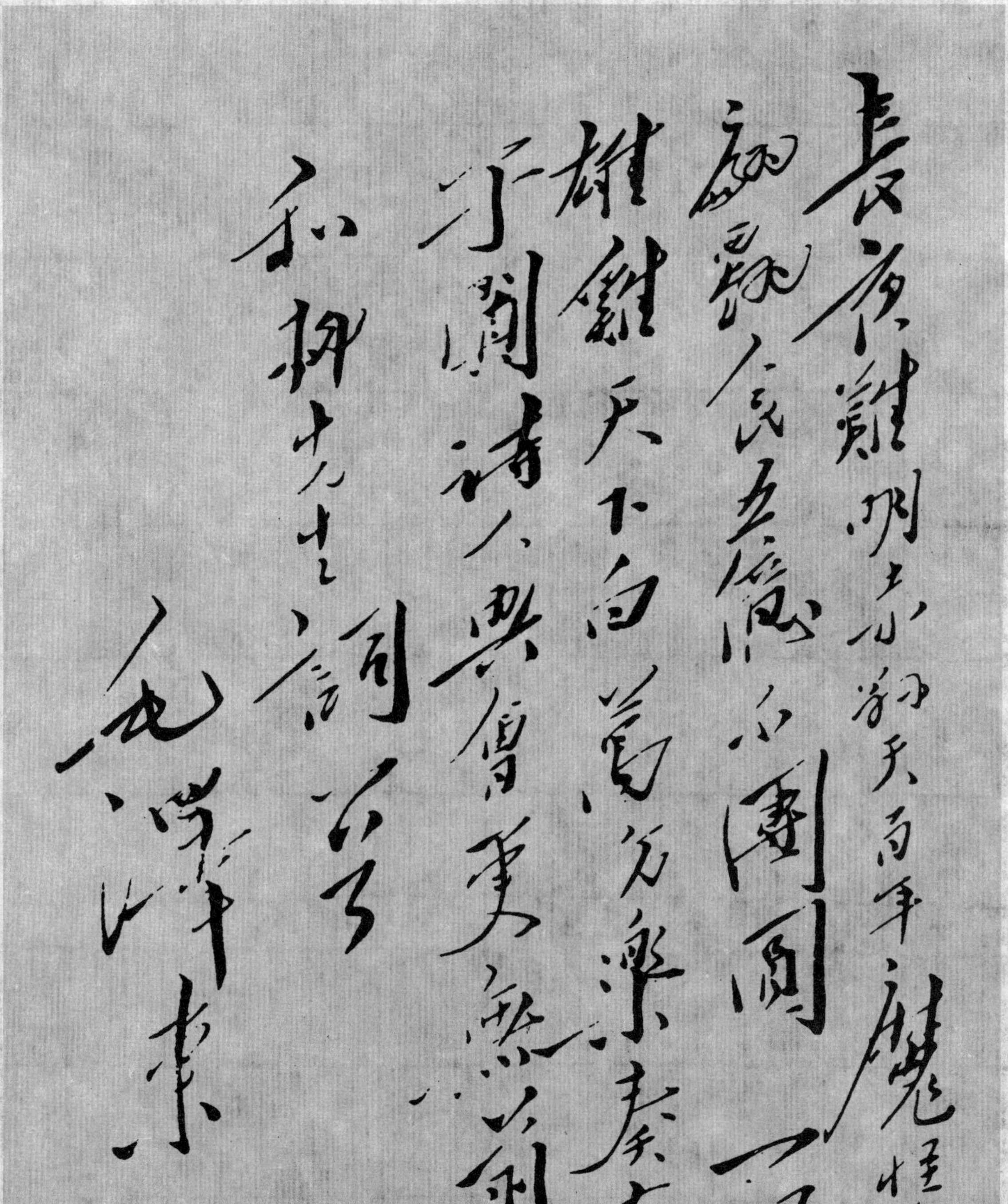

浪淘沙

北戴河

一九五四年夏

大雨落幽燕，白浪滔天，秦皇岛外打渔船。一片汪洋都不见，知向谁边？

往事越千年，魏武挥鞭，东临碣石有遗篇。萧瑟秋风今又是，换了人间。

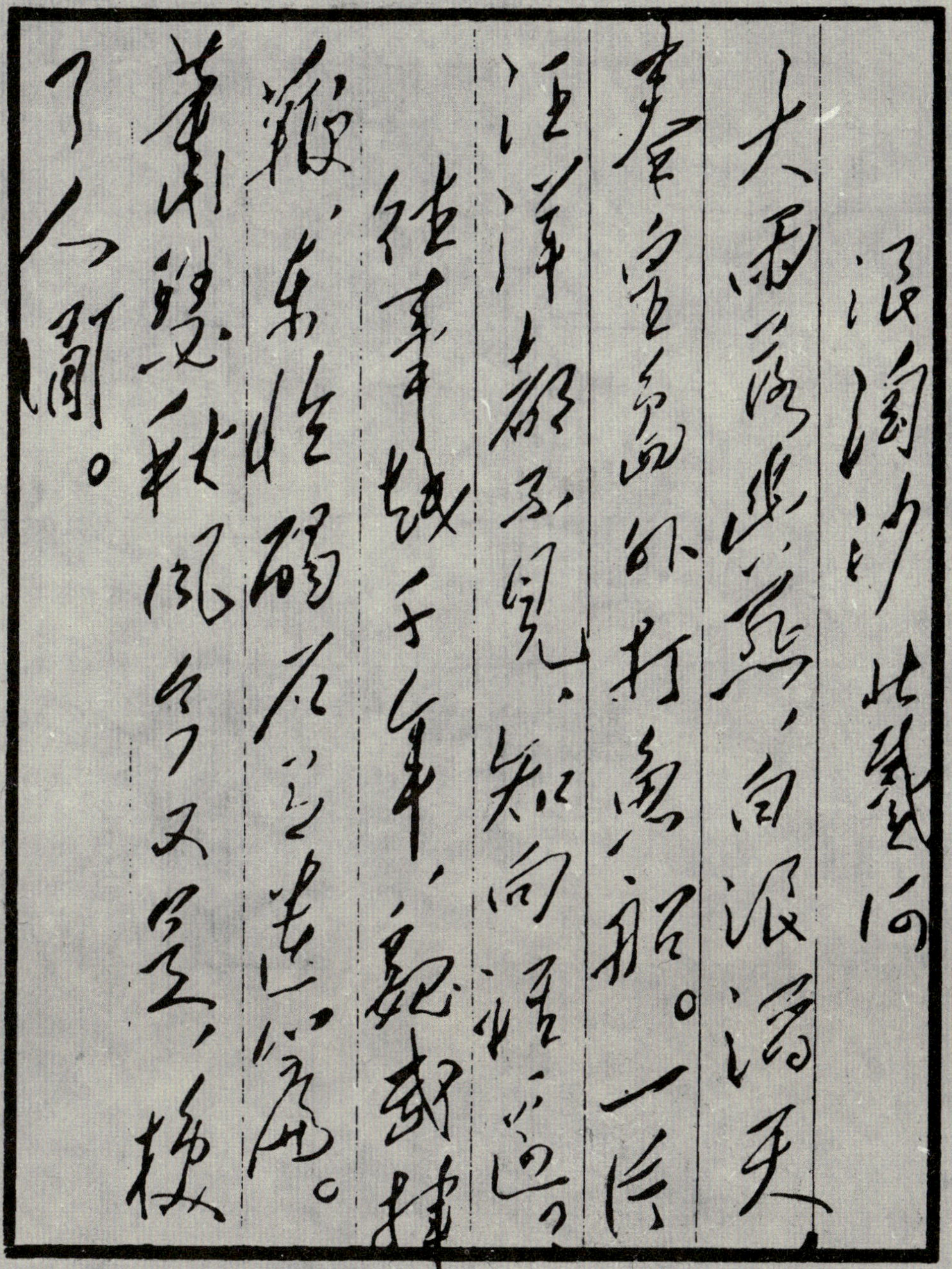

水调歌头

游泳

一九五六年六月

才饮长沙水，又食武昌鱼。万里长江横渡，极目楚天舒。不管风吹浪打，胜似闲庭信步，今日得宽余。子在川上曰：逝者如斯夫！

风樯动，龟蛇静，起宏图。一桥飞架南北，天堑变通途。更立西江石壁，截断巫山云雨，高峡出平湖。神女应无恙，当惊世界殊。

毛泽东

一九一六年十二月五日书

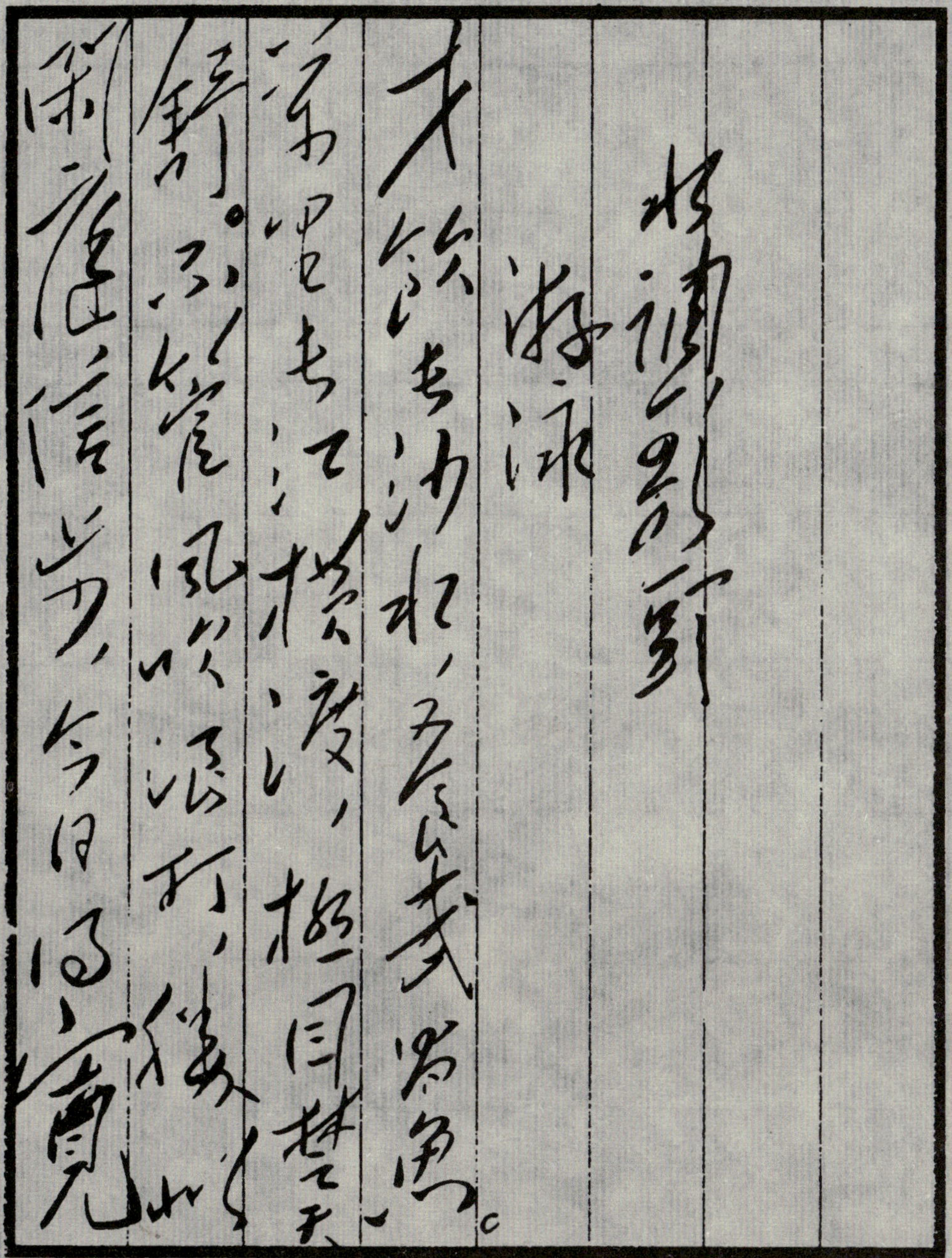

第四时期·自作诗词

舒。子在川上曰：逝者如斯夫！风樯动，龟蛇静，起宏图。一桥飞架南北，天堑变通途。更立西江石壁，截断巫山云雨，高峡出平湖。神女应无恙，当惊世界殊。

毛泽东
一九五六年
十二月四日

蝶恋花

答李淑一

一九五七年五月十一日作

我失骄杨君失柳，杨柳轻风直上重霄九。问讯吴刚何所有，吴刚捧出桂花酒。

寂寞嫦娥舒袖，万里长空且为忠魂舞。忽报人间曾伏虎，泪飞顿作倾盆雨。

毛泽东

九月一日书

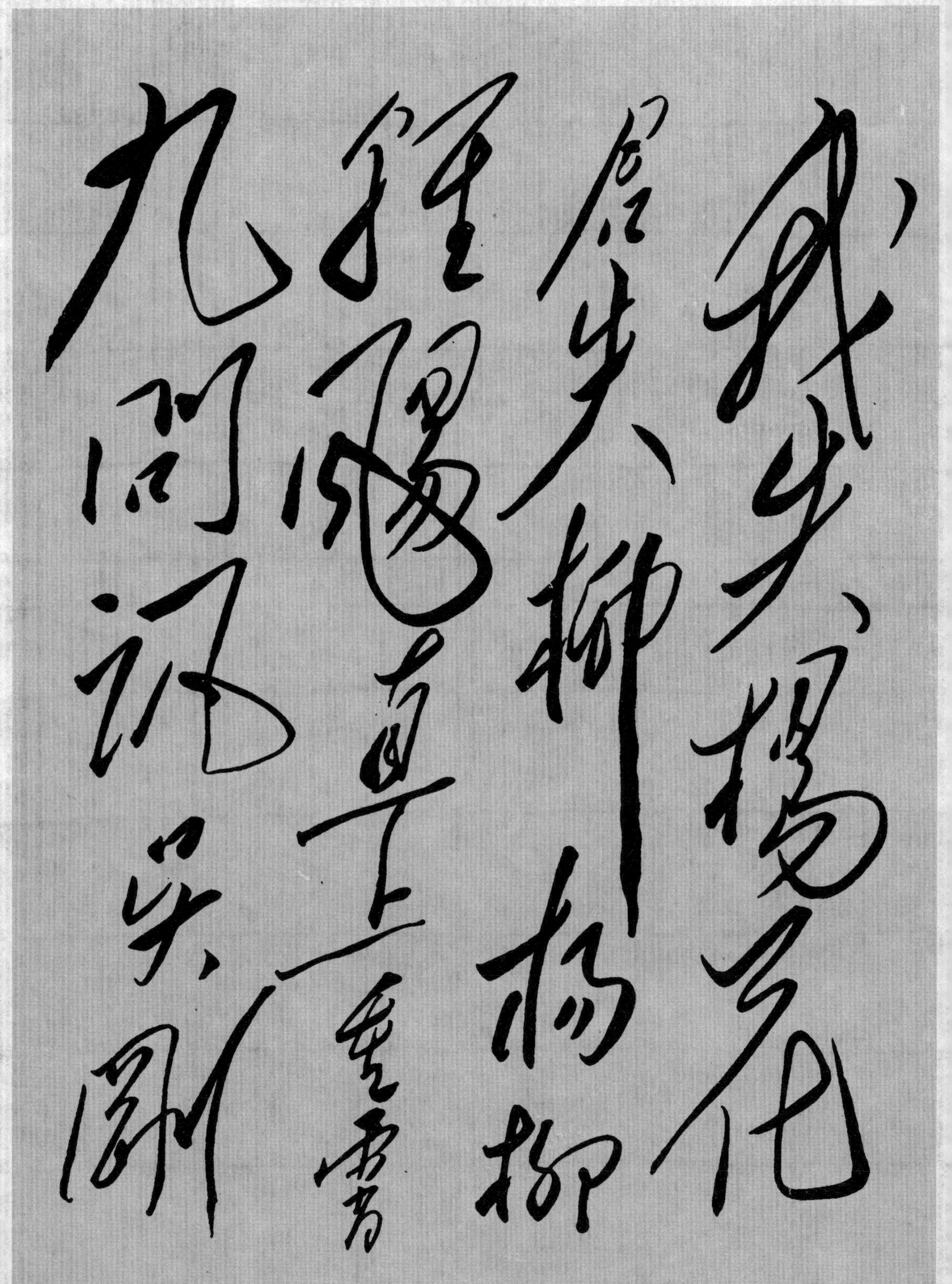

第四时期·自作诗词

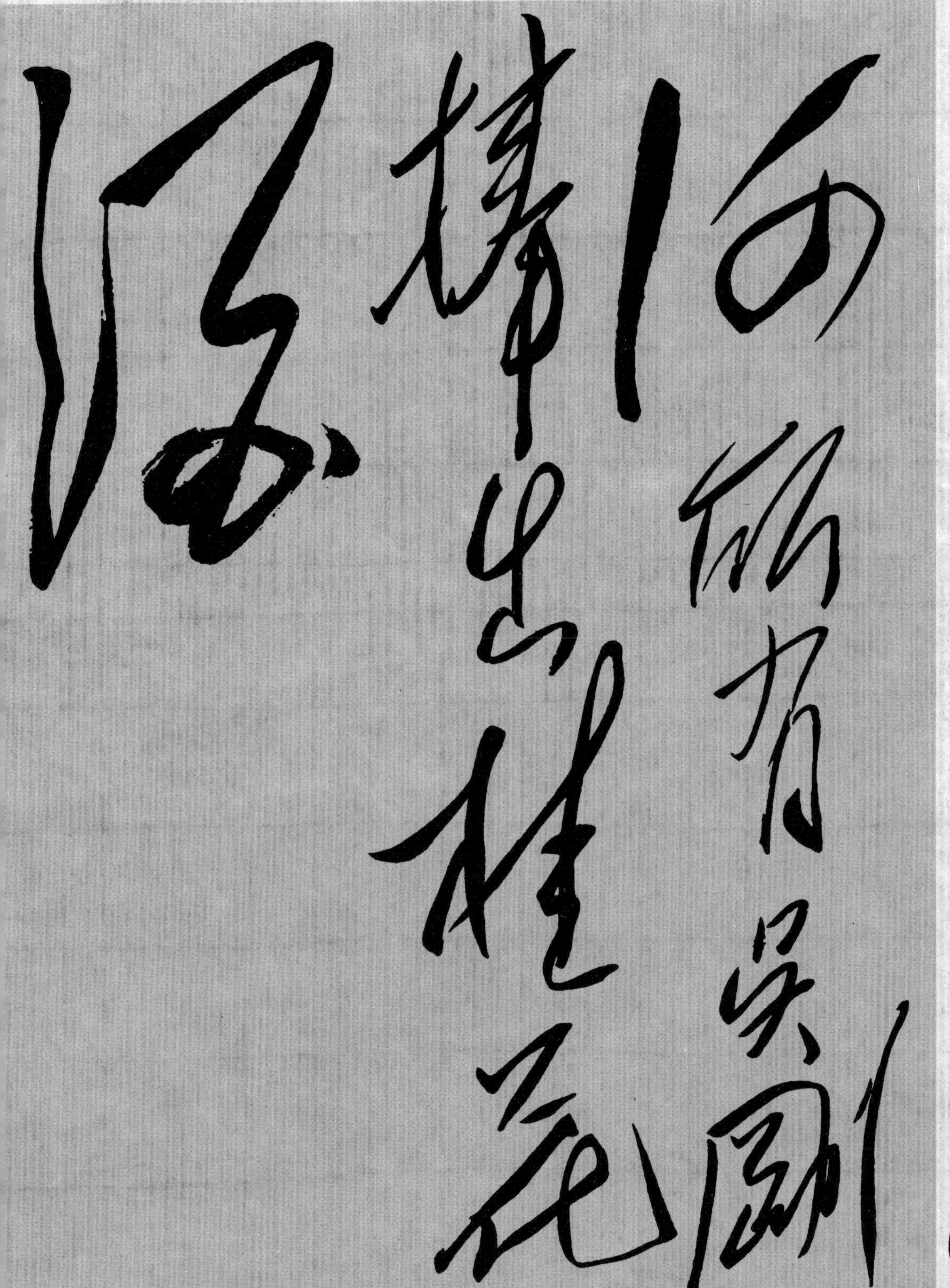

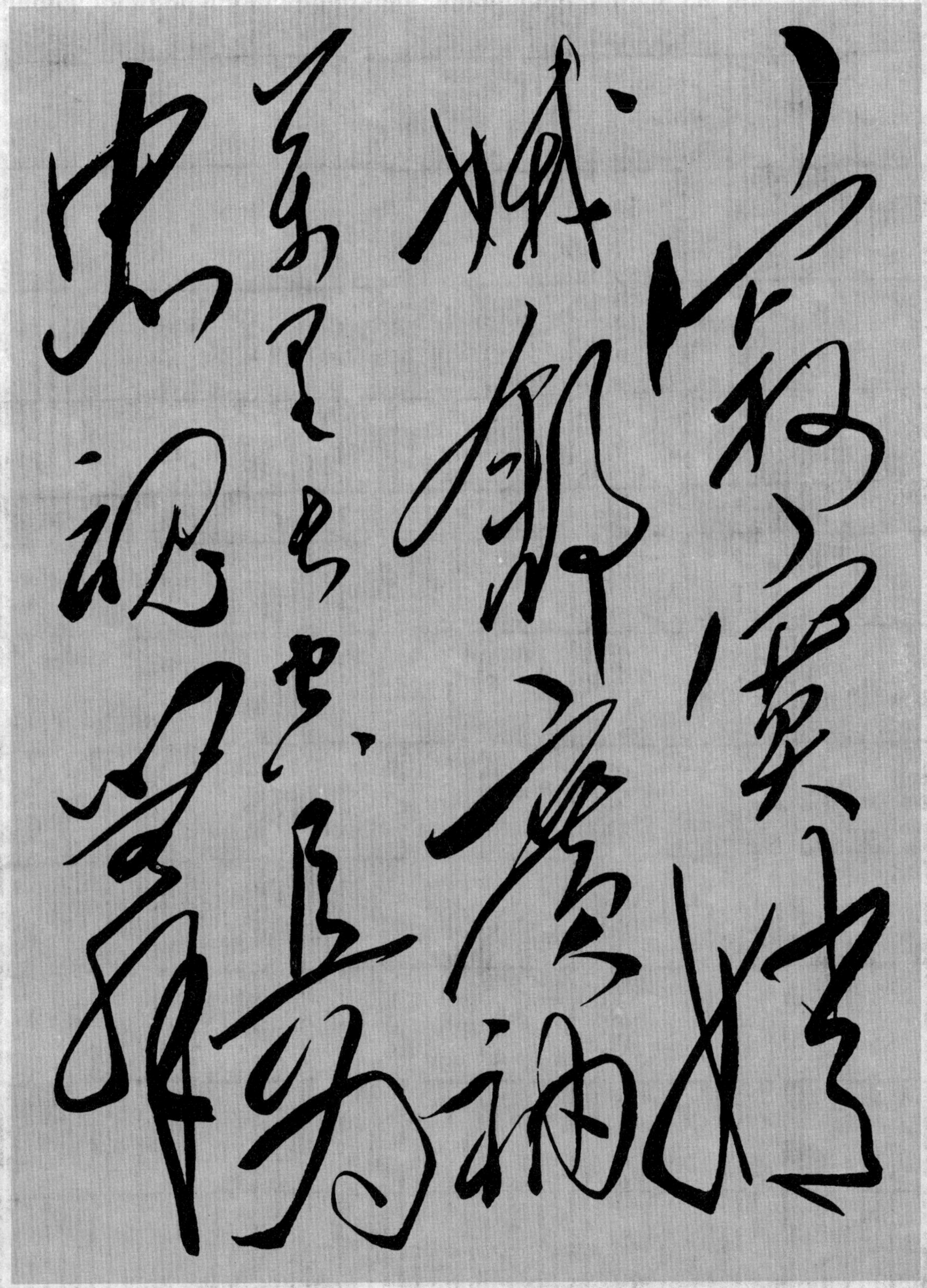

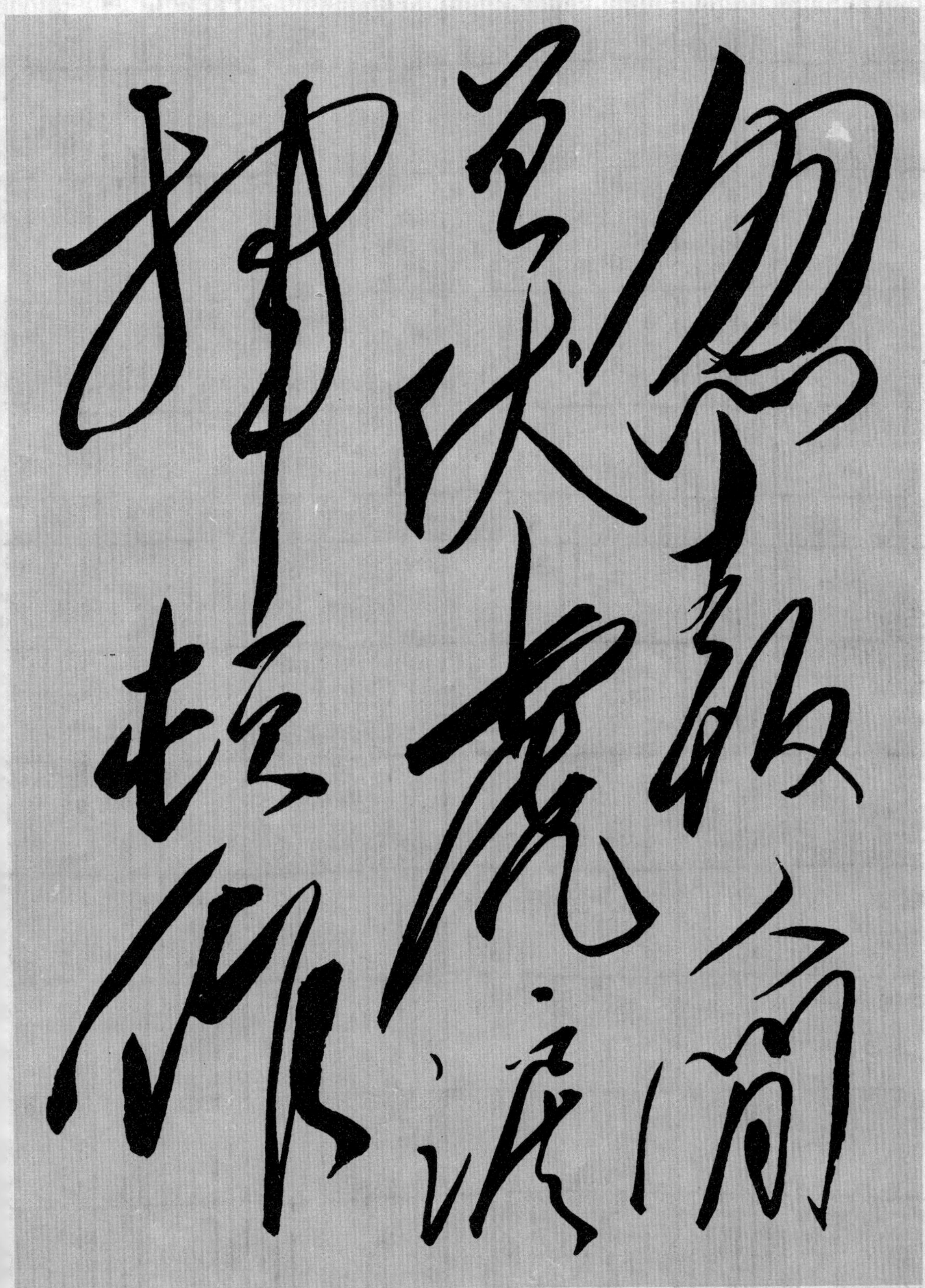

七律二首

送瘟神

一九五八年七月一日

读六月三十日《人民日报》，余江县消灭了血吸虫，浮想联翩，夜不能寐，微风拂煦，旭日临窗。遥望南天，欣然命笔。

绿水青山枉自多，华佗无奈小虫何！千村薜荔人遗矢，万户萧疏鬼唱歌。坐地日行八万里，巡天遥看一千河。牛郎欲问瘟神事，一样悲欢逐逝波。

其二

春风杨柳万千条，六亿神州尽舜尧。红雨

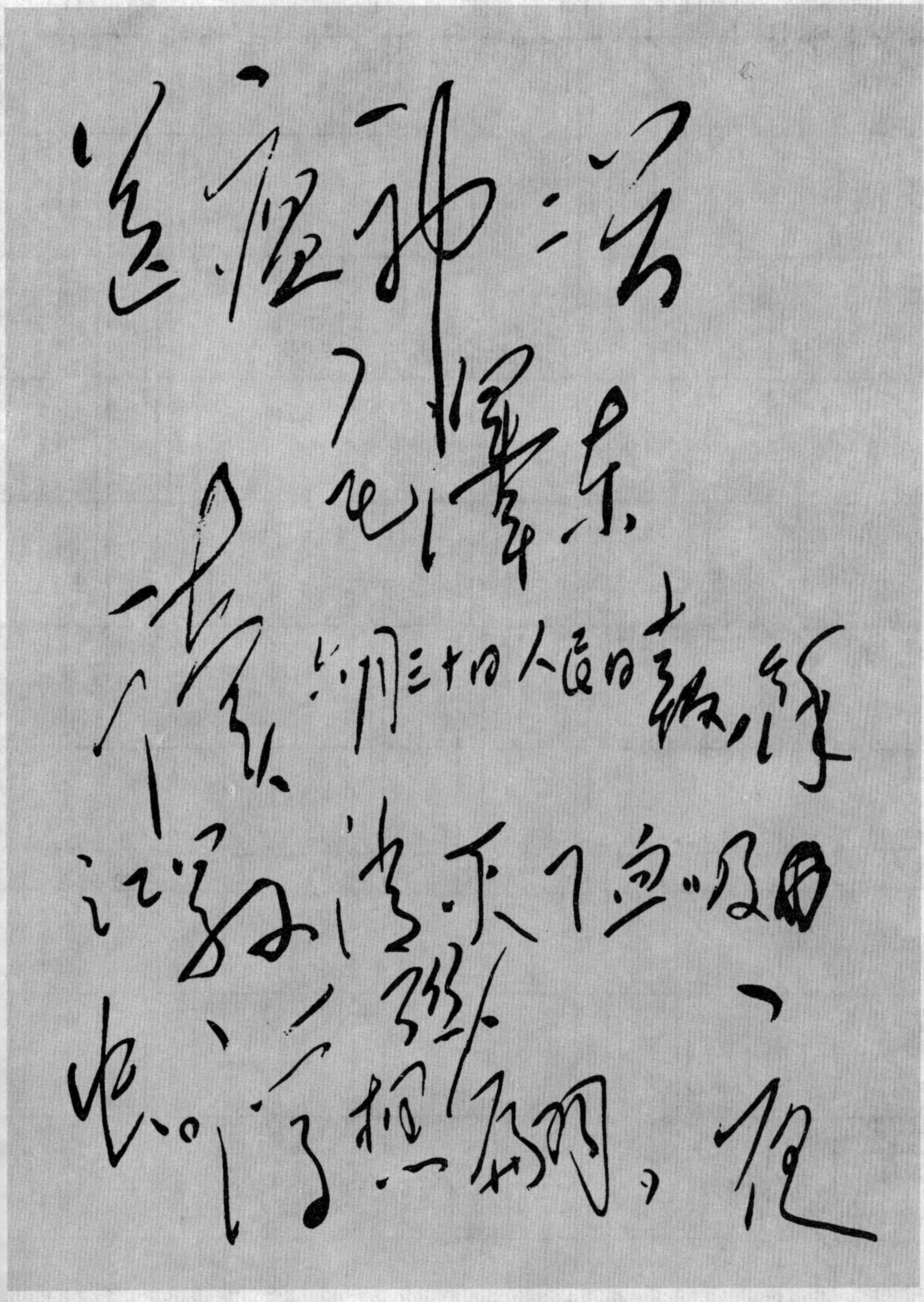

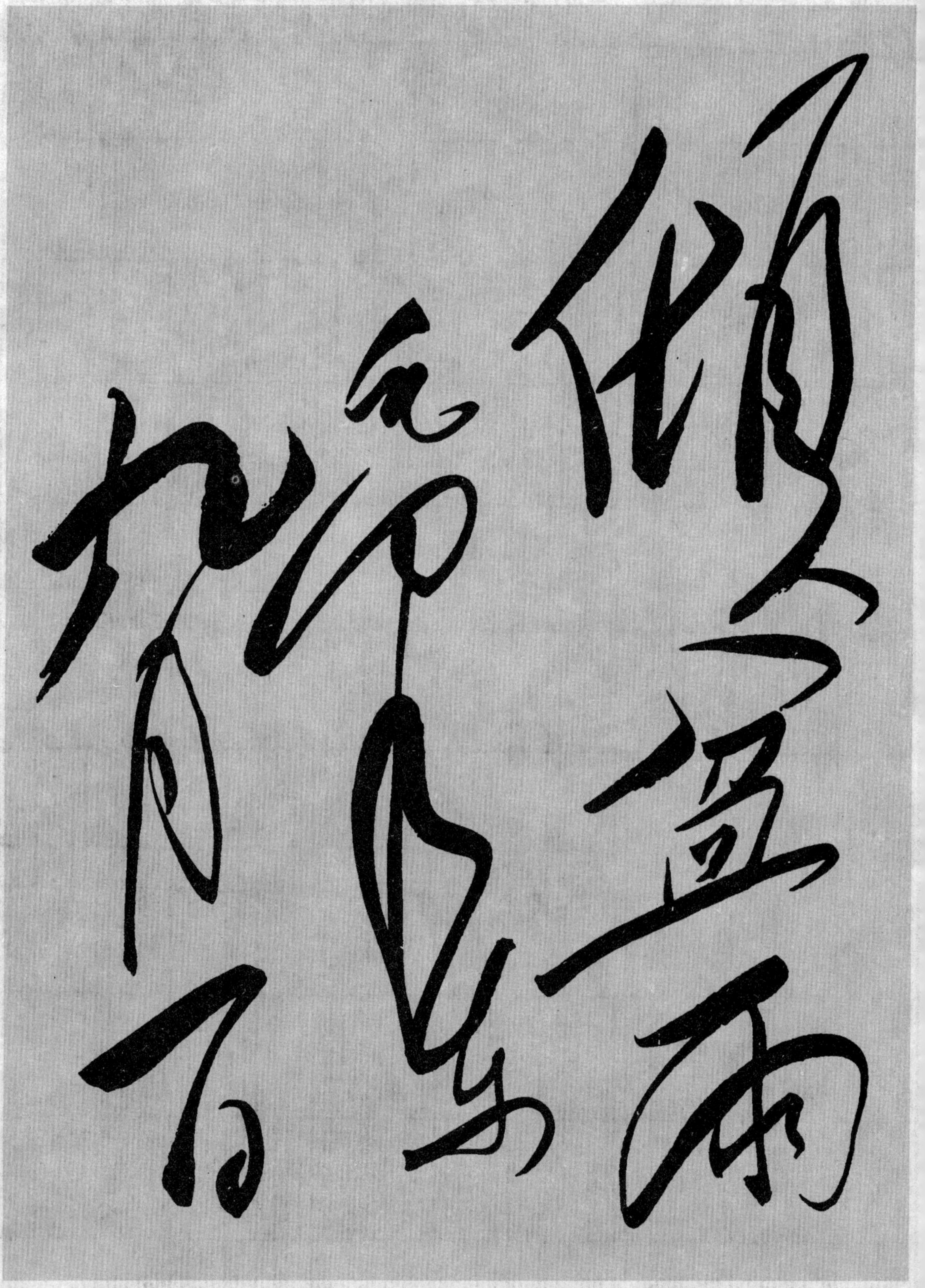

第四时期·自作诗词

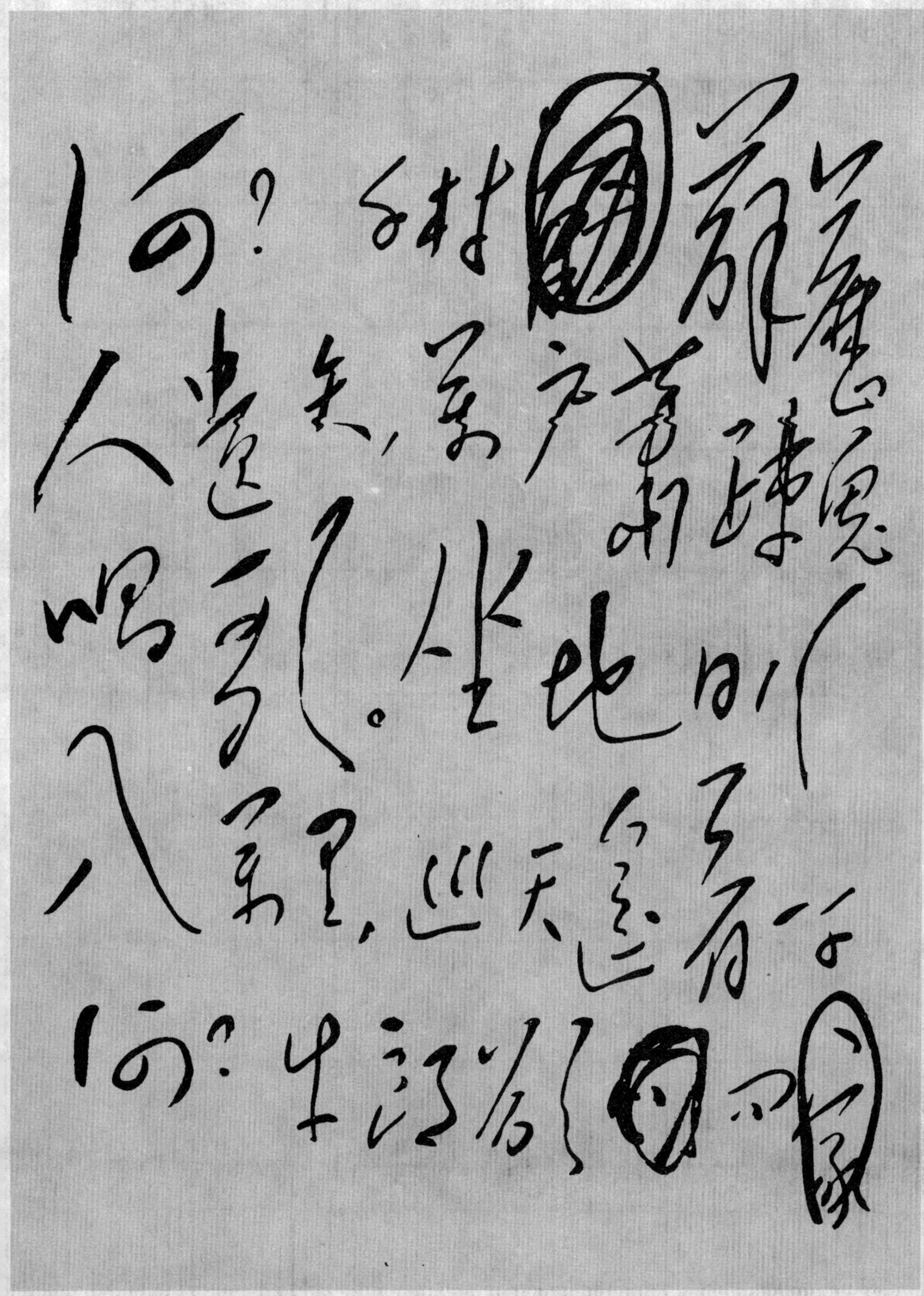

第四时期·自作诗词

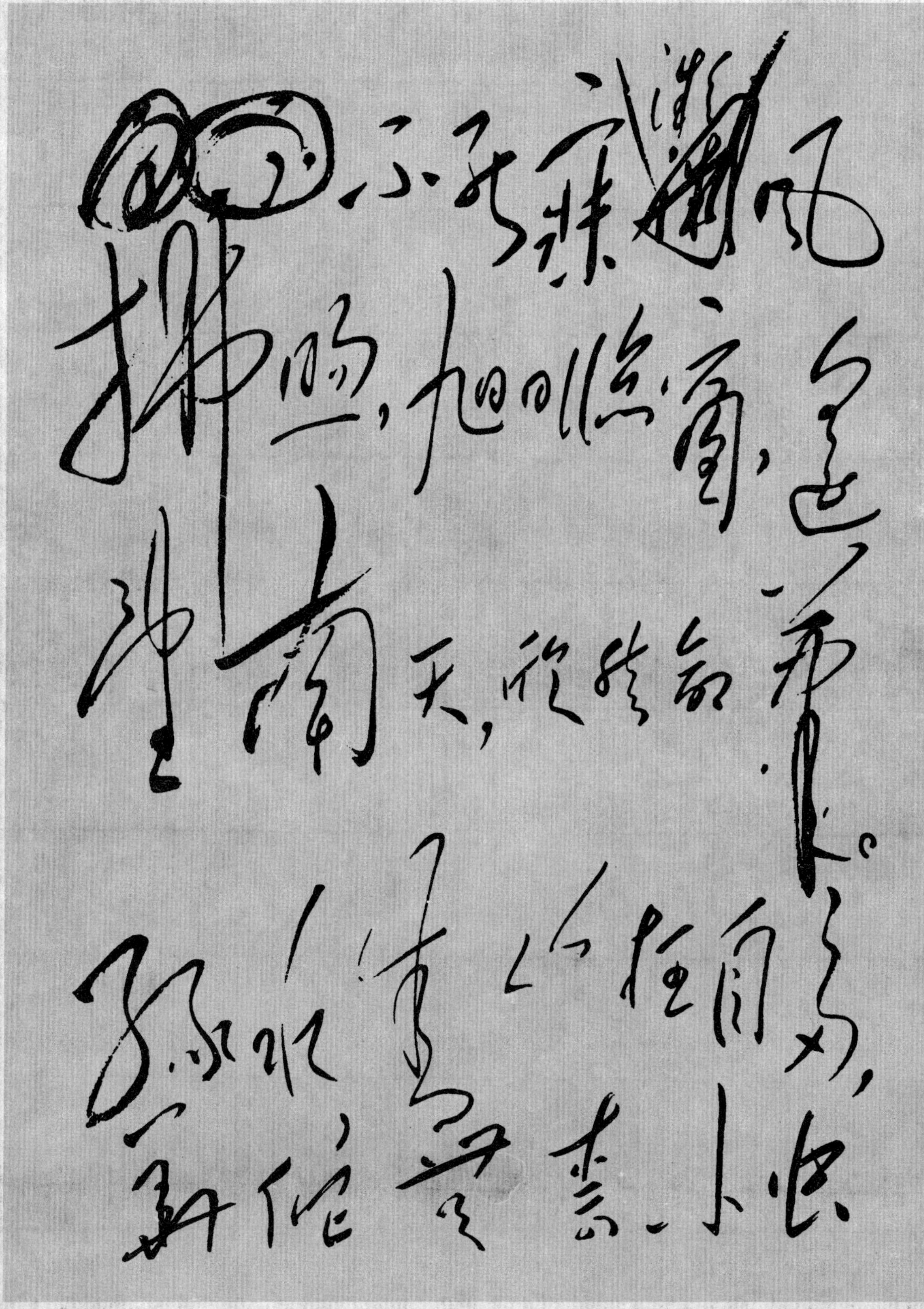

随心翻作浪，青山着意化为桥。天连五岭银锄落，地动三河铁臂摇。借问瘟君欲何往，纸船明烛照天烧。

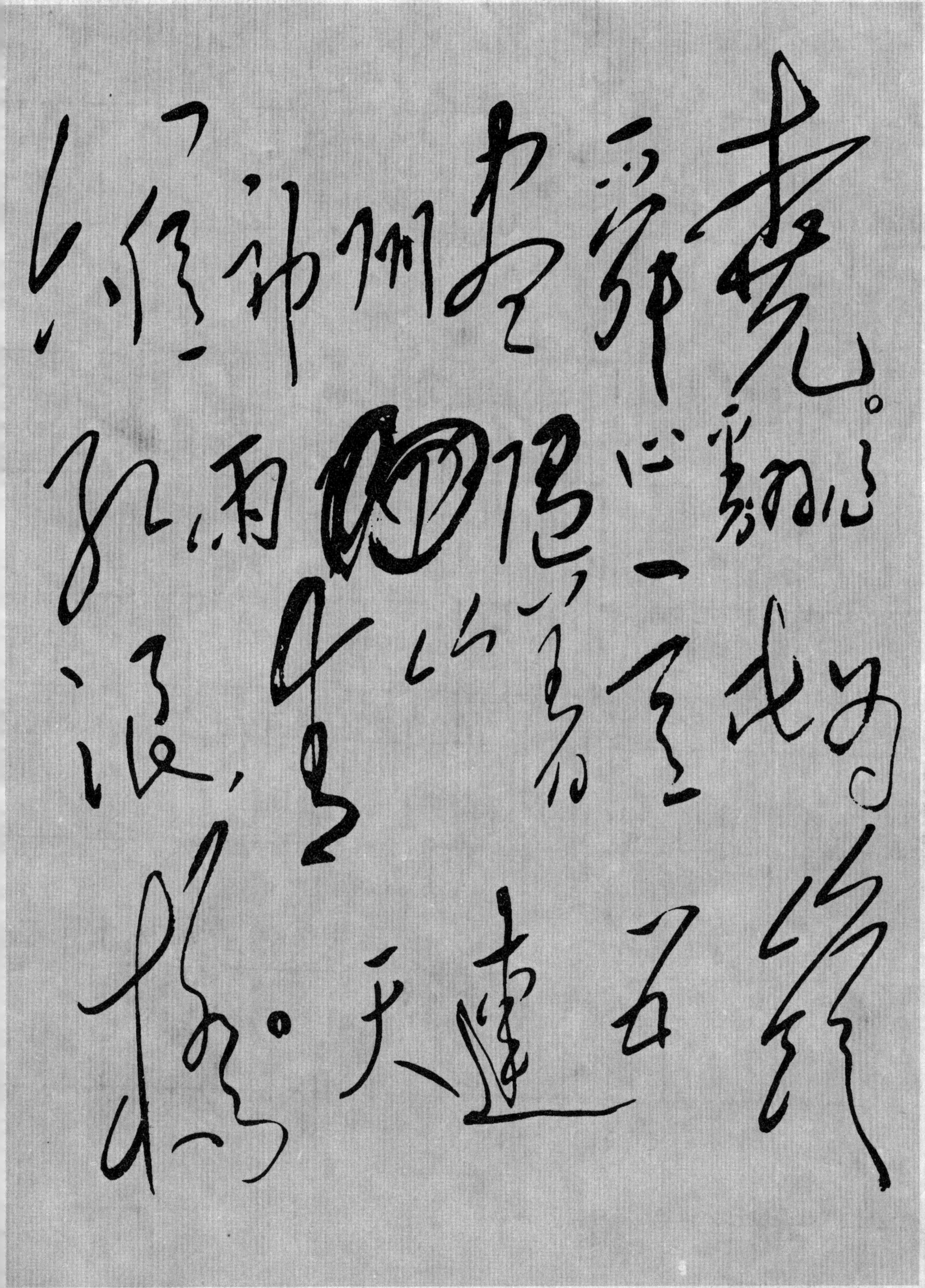

第四时期·自作诗词

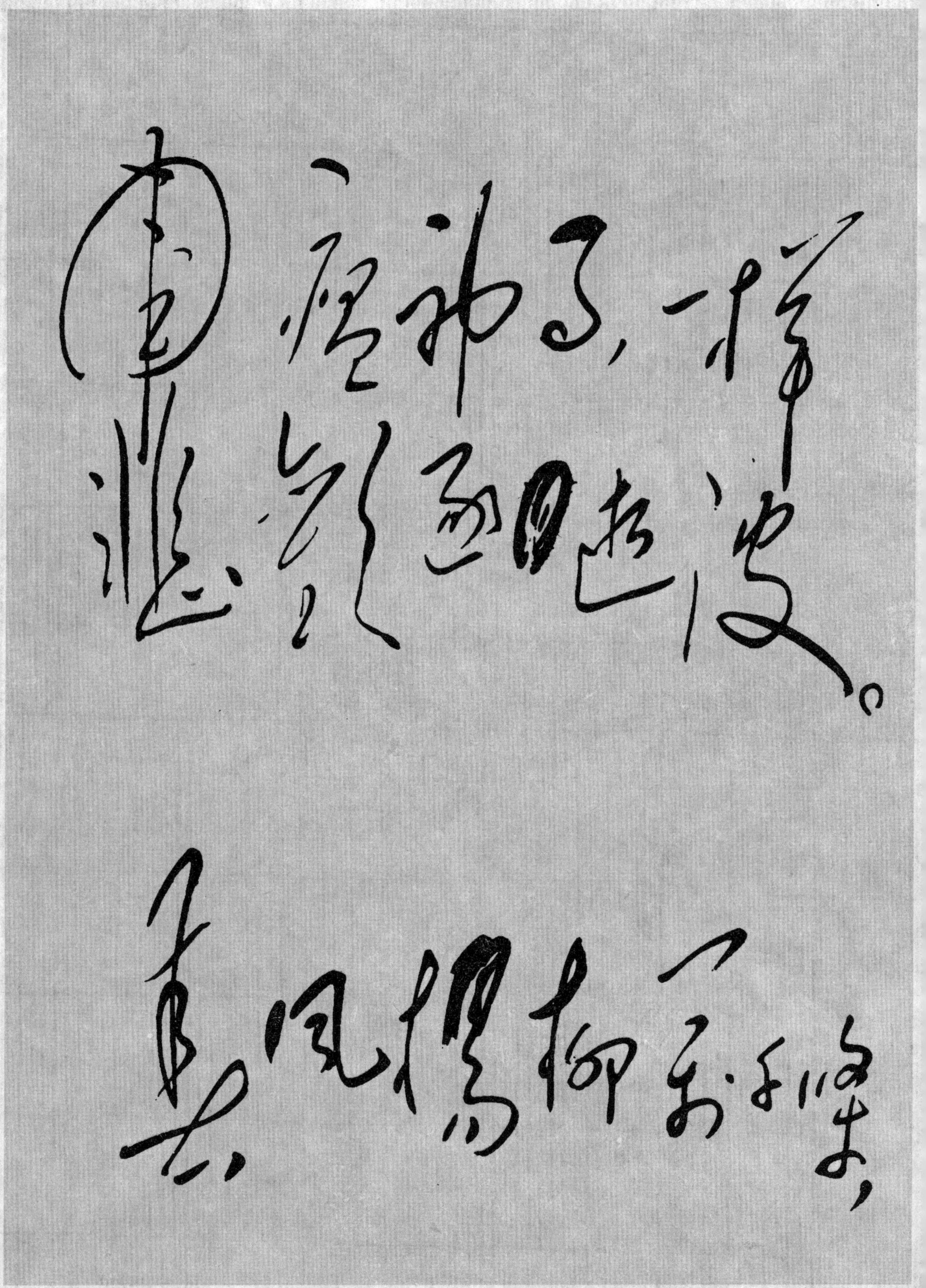

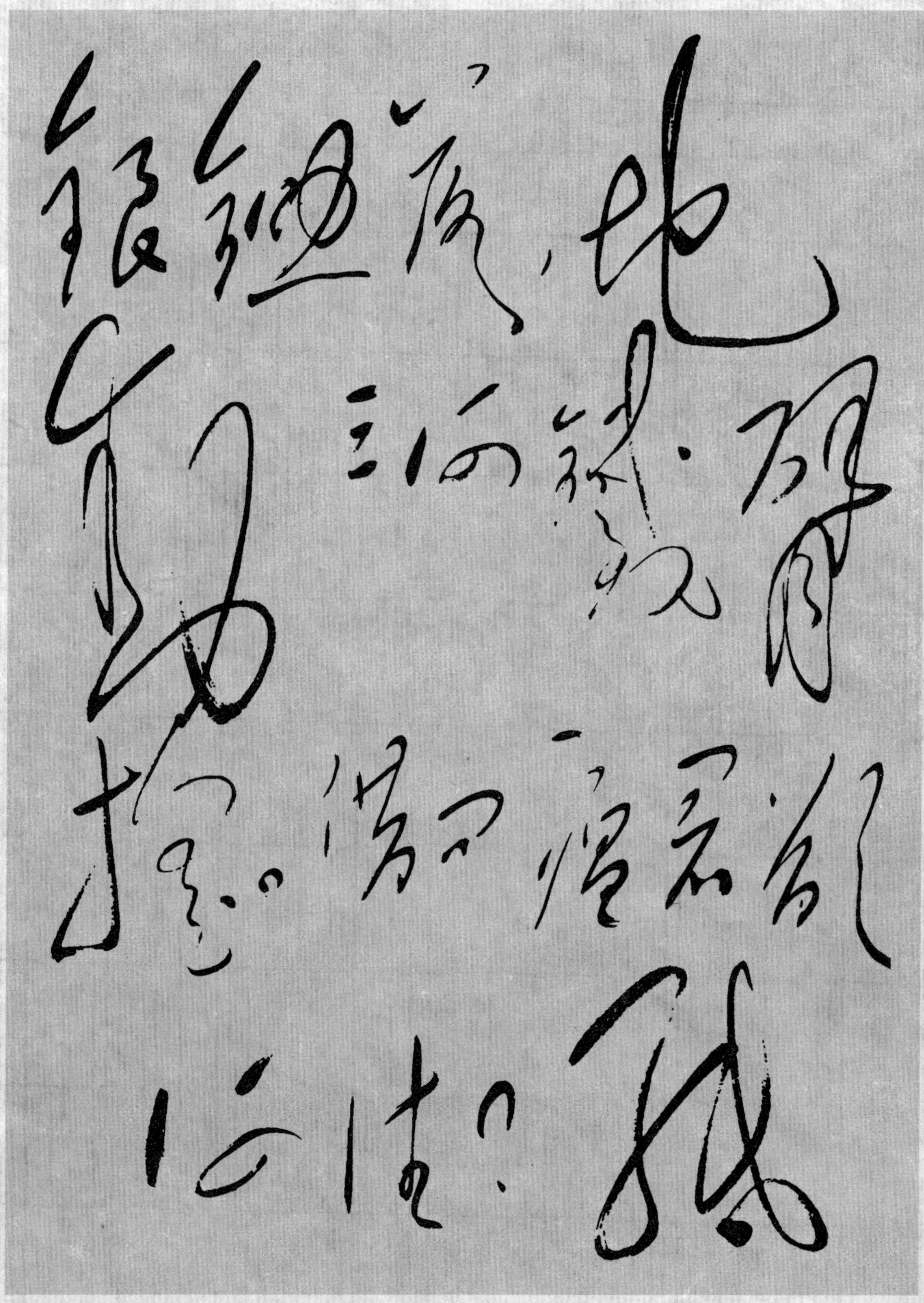

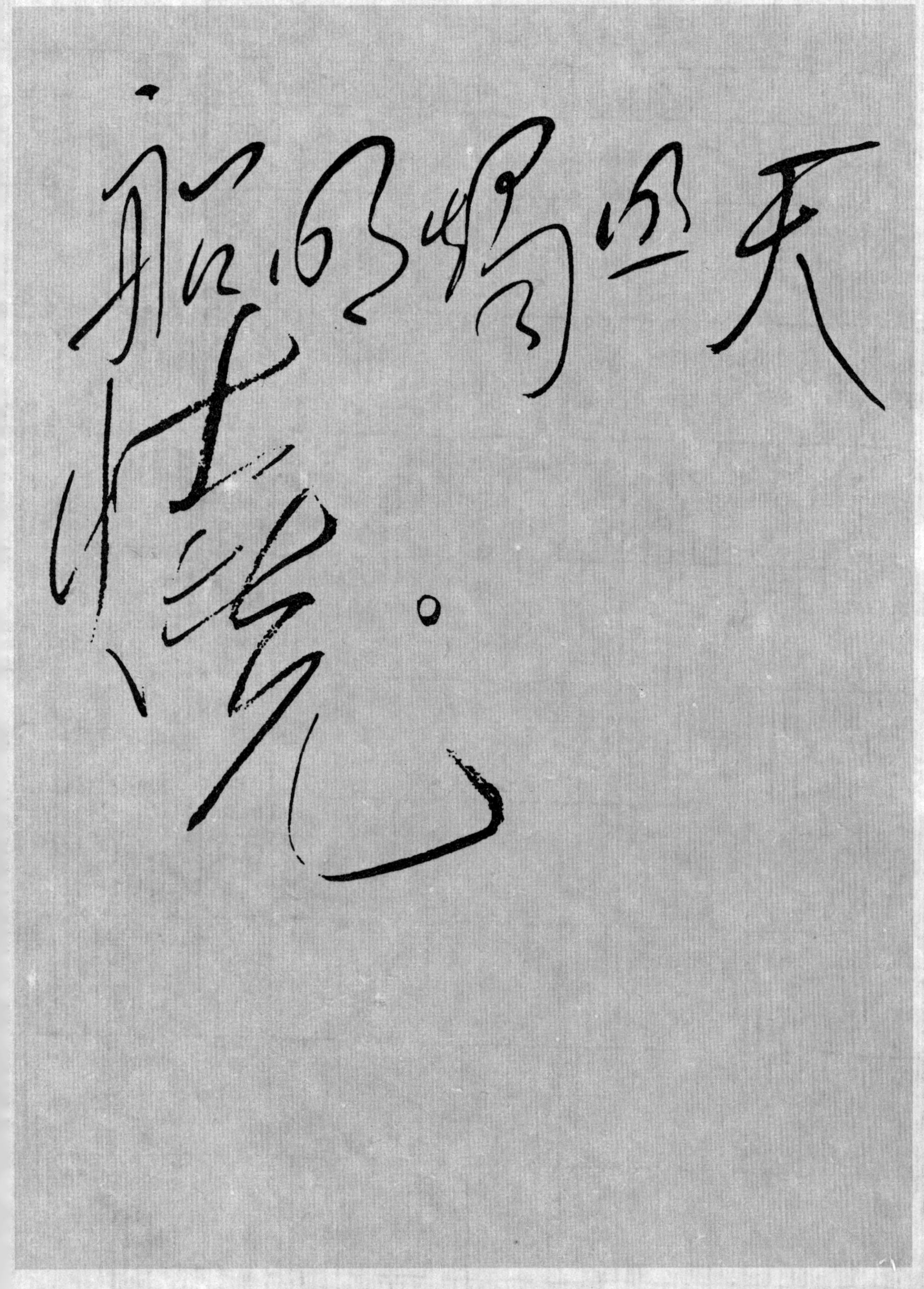

七律
到韶山
一九五九年六月

一九五九年六月二十五日到韶山。离别这个地方已有三十二周年了。

别梦依稀咒逝川，故园三十二年前。红旗卷起农奴戟，黑手高悬霸主鞭。为有牺牲多壮志，敢教日月换新天。喜看稻菽千重浪，遍地英雄下夕烟。

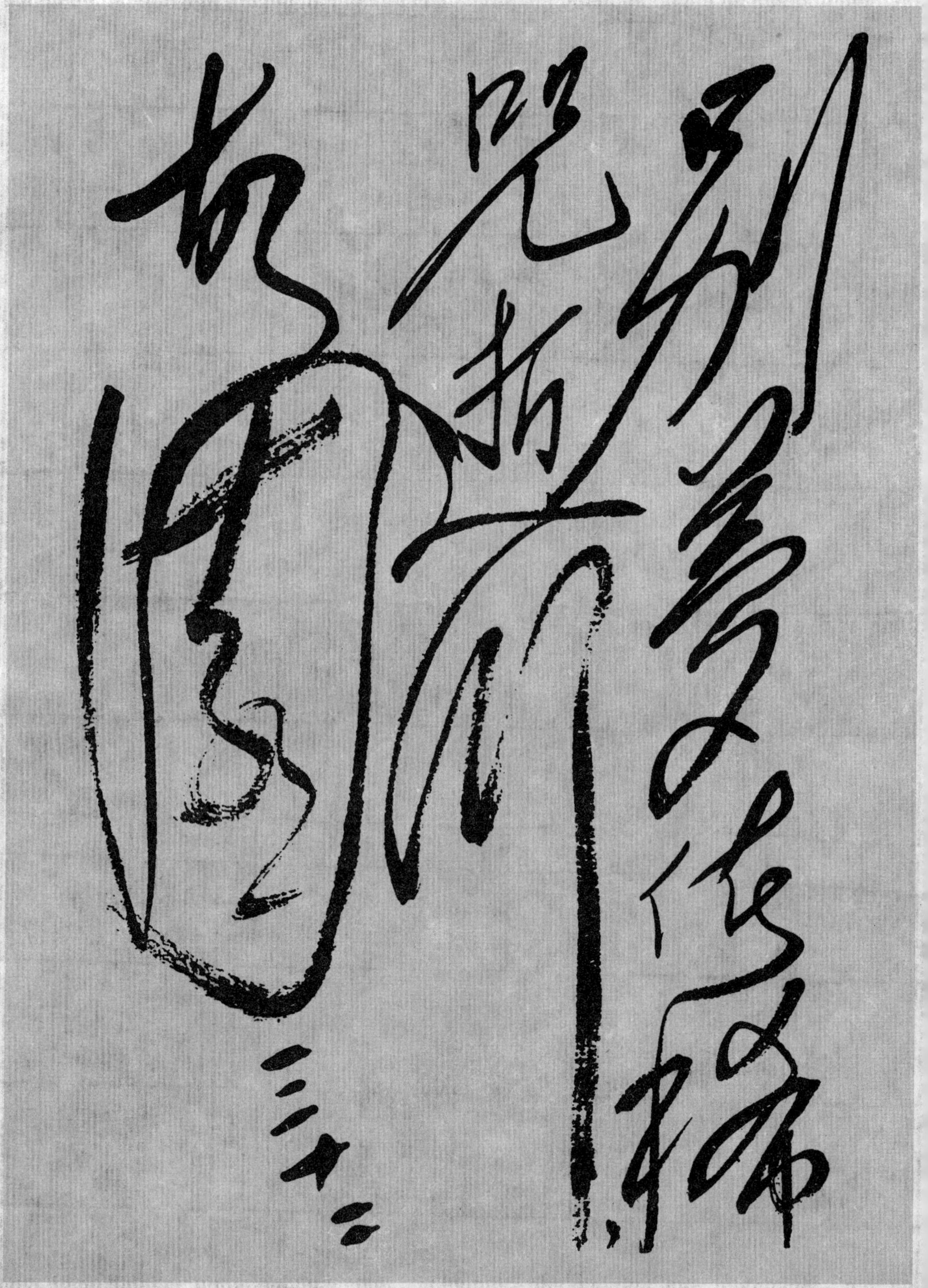

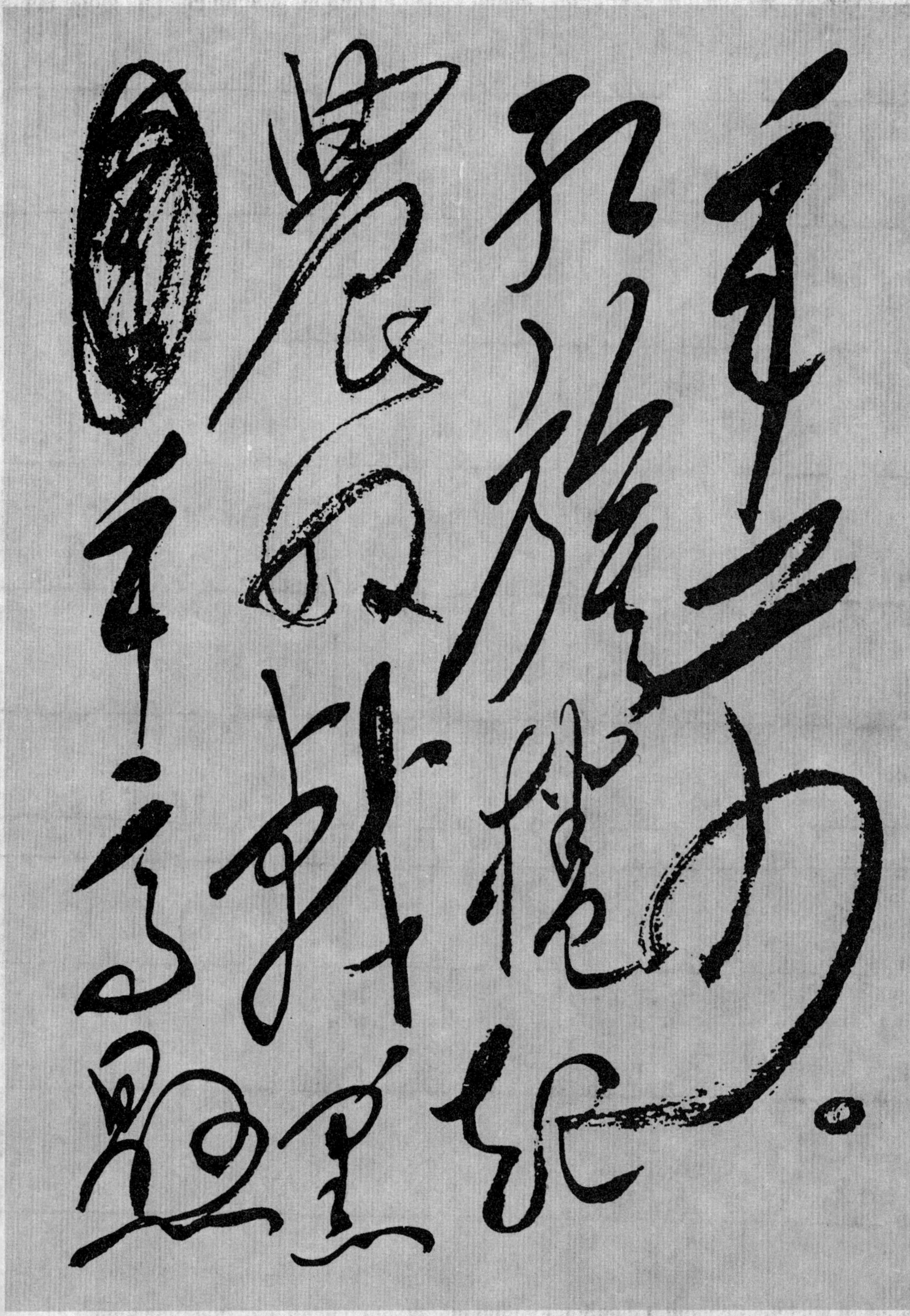

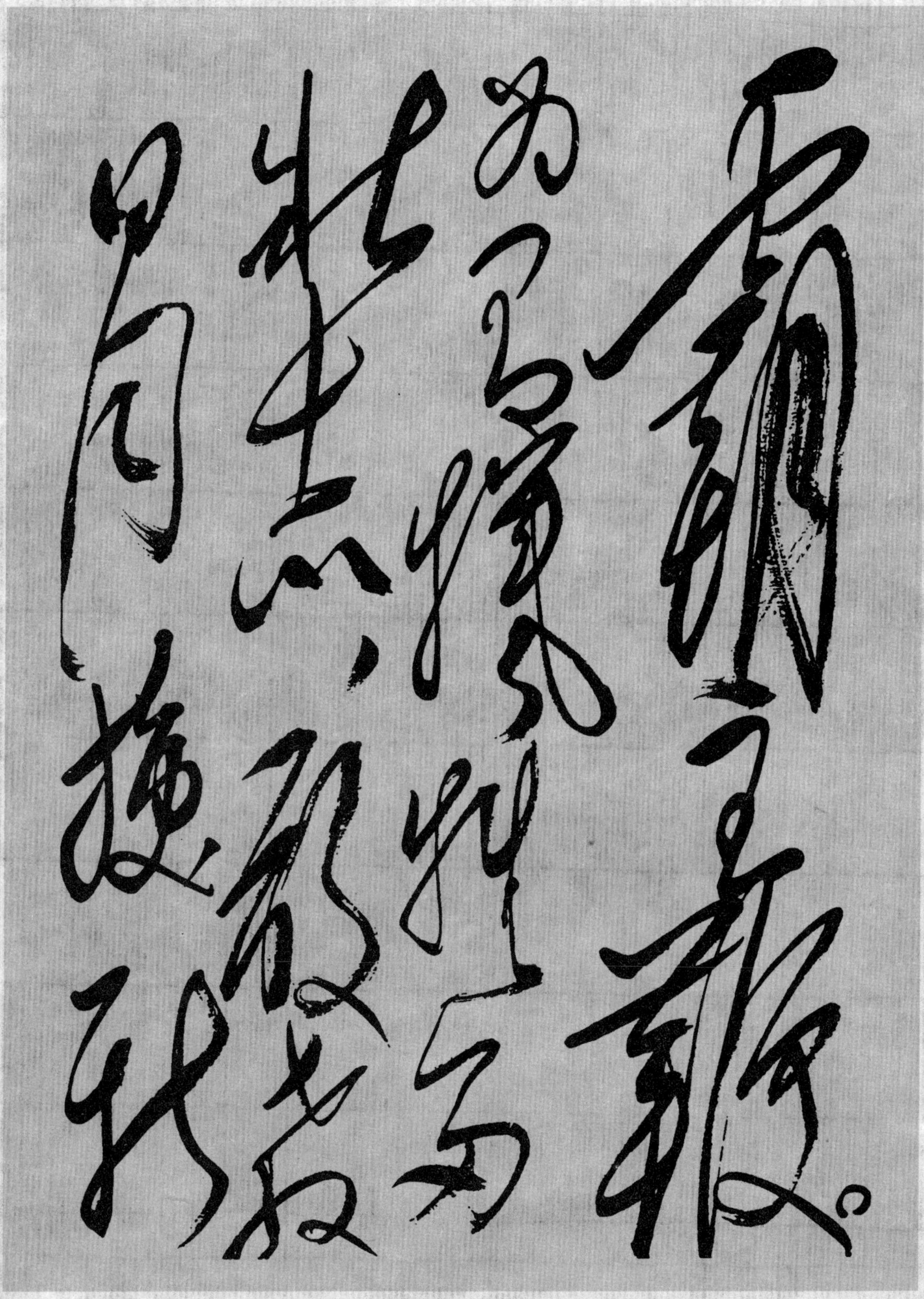

第四时期·自作诗词

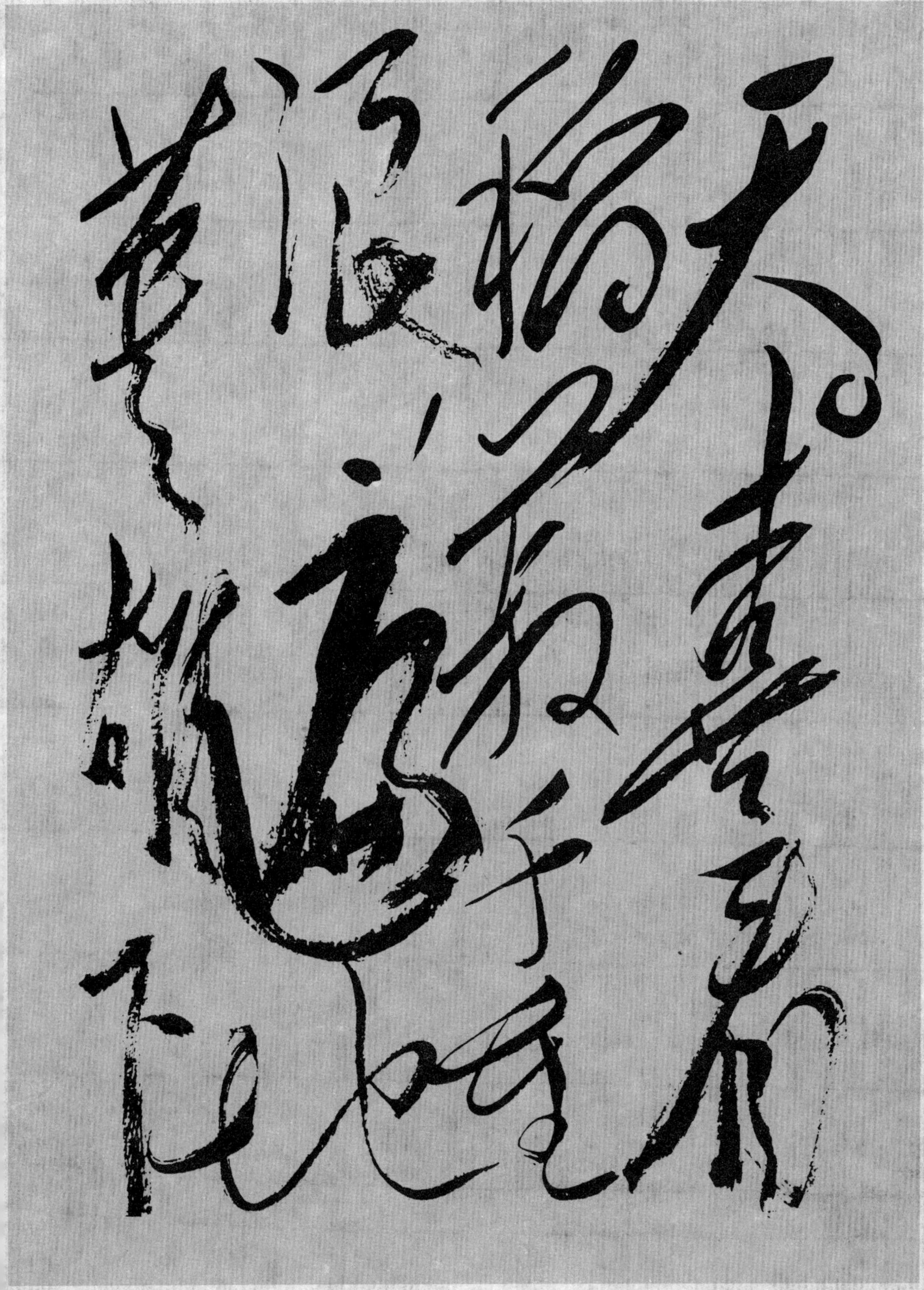

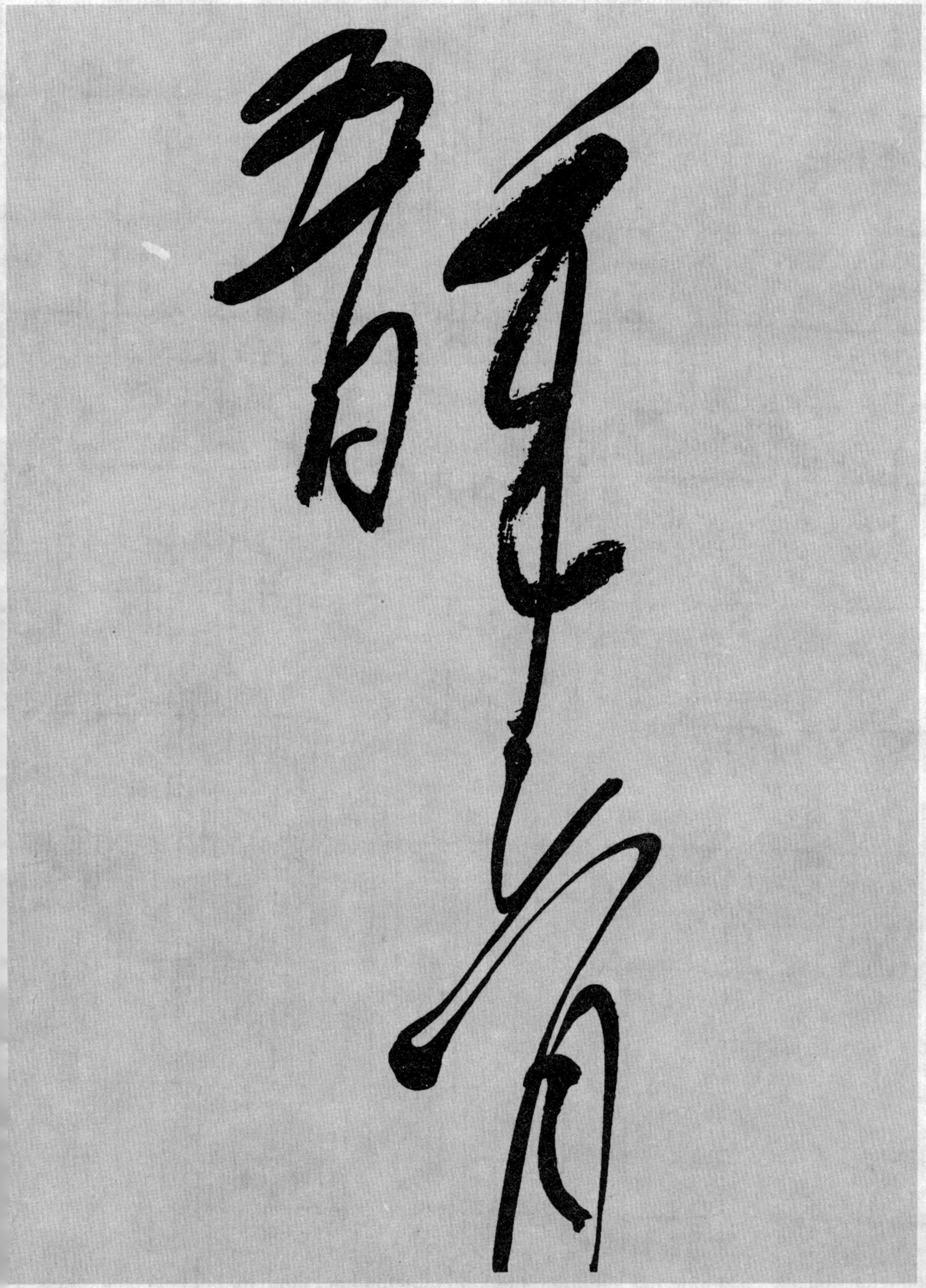

第四时期・自作诗词

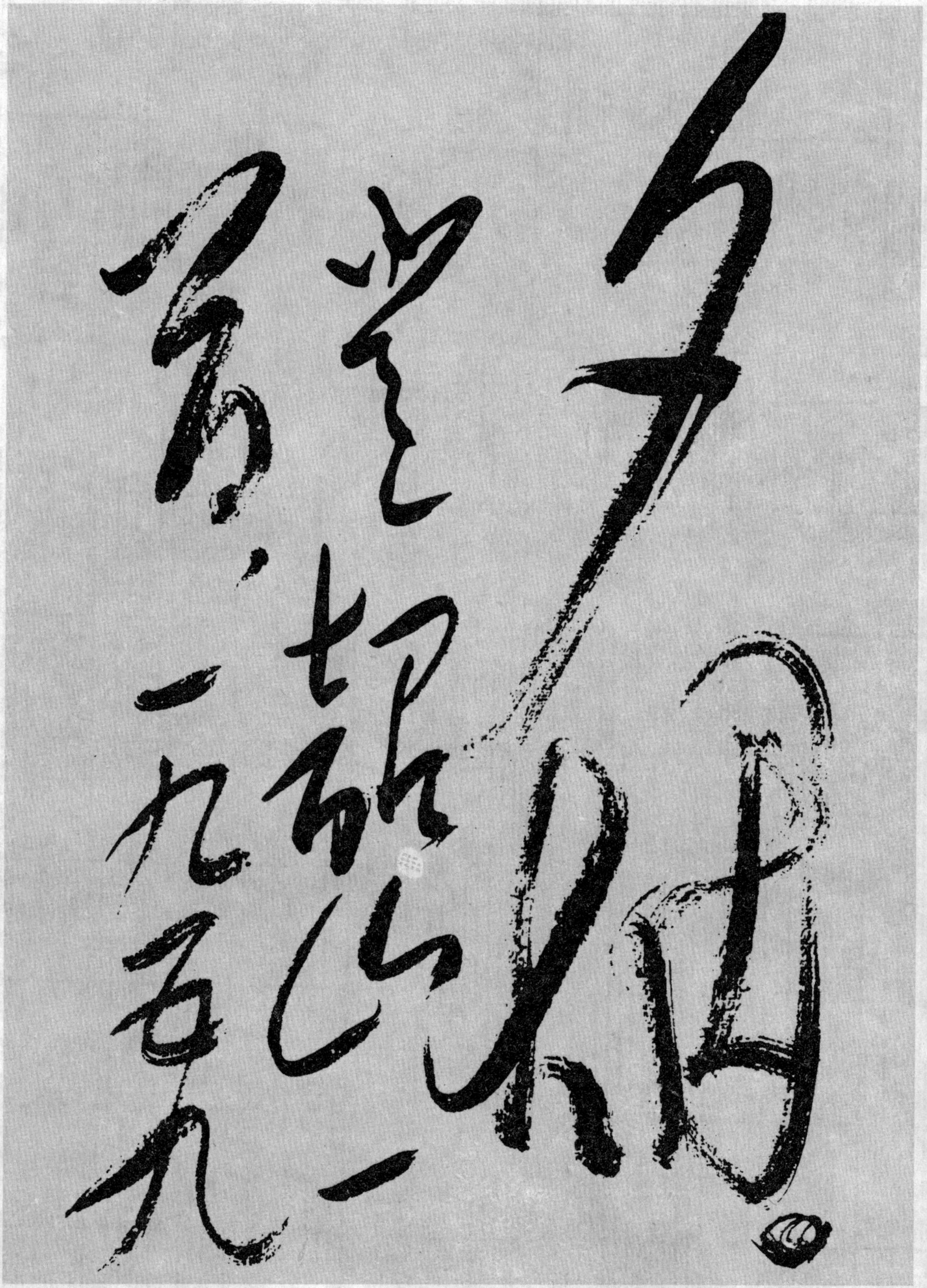

七律
登庐山
一九五九年七月

一山飞峙大江边，跃上葱笼四百旋。冷眼向洋看世界，热风吹雨洒江天。云横九派浮黄鹤，浪下三吴起白烟。陶令不知何处去，桃花源里可耕田？

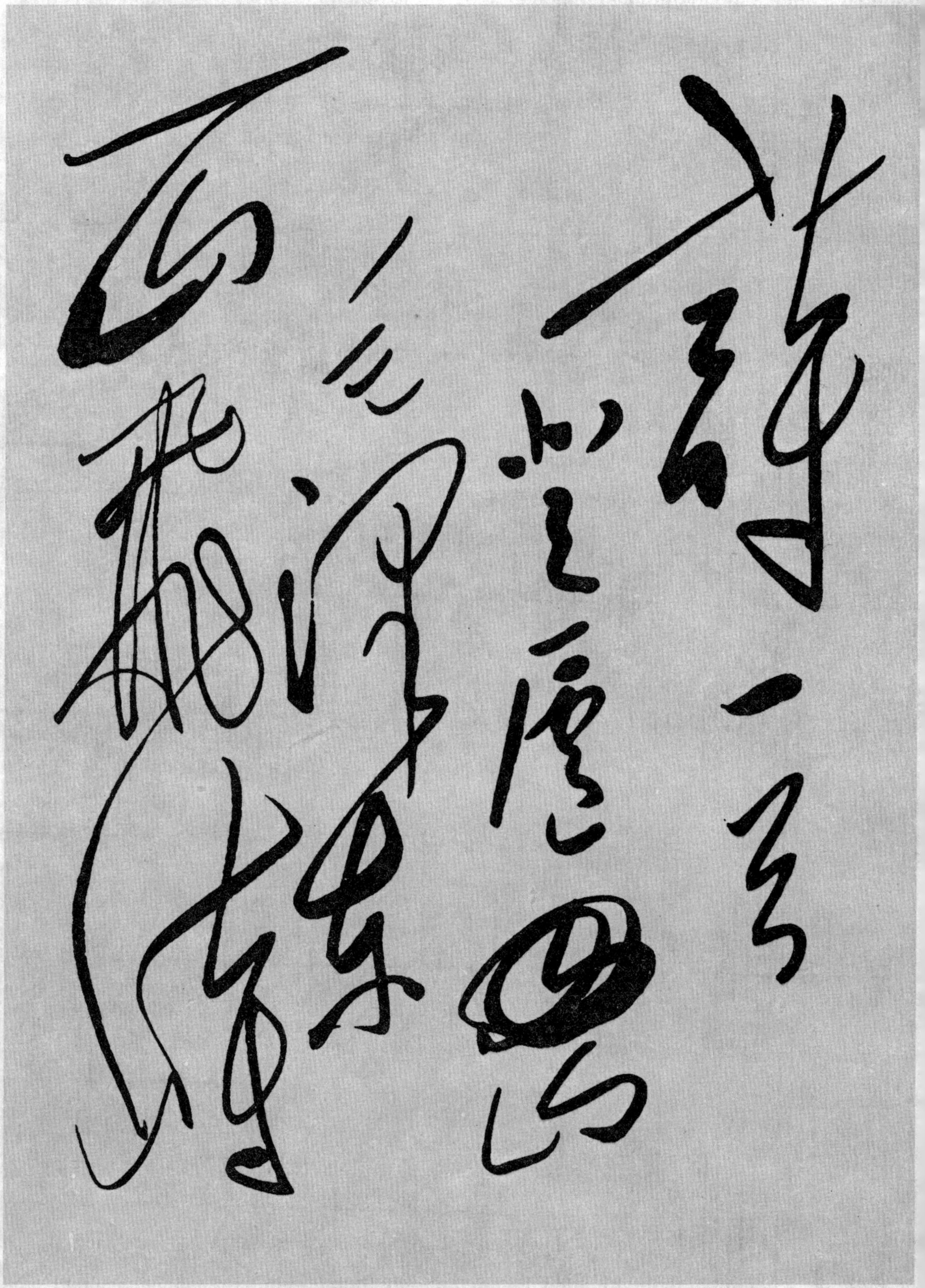

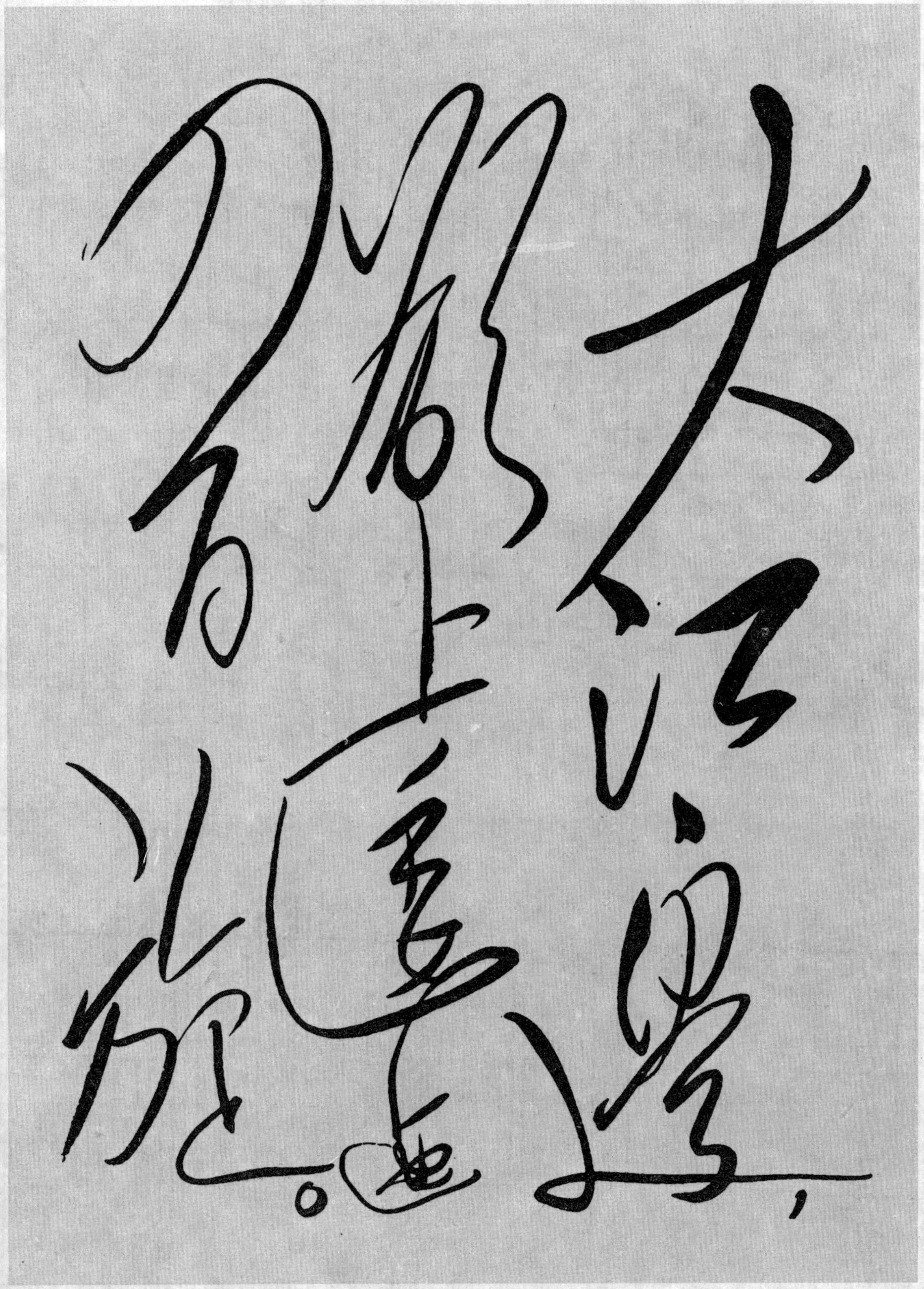

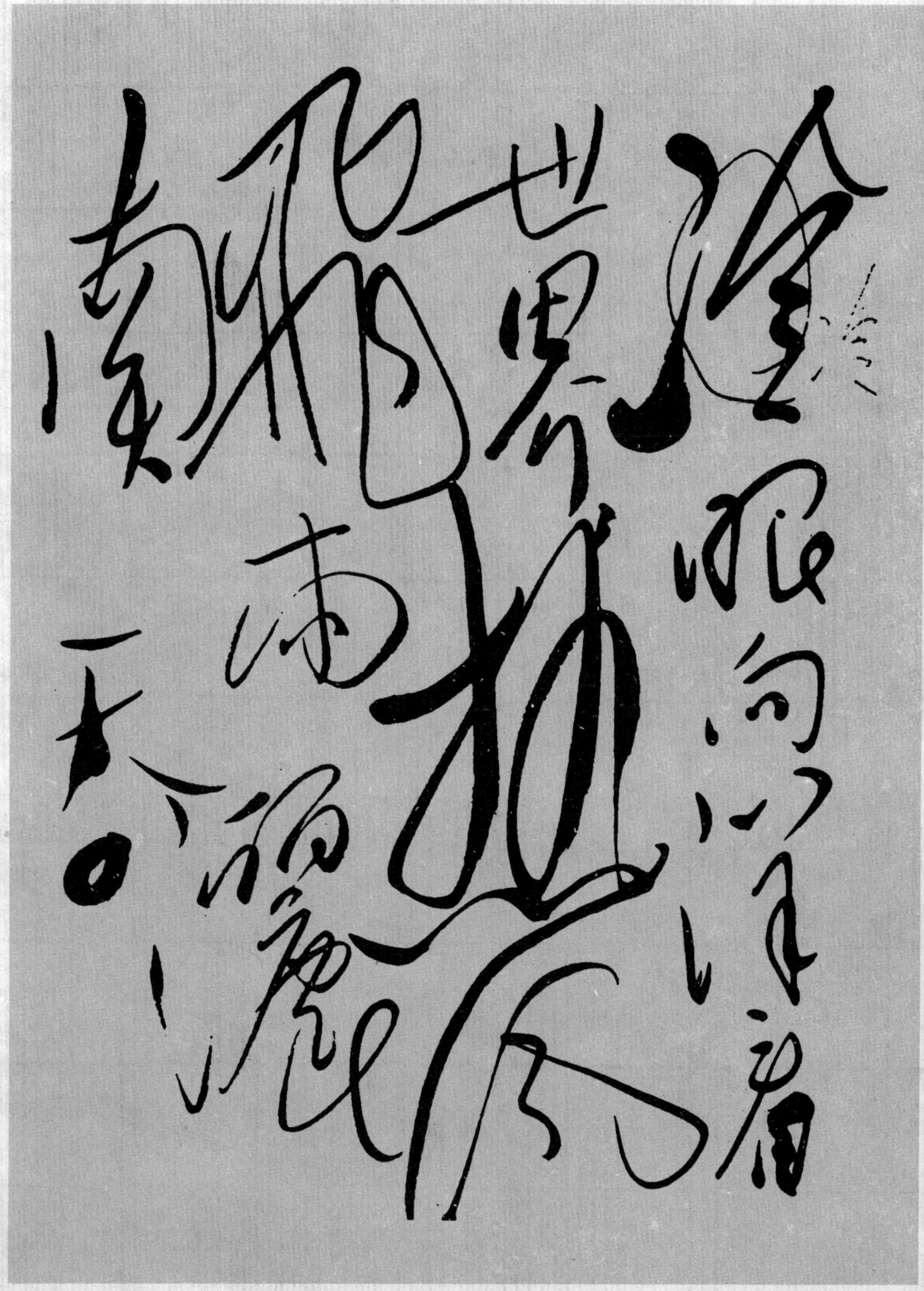

第四时期·自作诗词

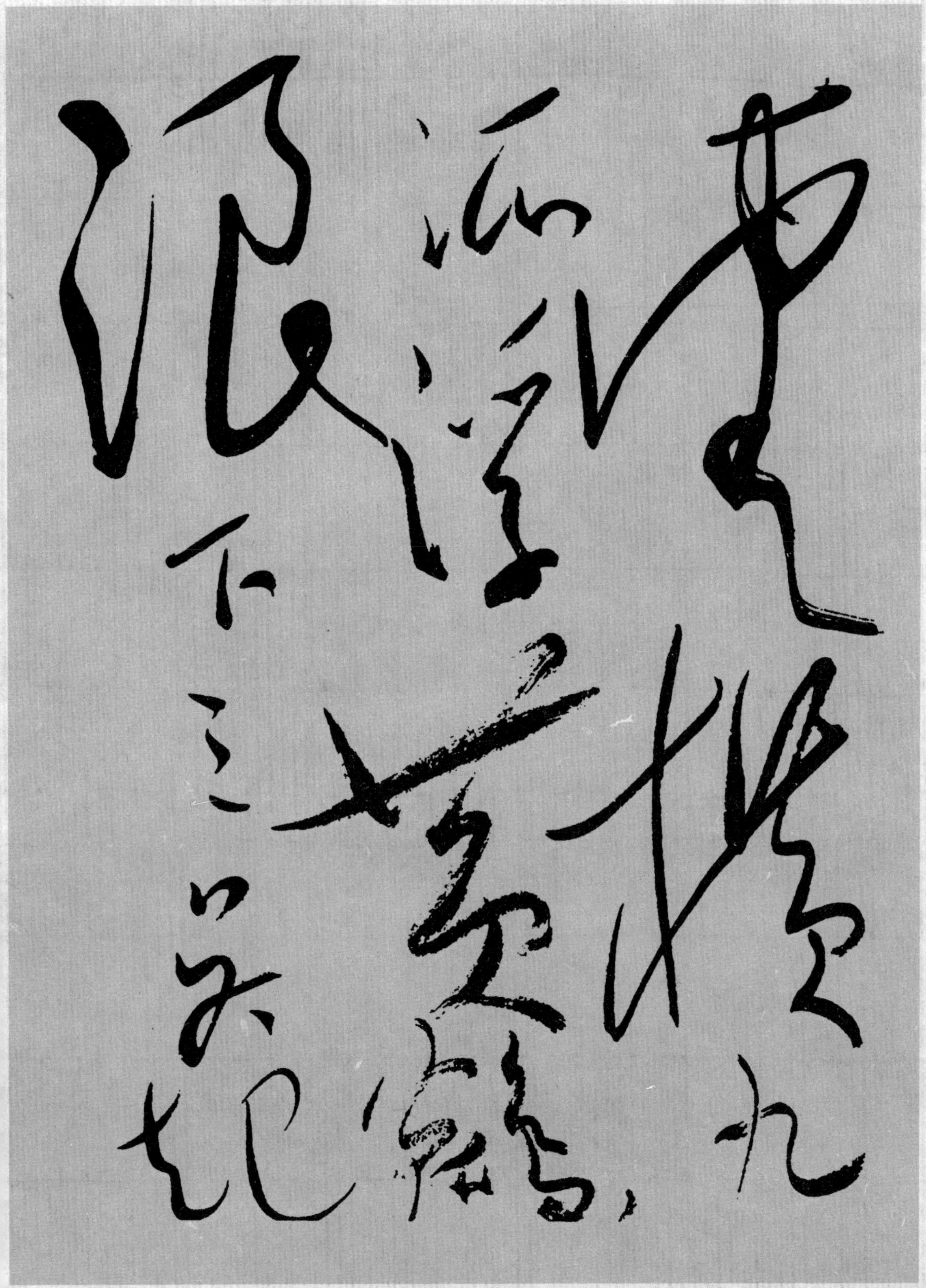

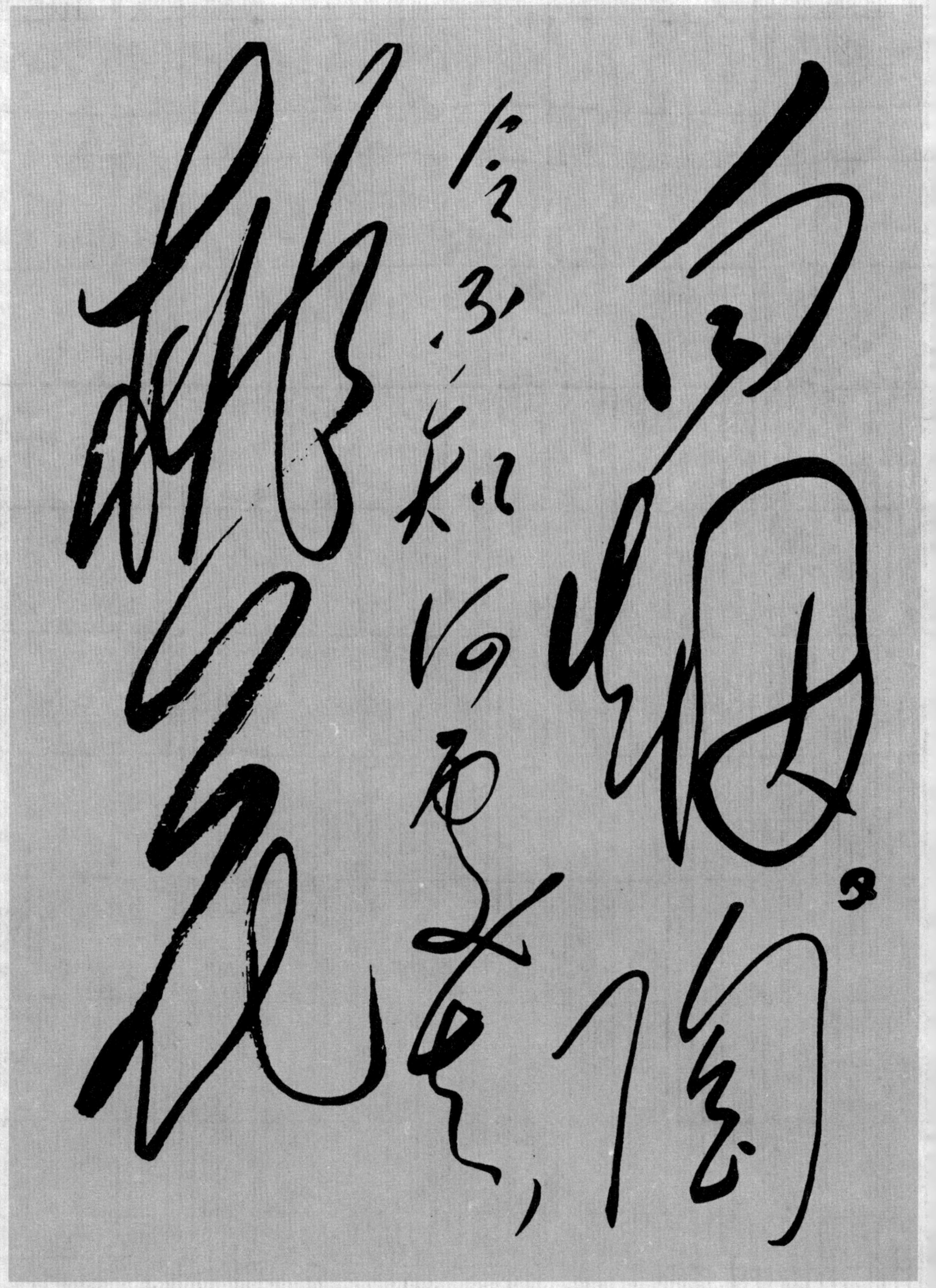

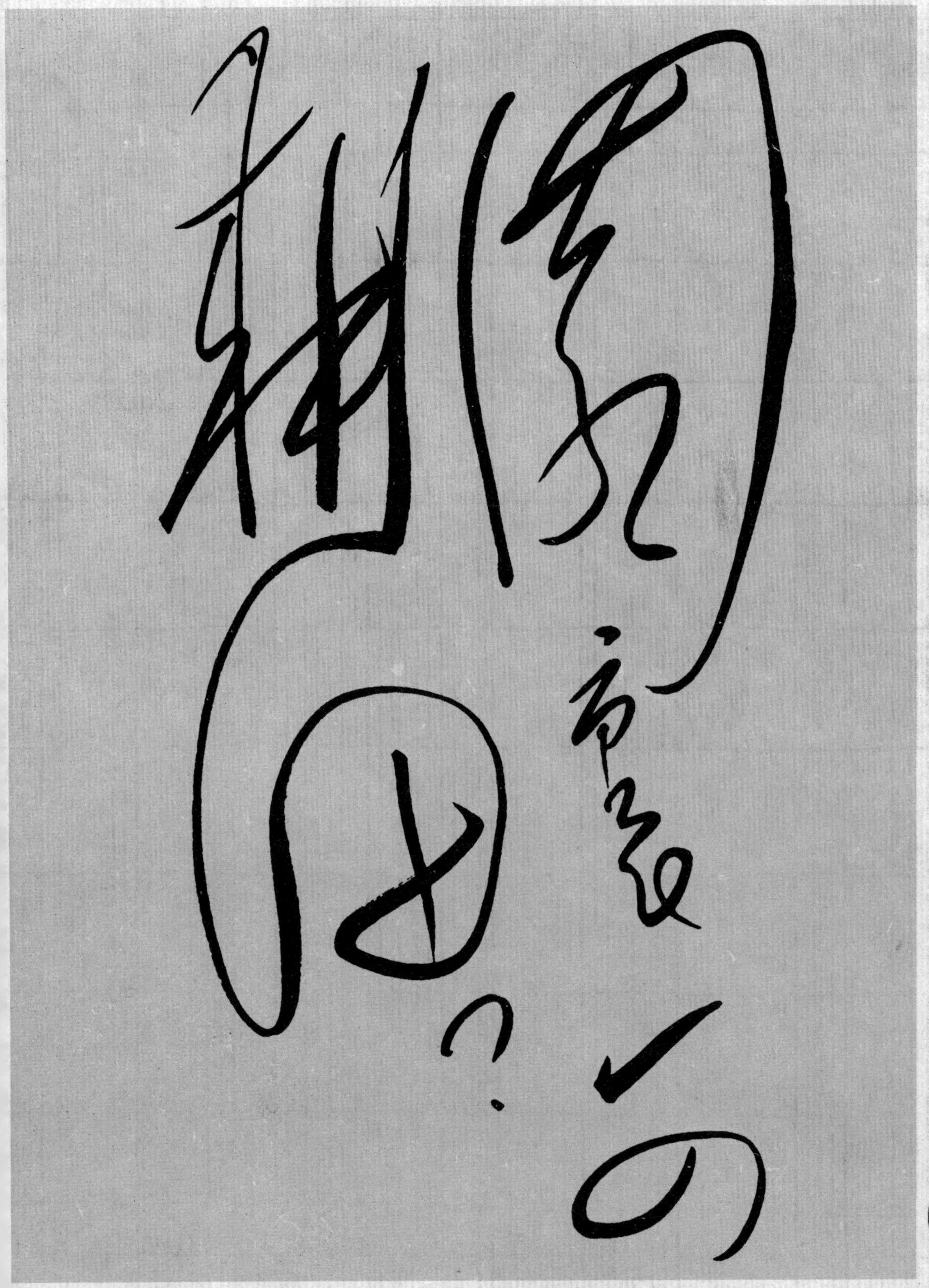

七绝
为女民兵题照
一九六一年二月

飒爽英姿五尺枪，曙光初照演兵场。中华儿女多奇志，不爱红装爱武装。

为女民兵题照
毛泽东

第四时期·自作诗词

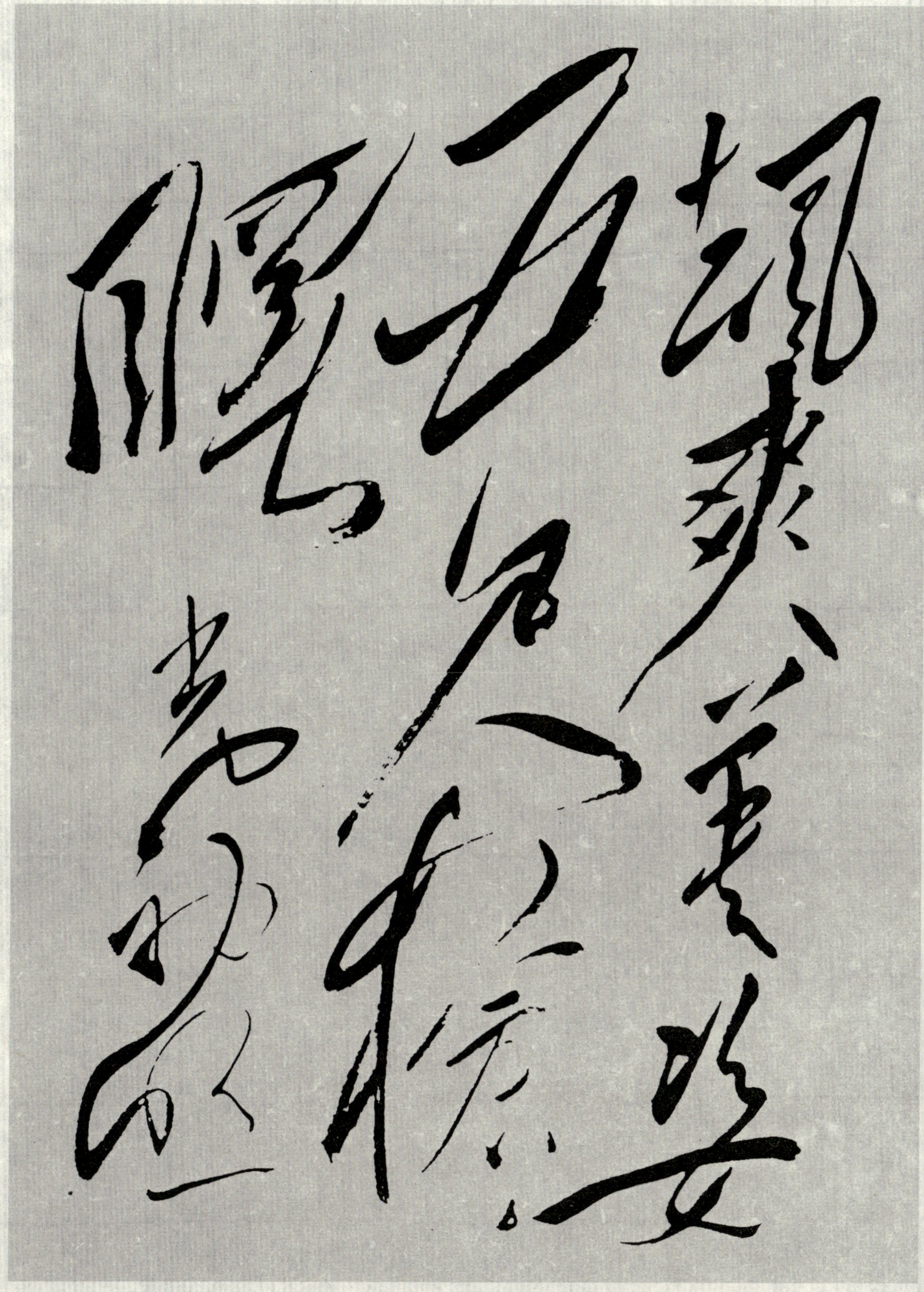

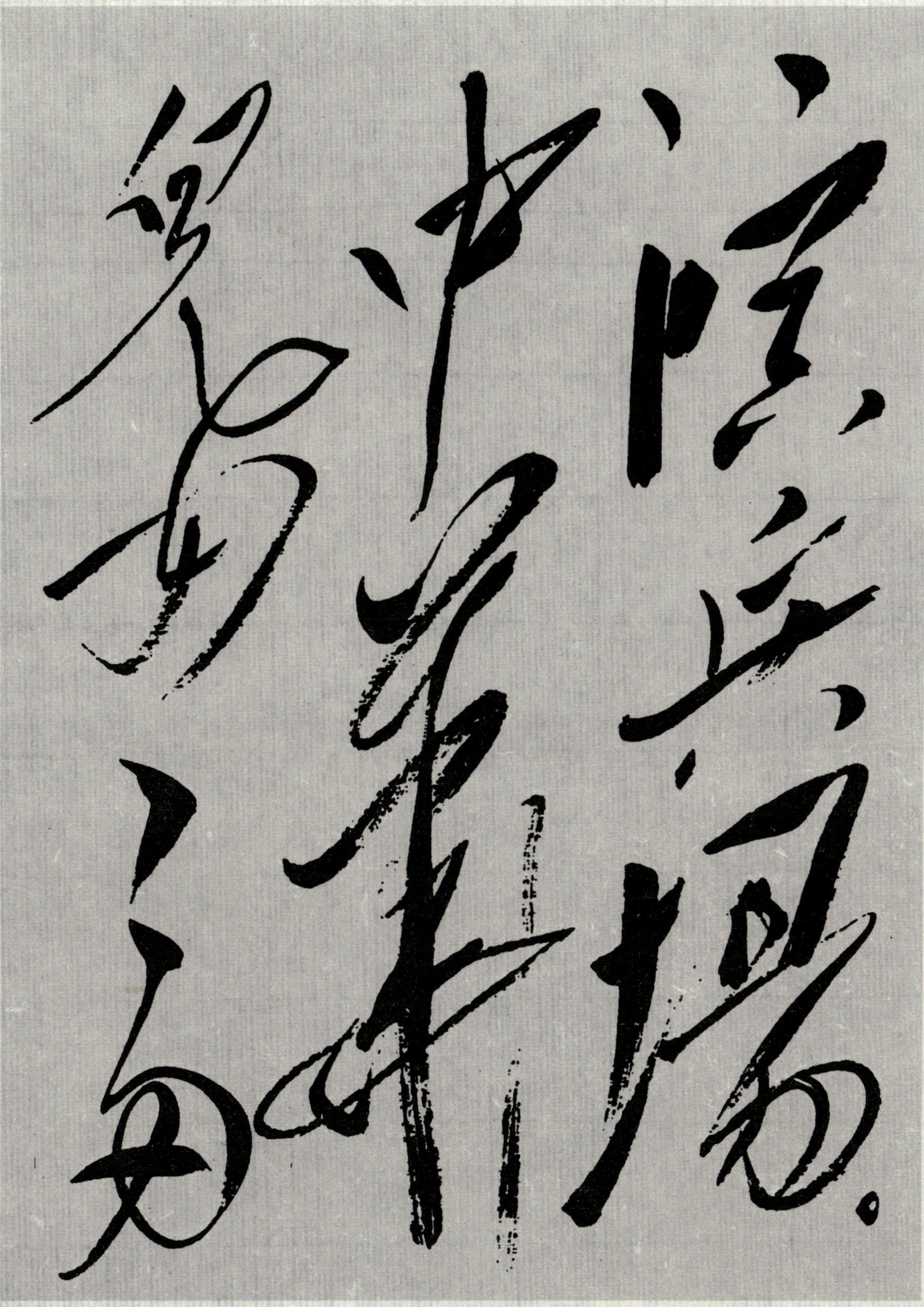

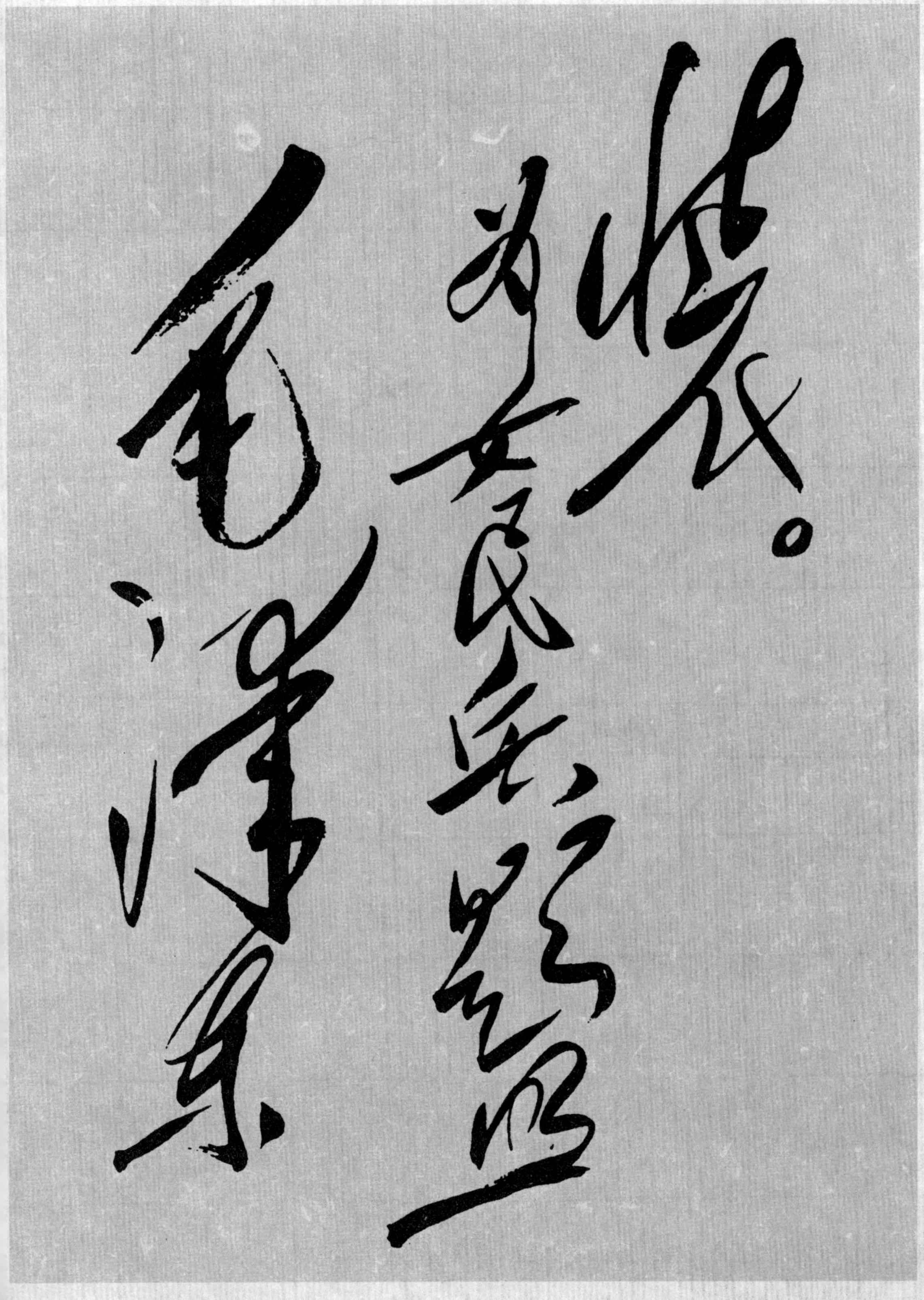

第四时期・自作诗词

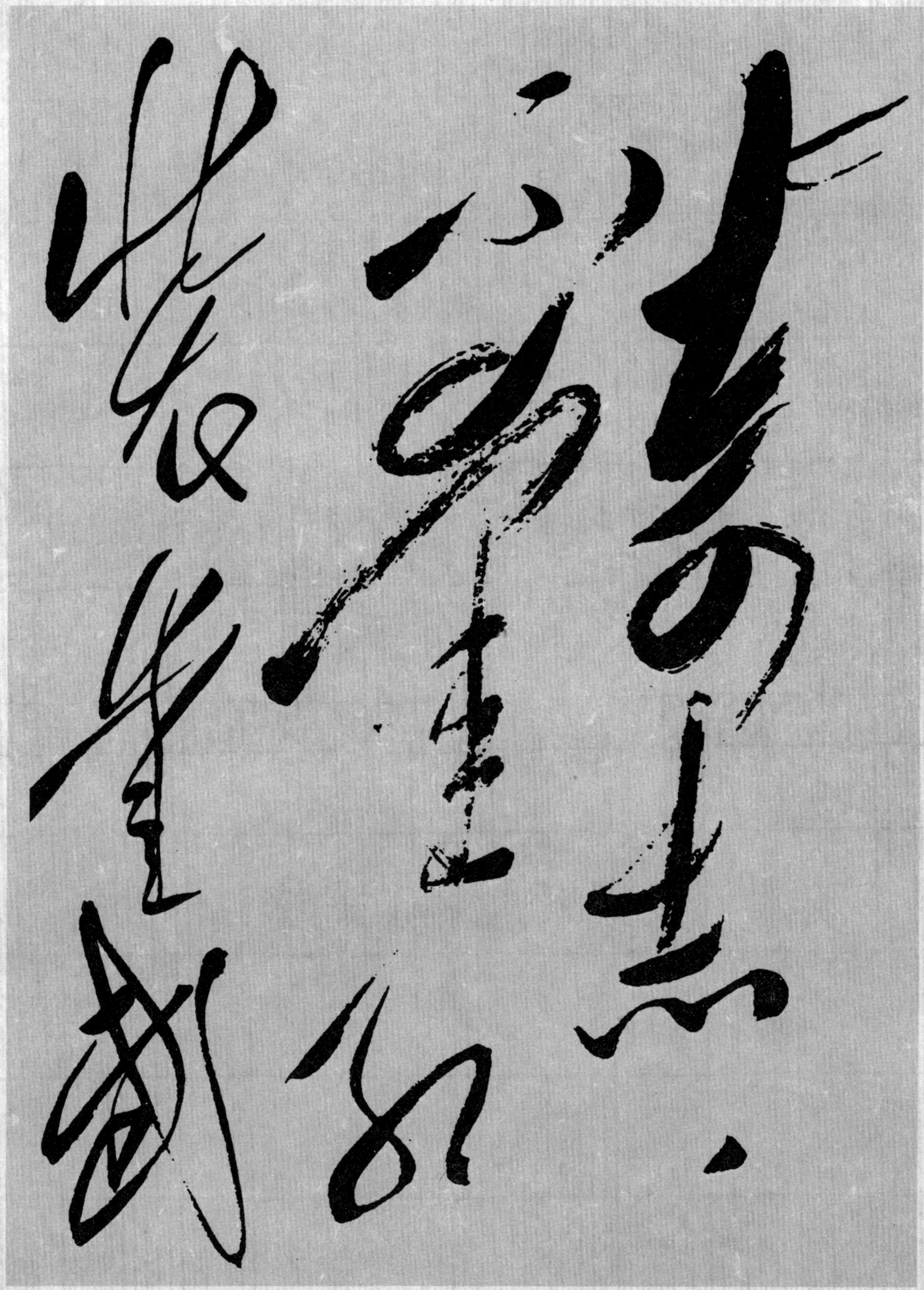

七绝

庐山仙人洞

一九六一年九月九日

暮色苍茫看劲松，乱云飞渡仍从容。天生一个仙人洞，无限风光在险峰。

一九六一年九月九日

毛泽东

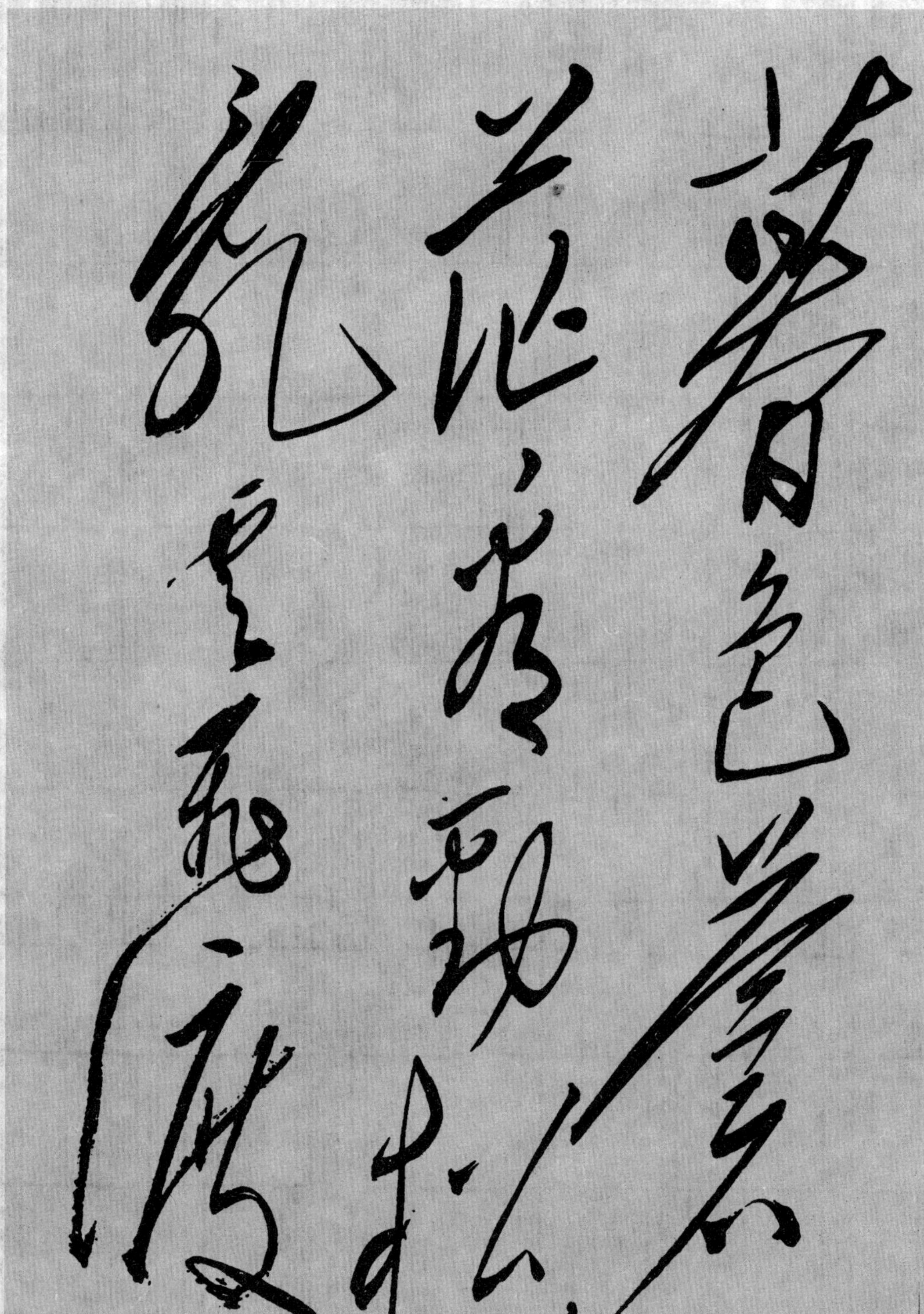

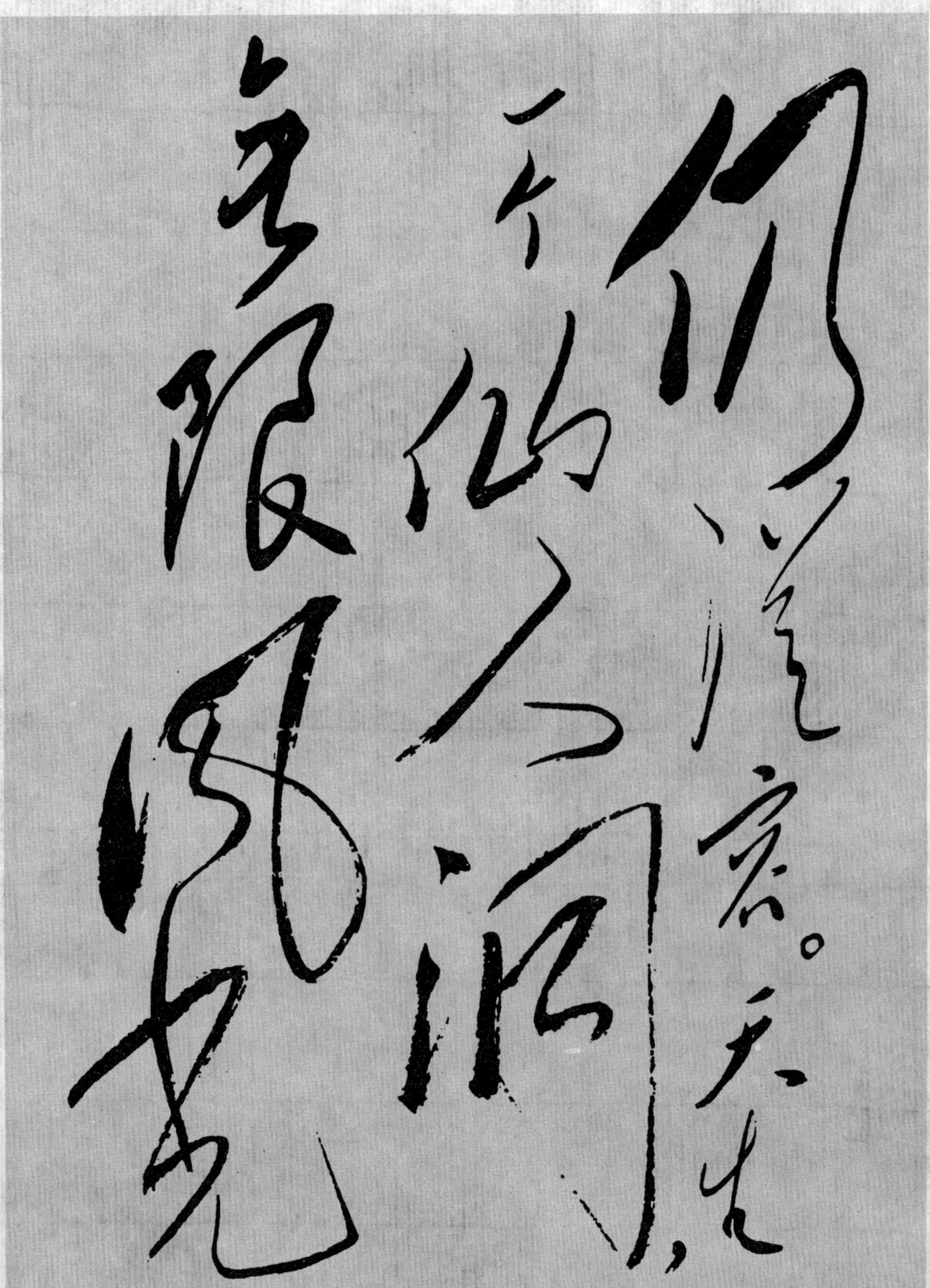

清平乐
六盘山

一九三五年十月作

天高云淡，望断南飞雁。不到长城非好汉，屈指行程二万。

六盘山上高峰，红旗漫卷西风。今日长缨在手，何时缚住苍龙？

毛泽东

一九六一年九月书

第四时期·自作诗词

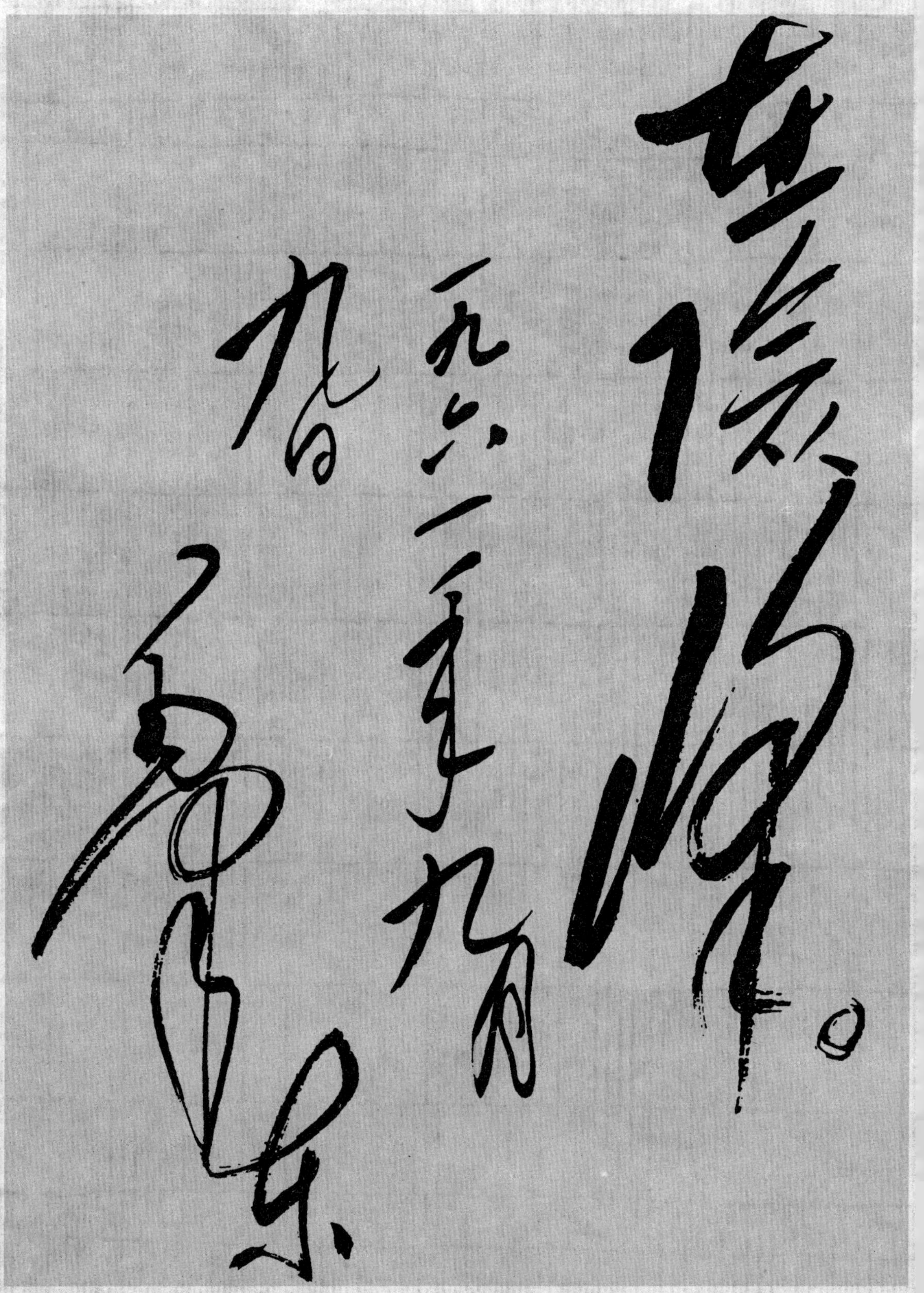

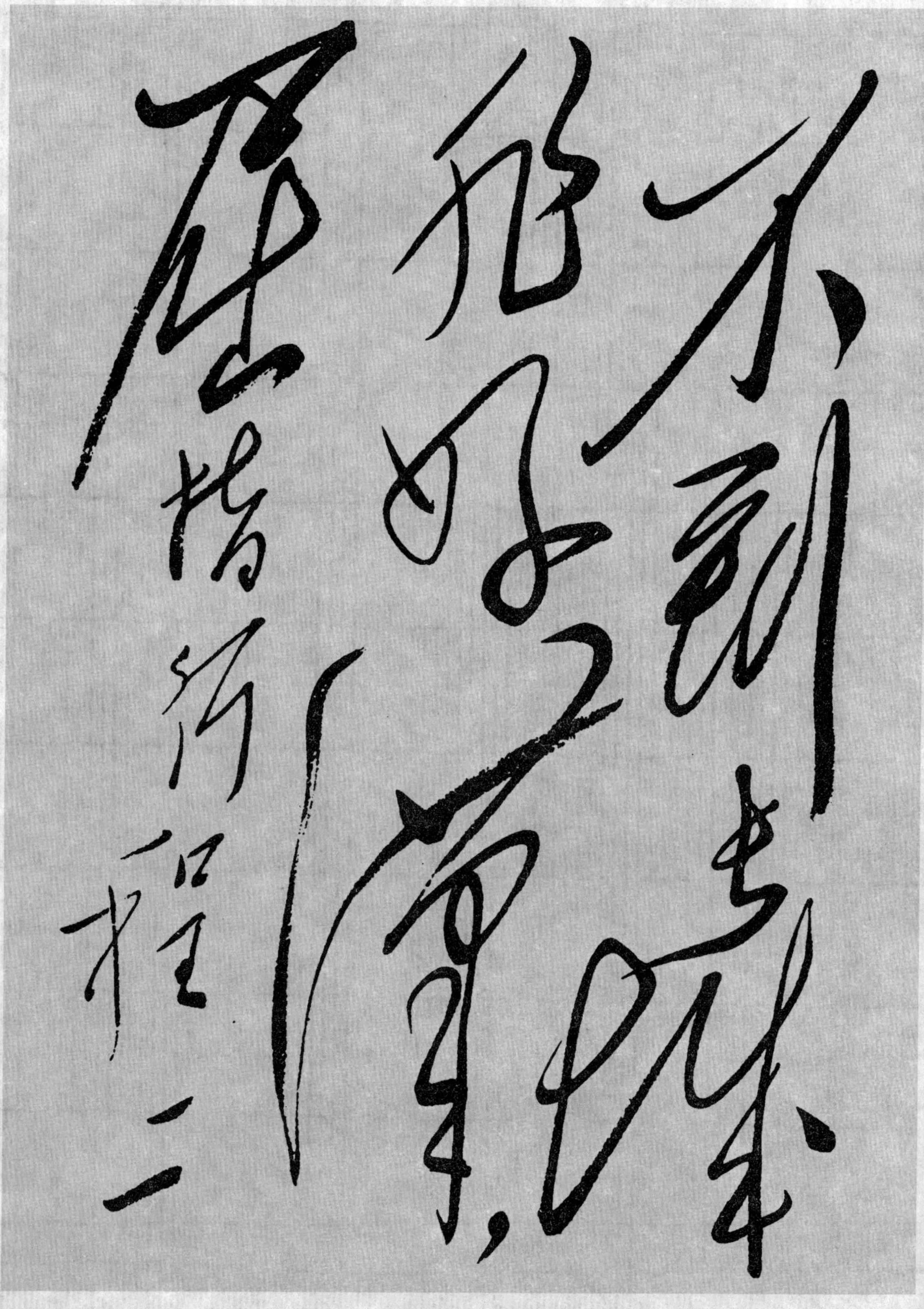

第四时期·自作诗词

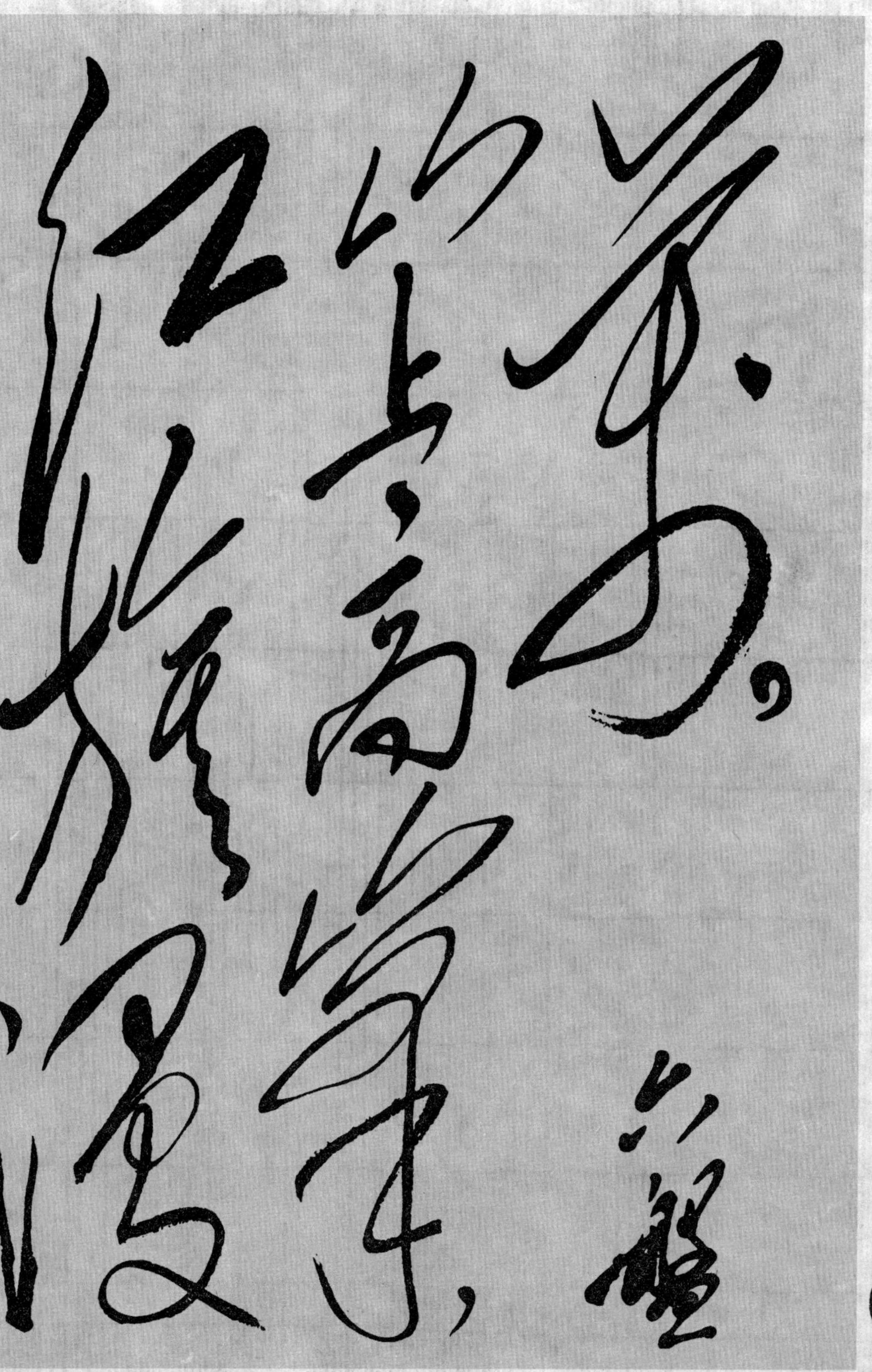

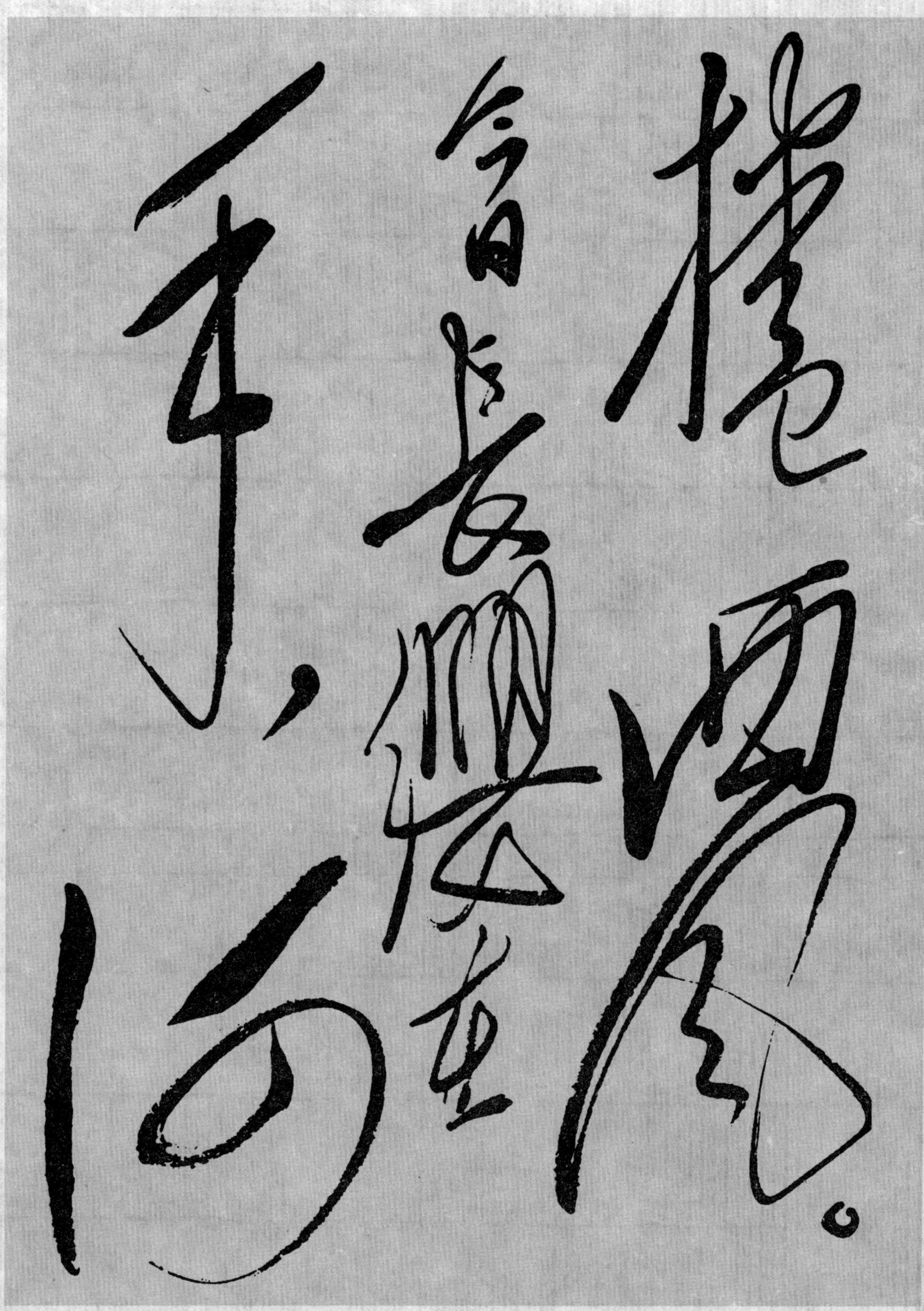

第四时期・自作诗词

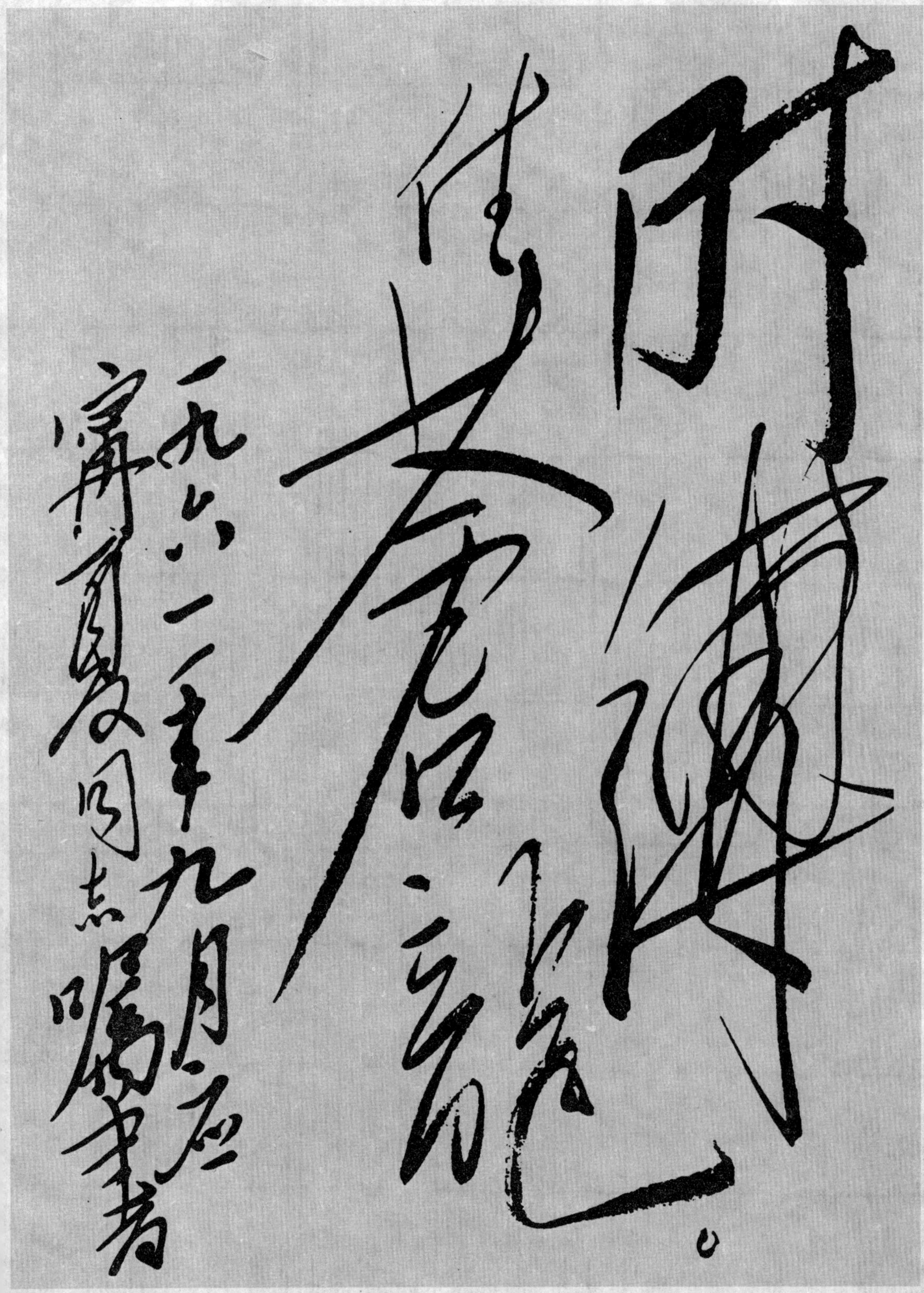

七律
和郭沫若同志

一九六一年十一月十七日作

一从大地起风雷，便有精生白骨堆。僧是愚氓犹可训，妖为鬼蜮必成灾。金猴奋起千钧棒，玉宇澄清万里埃。今日欢呼孙大圣，只缘妖雾又重来。

毛泽东

一九六二年一月三十日书

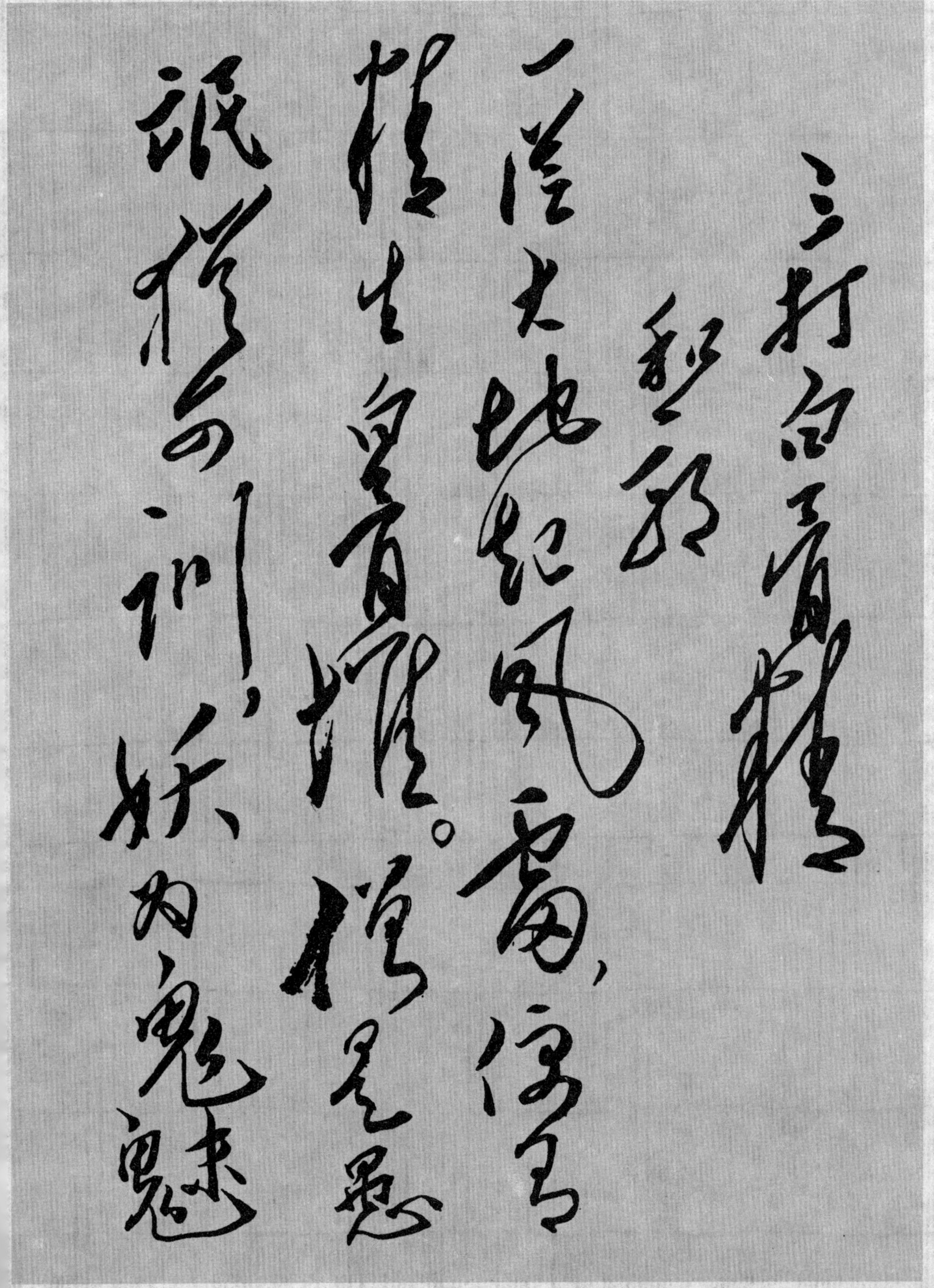

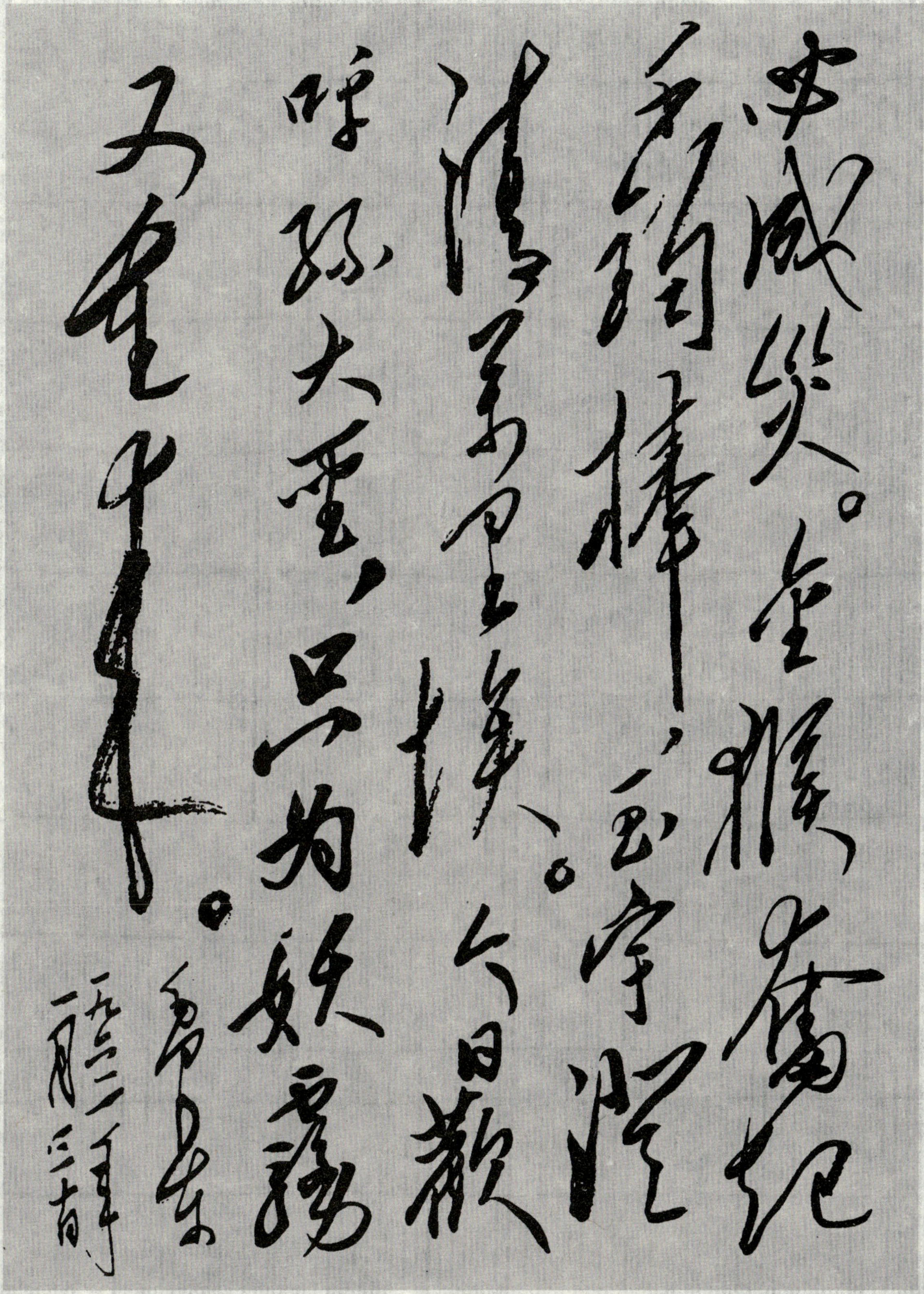

第四时期·自作诗词

卜算子
咏 梅

一九六一年十二月作

读陆游咏梅词，反其意而用之。

风雨送春归，飞雪迎春到。已是悬崖百丈冰，犹有花枝俏。俏也不争春，只把春来报。待到山花烂漫时，她在丛中笑。

一九六二年一月书

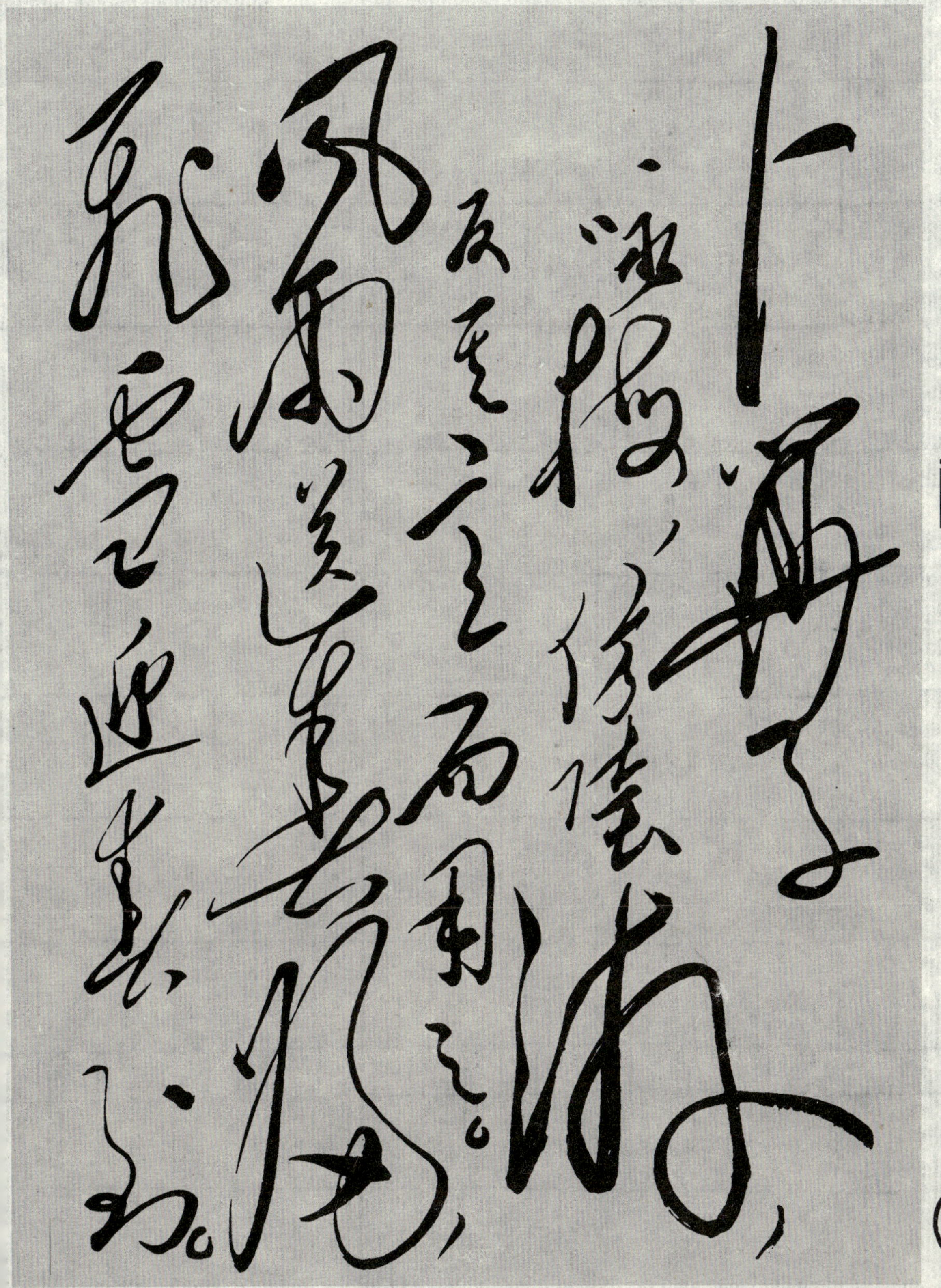

第四时期・自作诗词

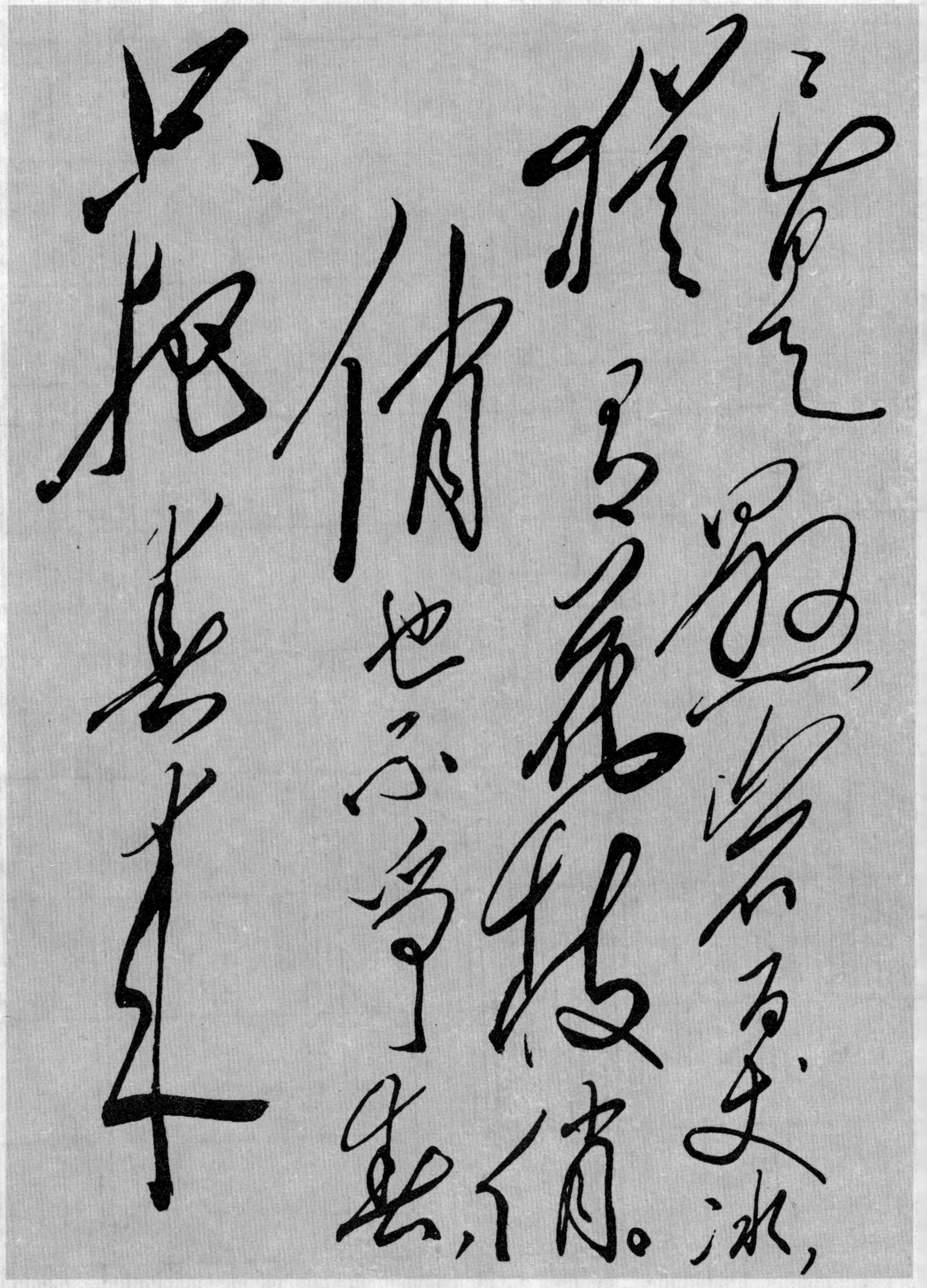

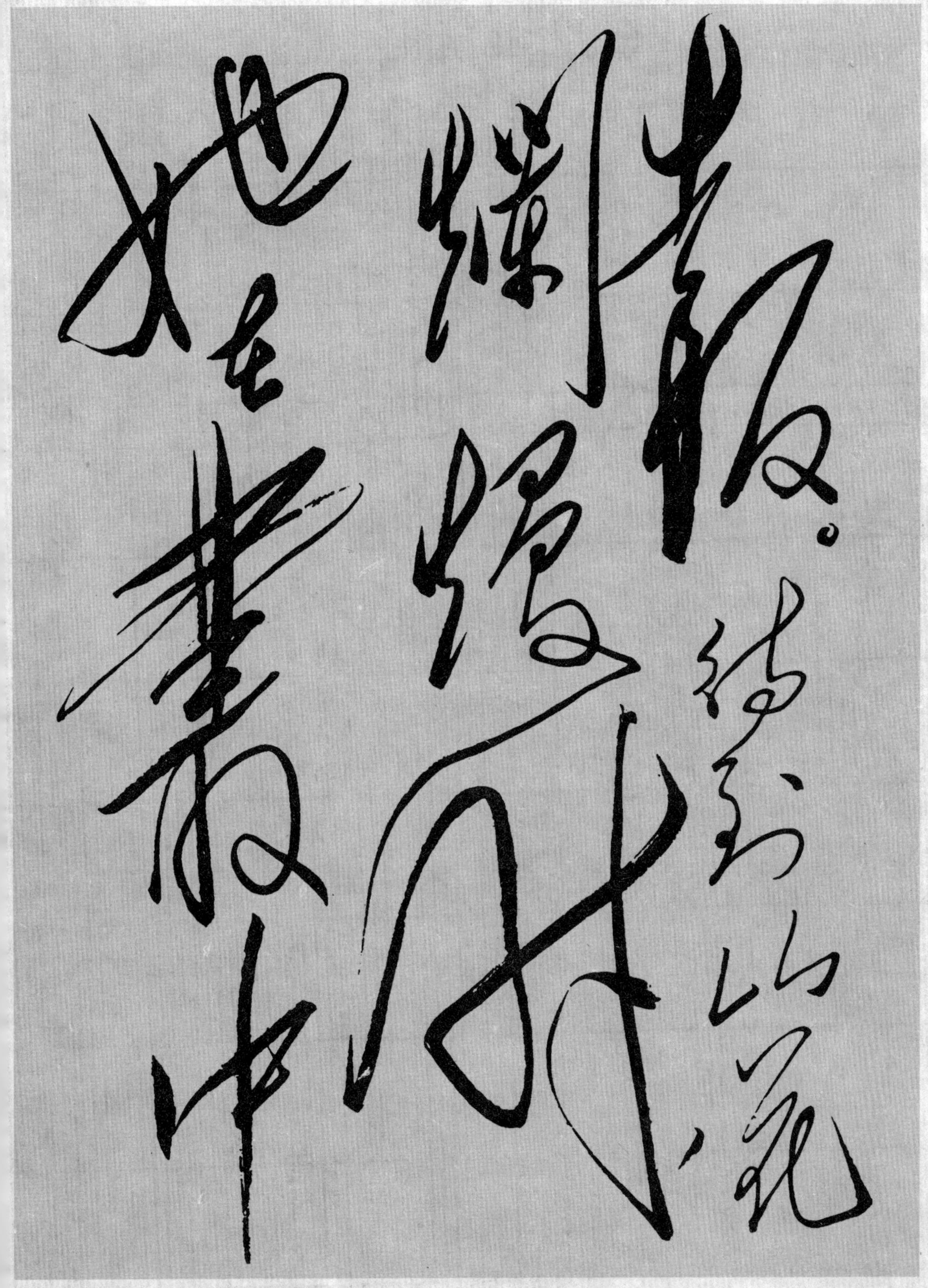

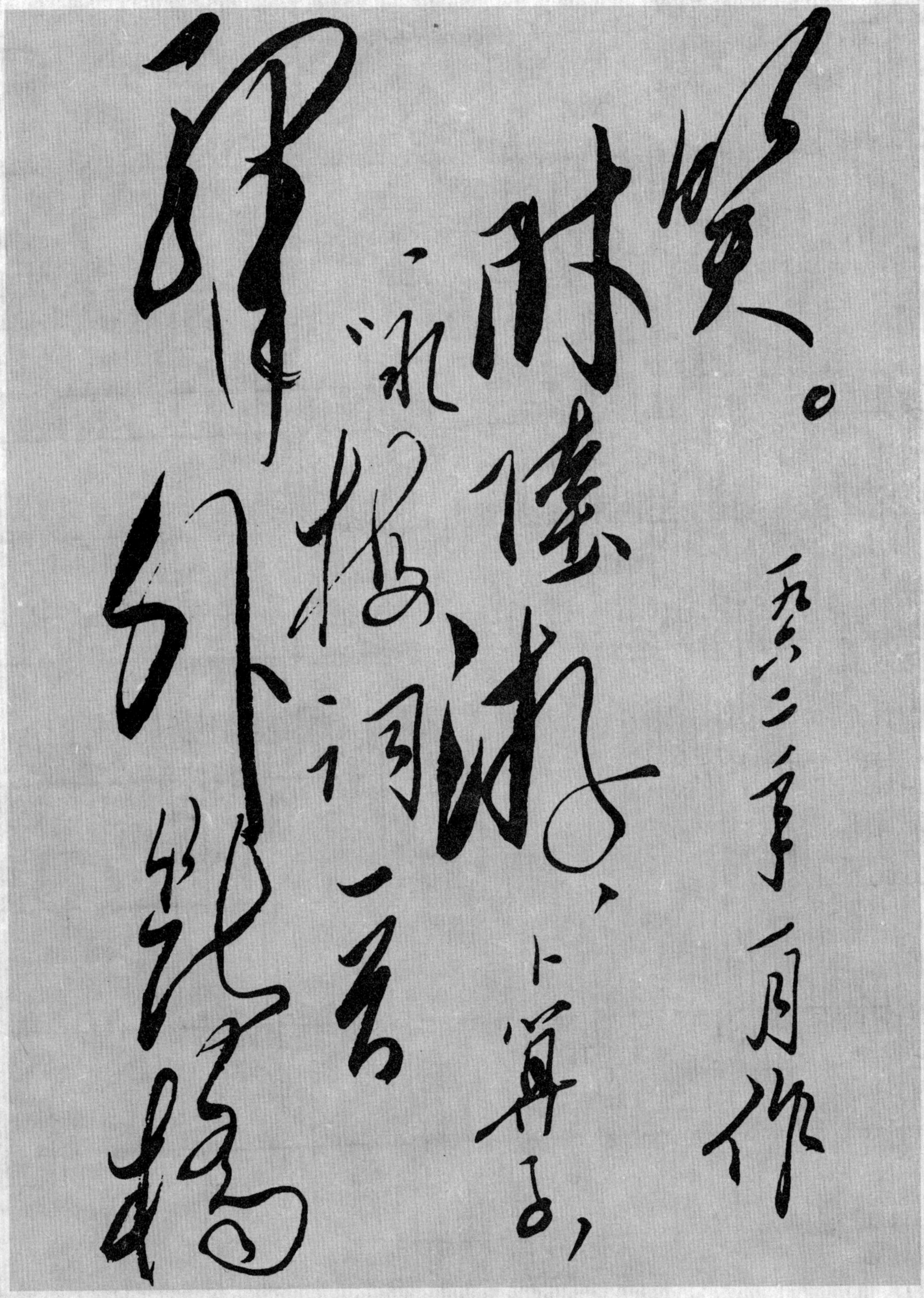

附陆游卜算子咏梅词一首

驿外断桥边，寂寞开无主。已是黄昏独自愁，更著风和雨。

无意苦争春，一任群芳妒。零落成泥碾作尘，只有香如故。

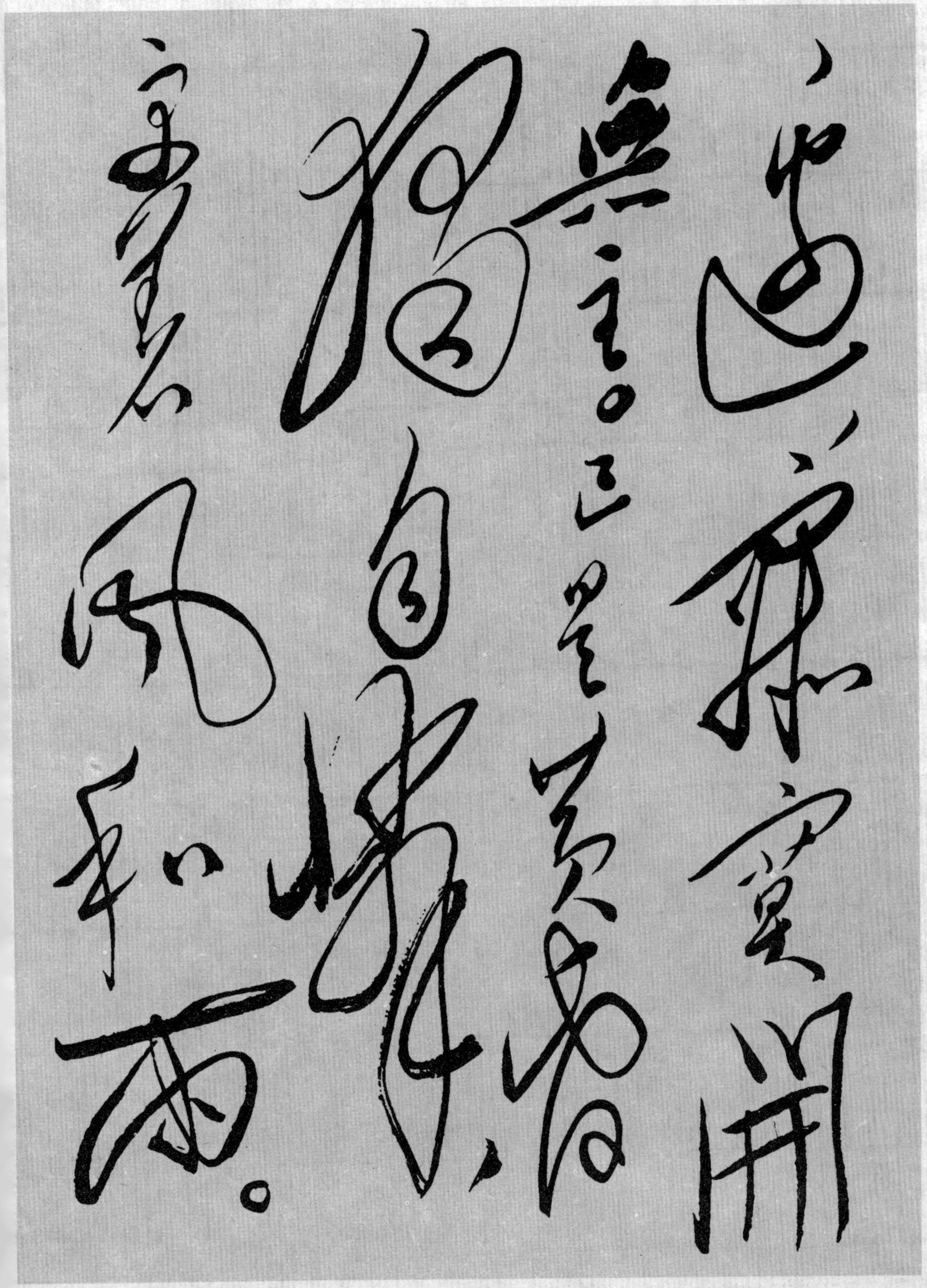

第四时期・自作诗词

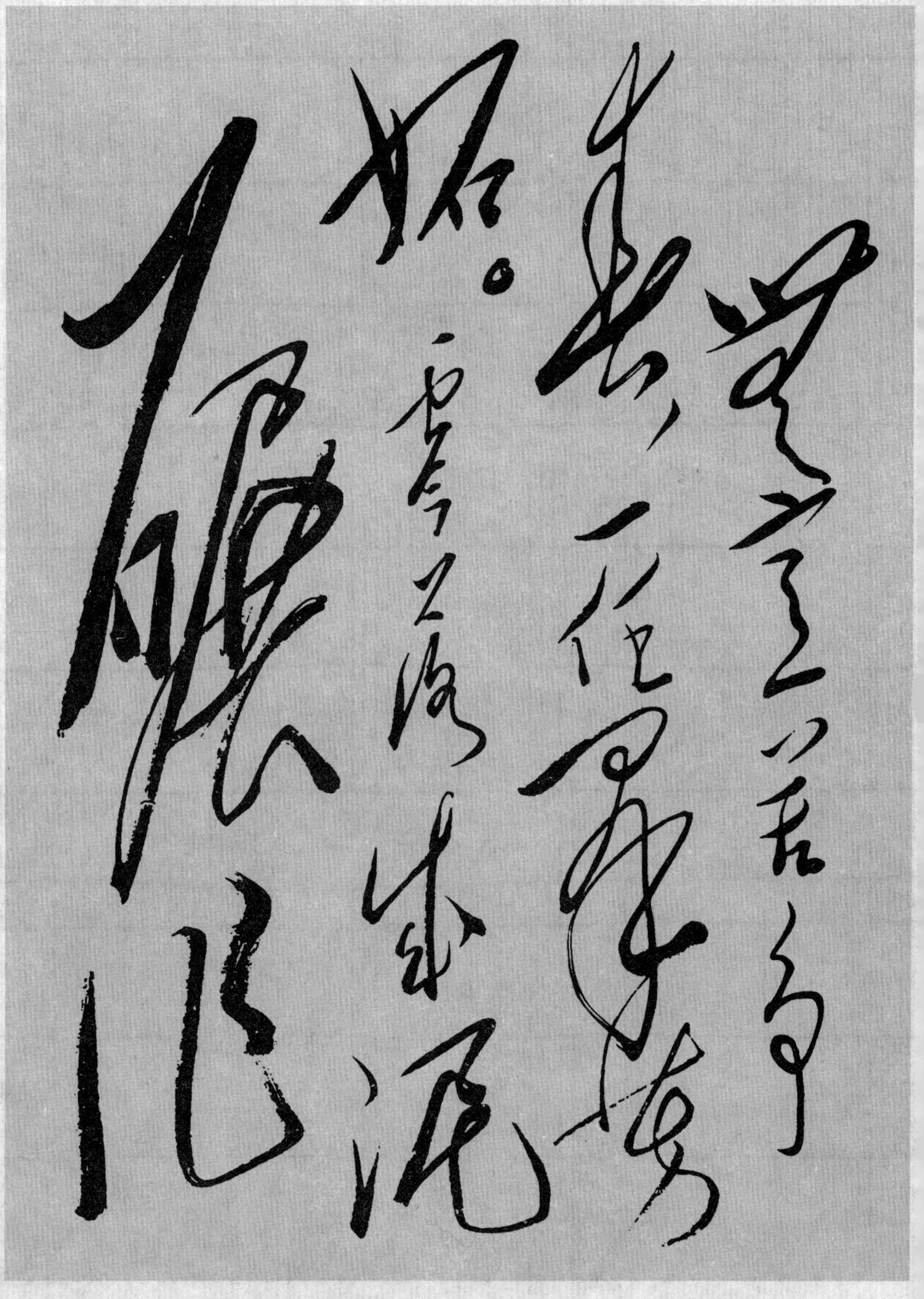

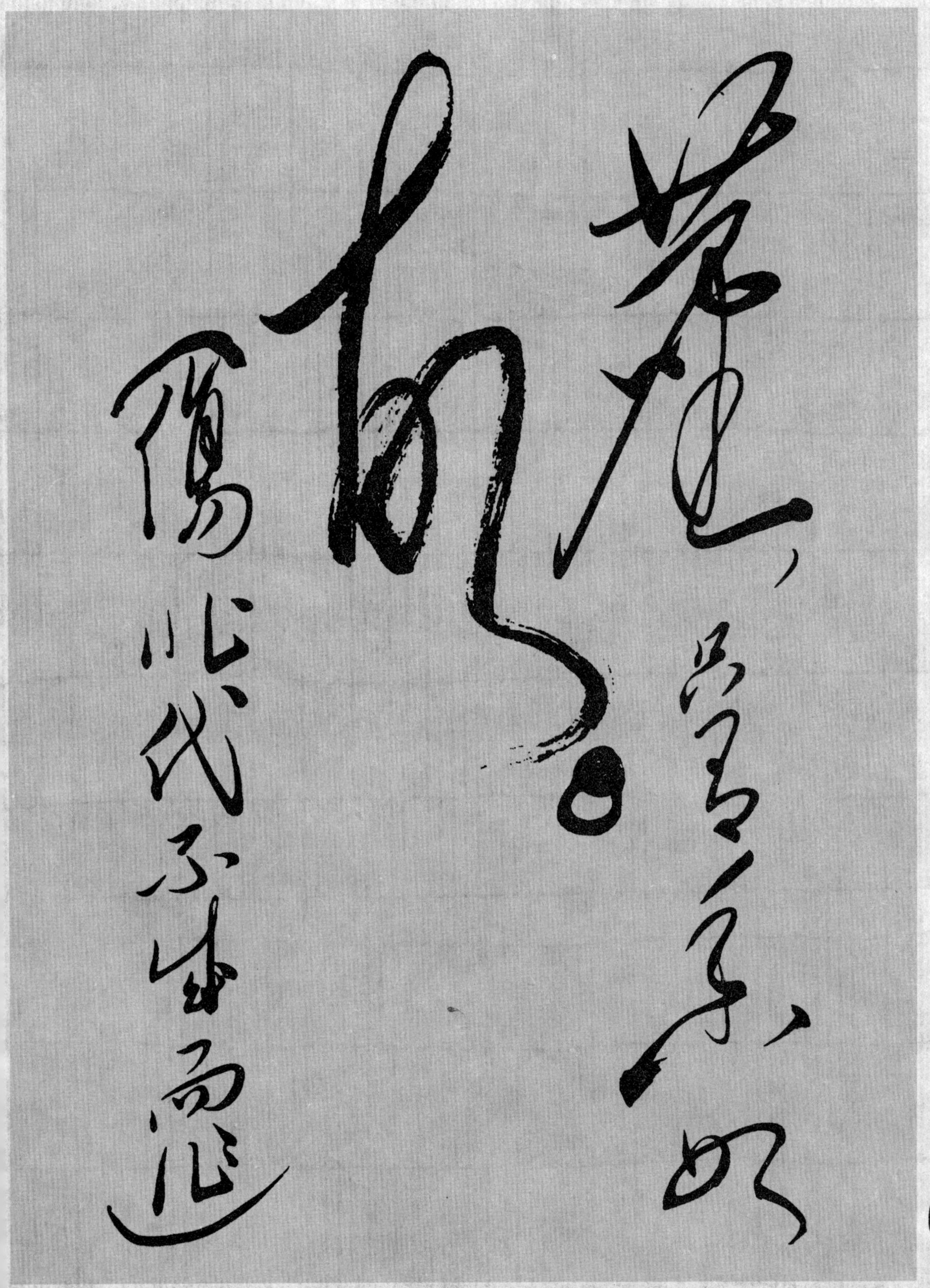

第四时期·自作诗词

七律
长征
一九三五年十月

红军不怕远征难，万水千山只等闲。五岭逶迤腾细浪，乌蒙磅礴走泥丸。金沙水拍云崖暖，大渡桥横铁锁寒。更喜岷山千里雪，三军过后尽开颜。

毛泽东

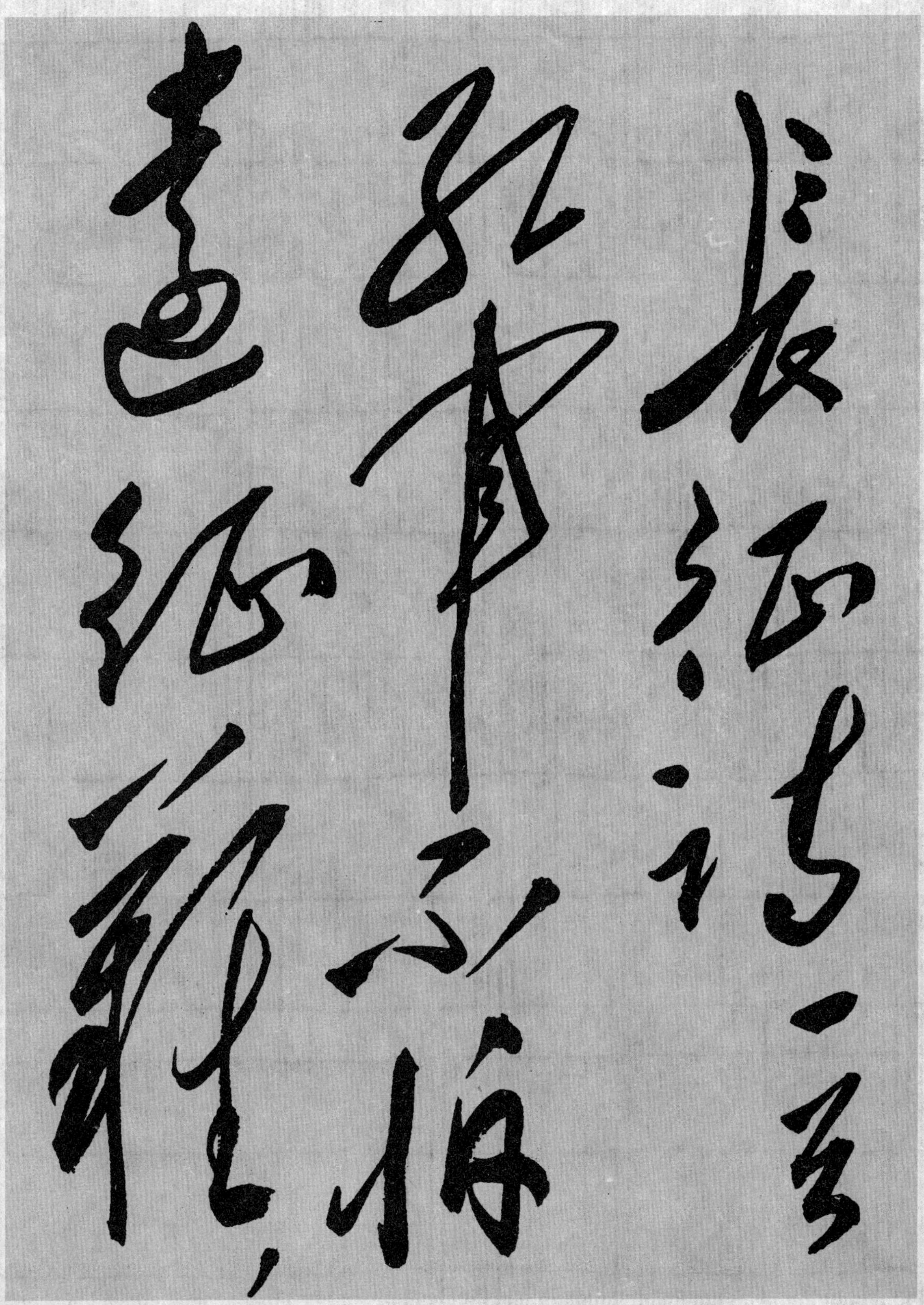

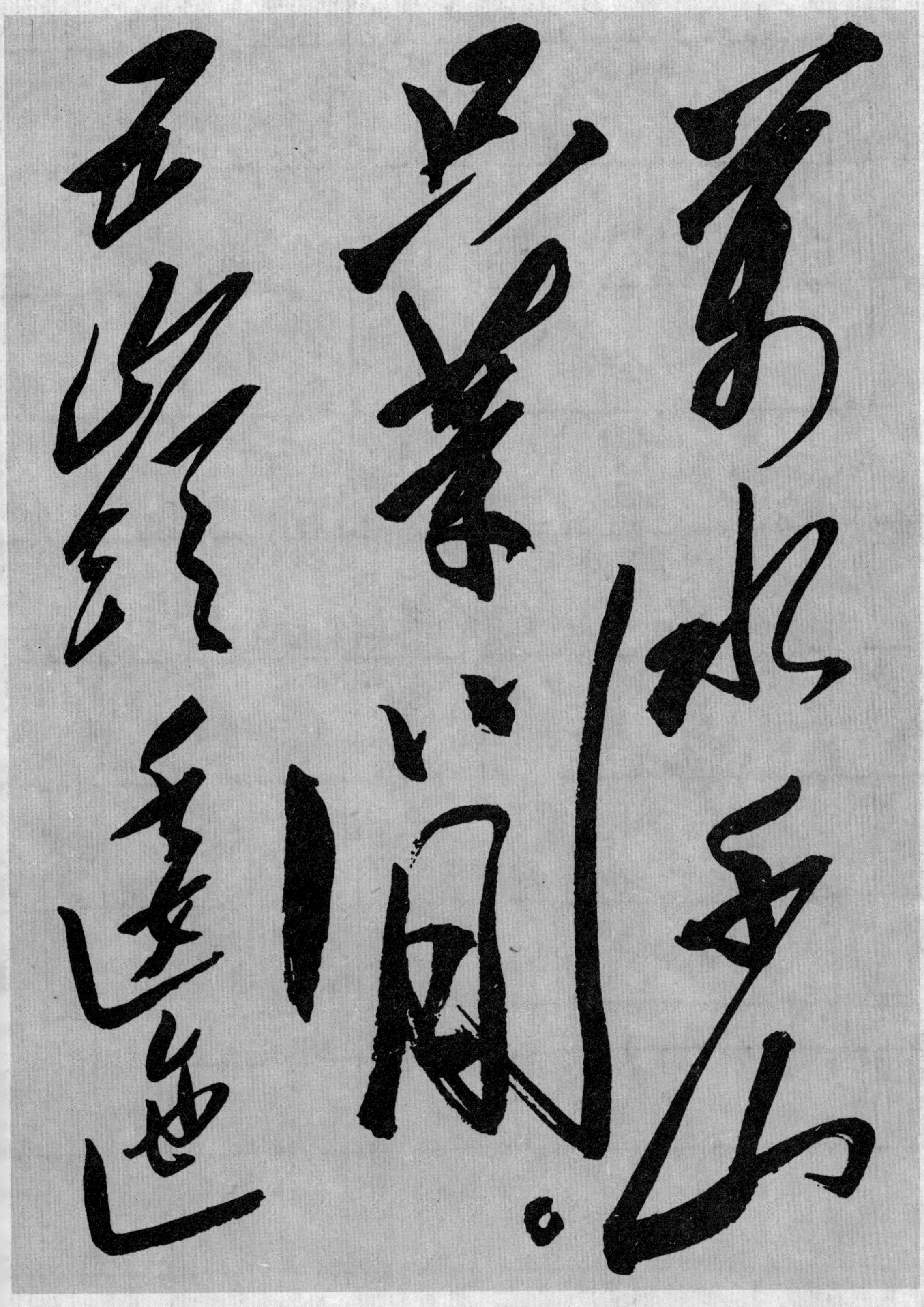

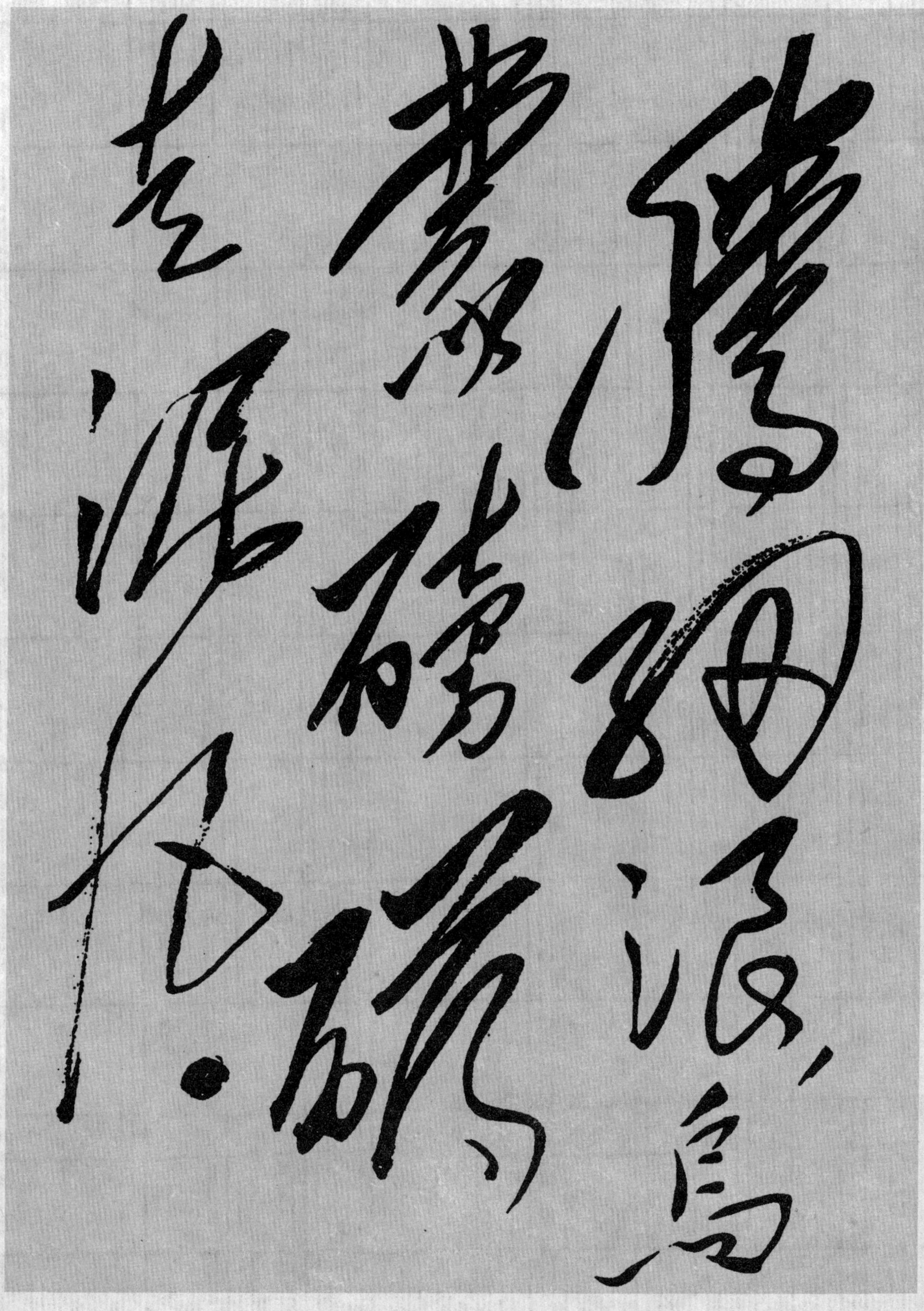

第四时期·自作诗词

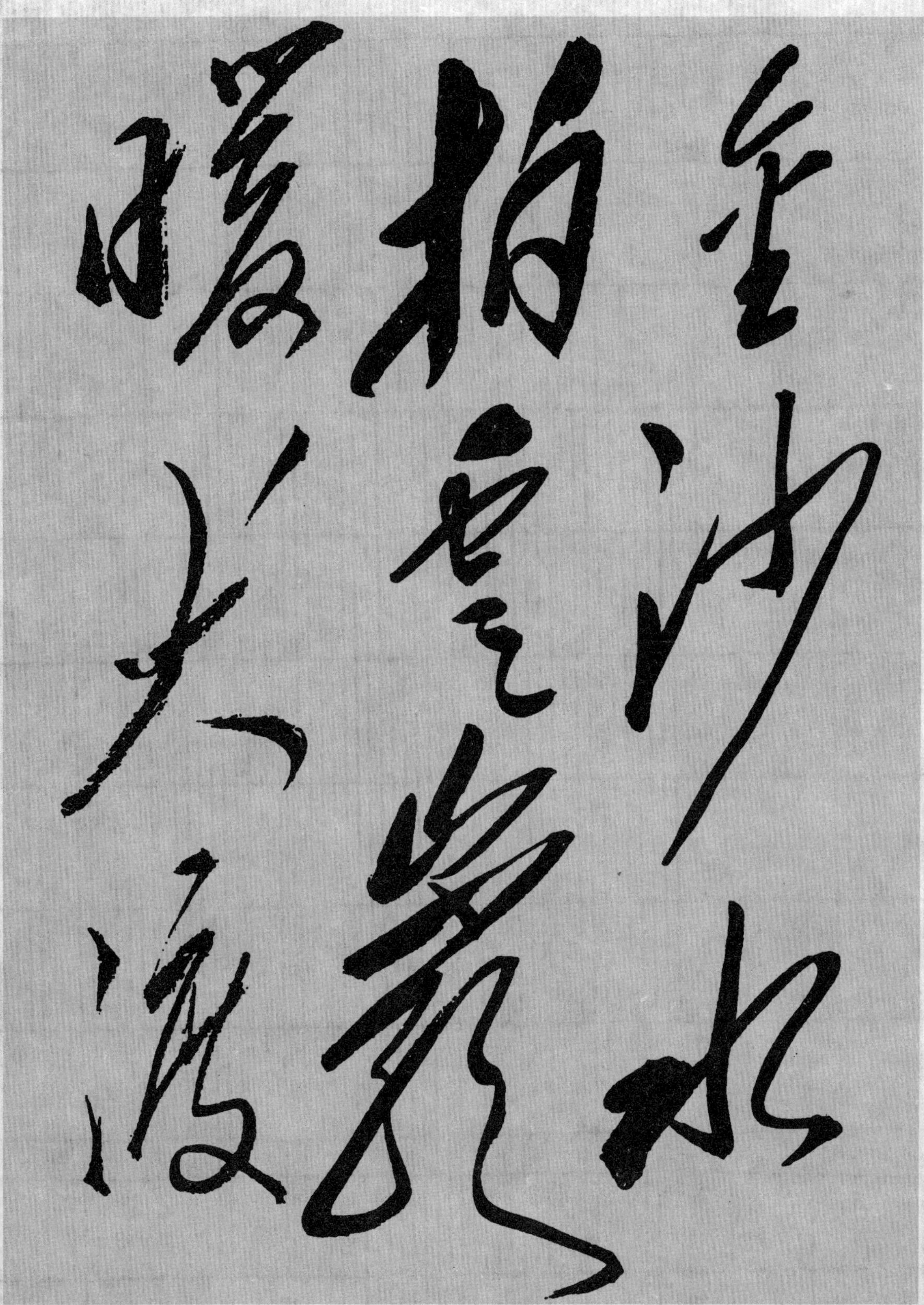

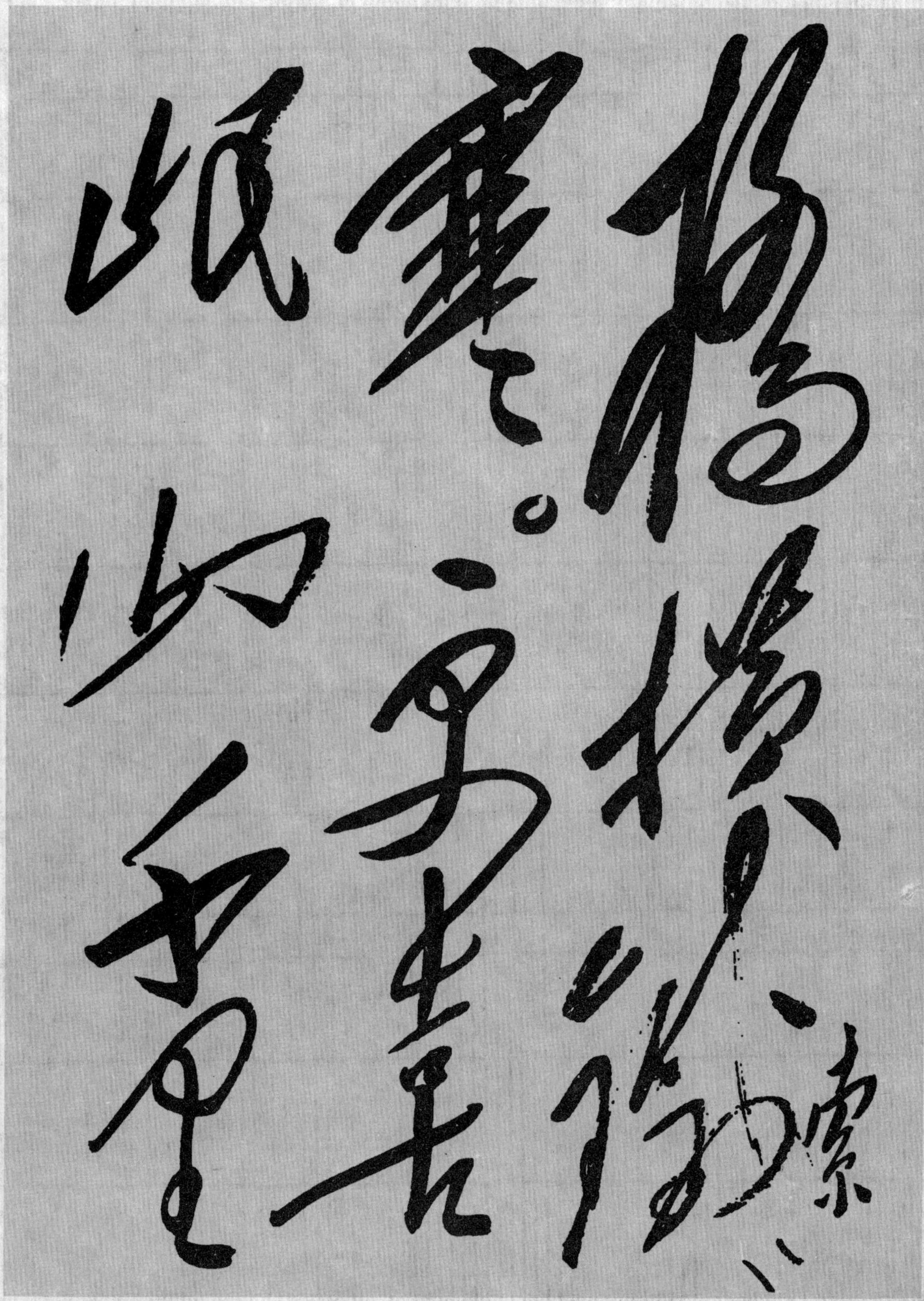

第四时期·自作诗词

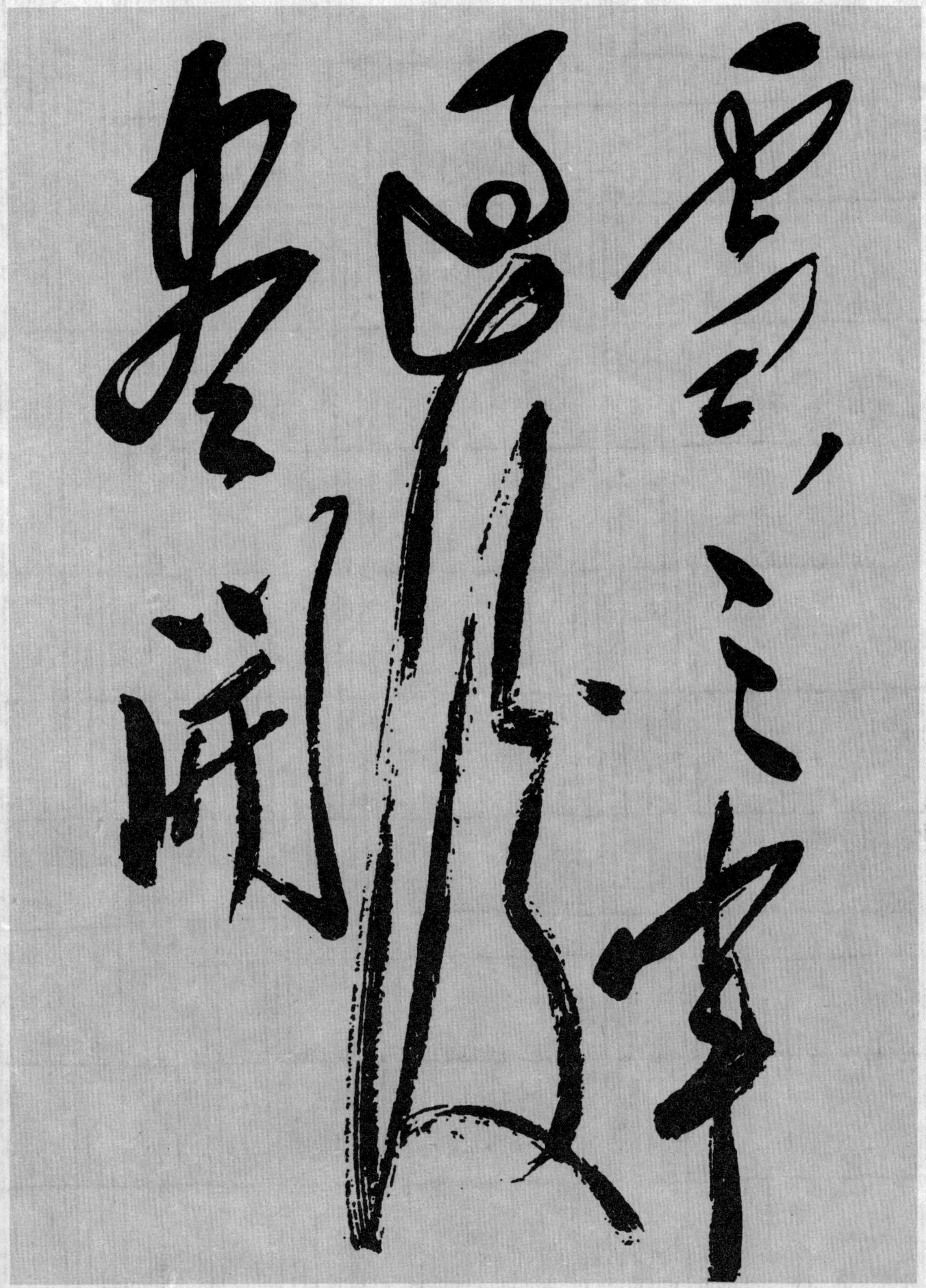

满江红

和郭沫若同志

一九六三年一月九日作

小小寰球，有几个苍蝇碰壁。嗡嗡叫，几声凄厉，几声抽泣。蚂蚁缘槐夸大国，蚍蜉撼树谈何易。正西风落叶下长安，飞鸣镝。

多少事，从来急；天地转，光阴迫。一万年太久，只争朝夕。四海翻腾云水怒，五洲震荡风雷激。要扫除一切害人虫，全无敌。

毛泽东

一九六三年二月五日

第四时期·自作诗词

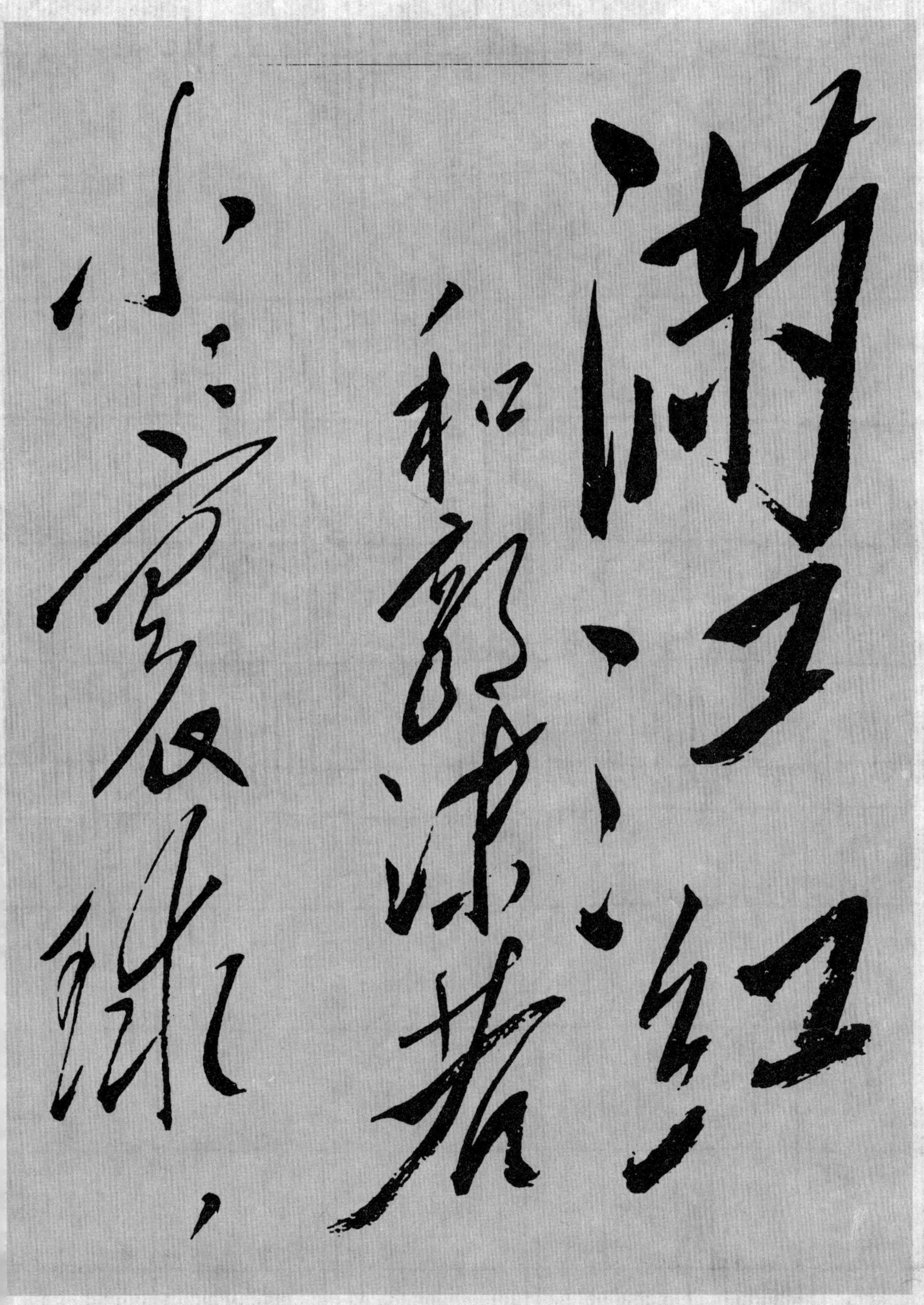

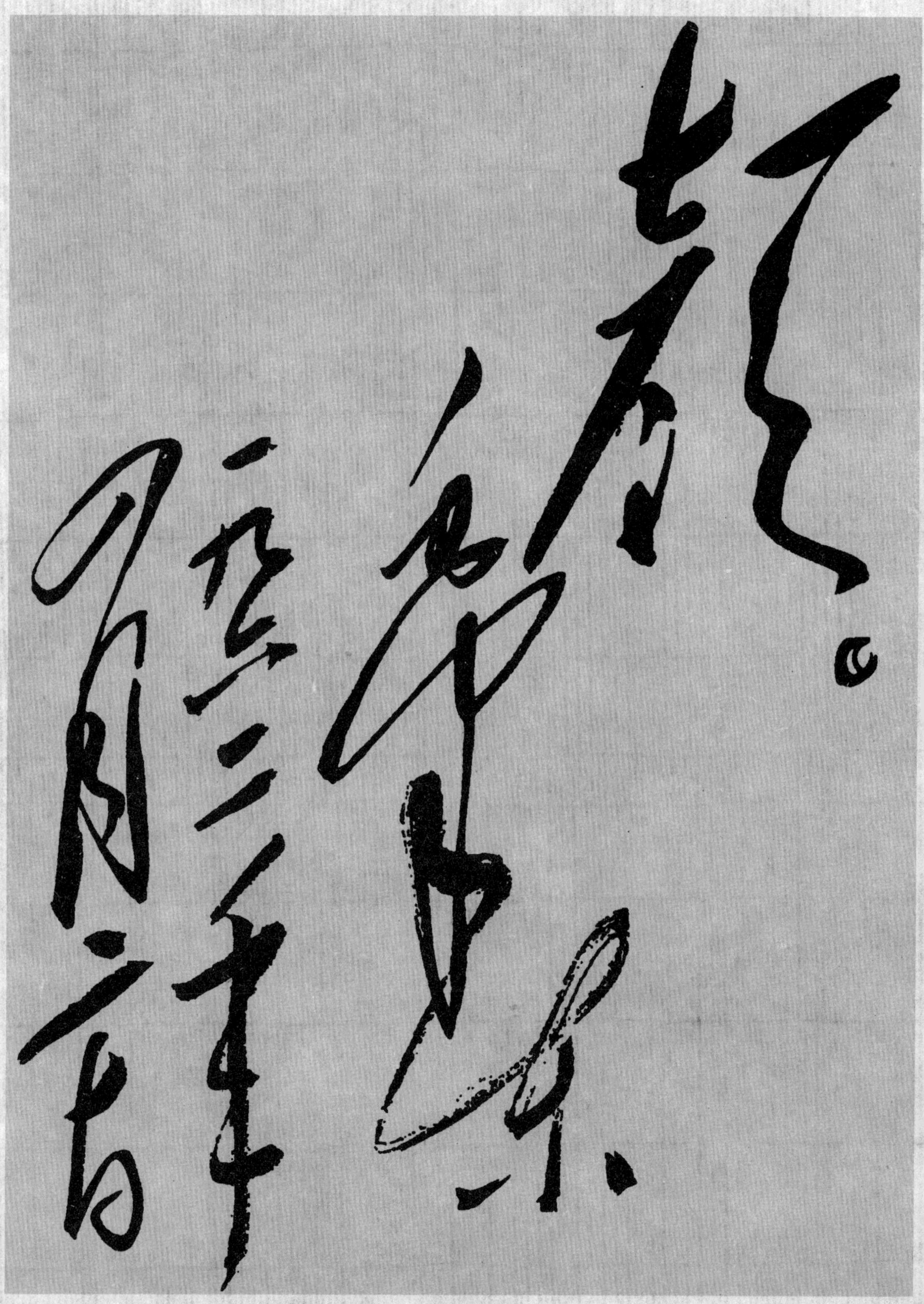

第四时期·自作诗词

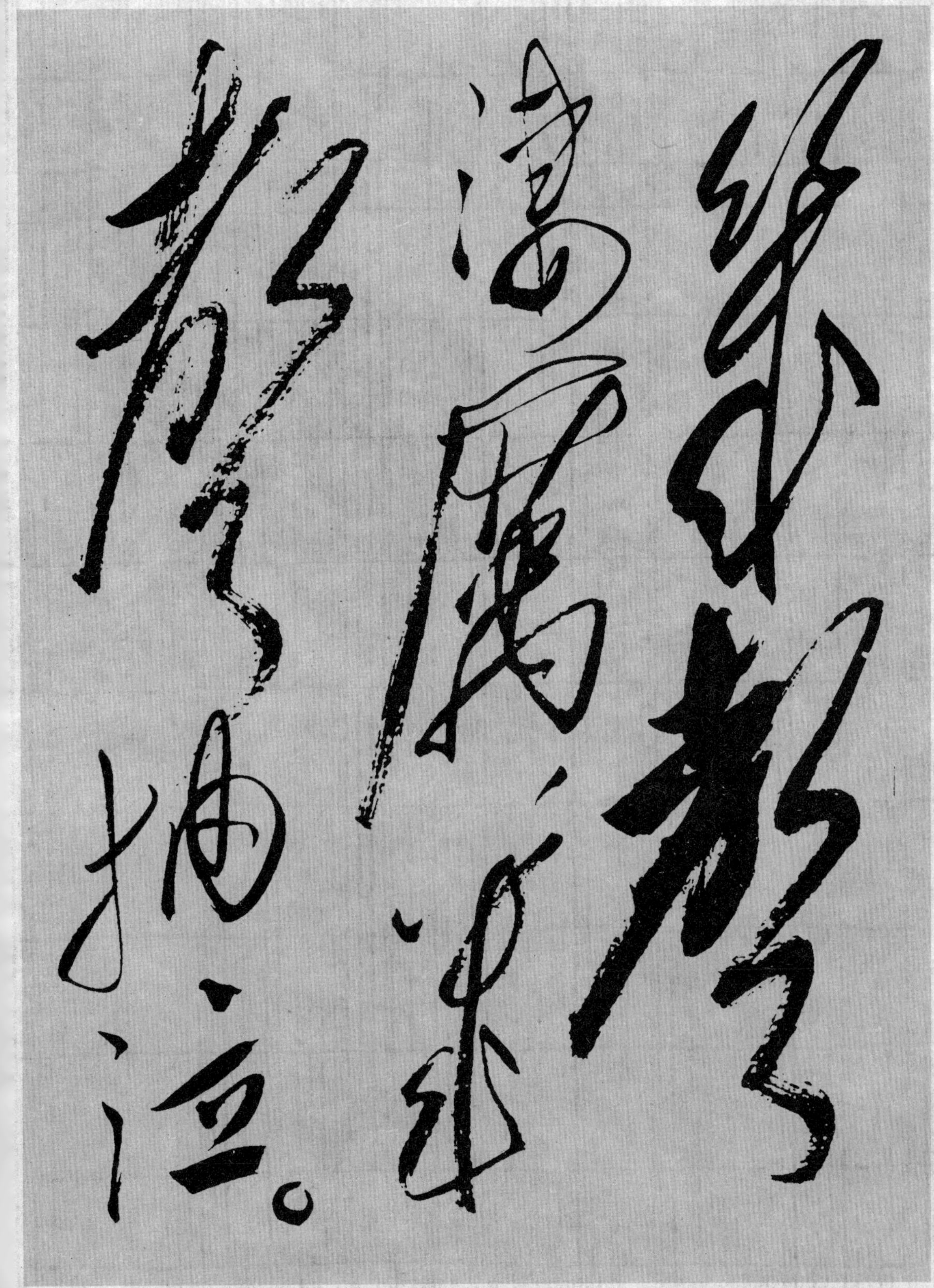

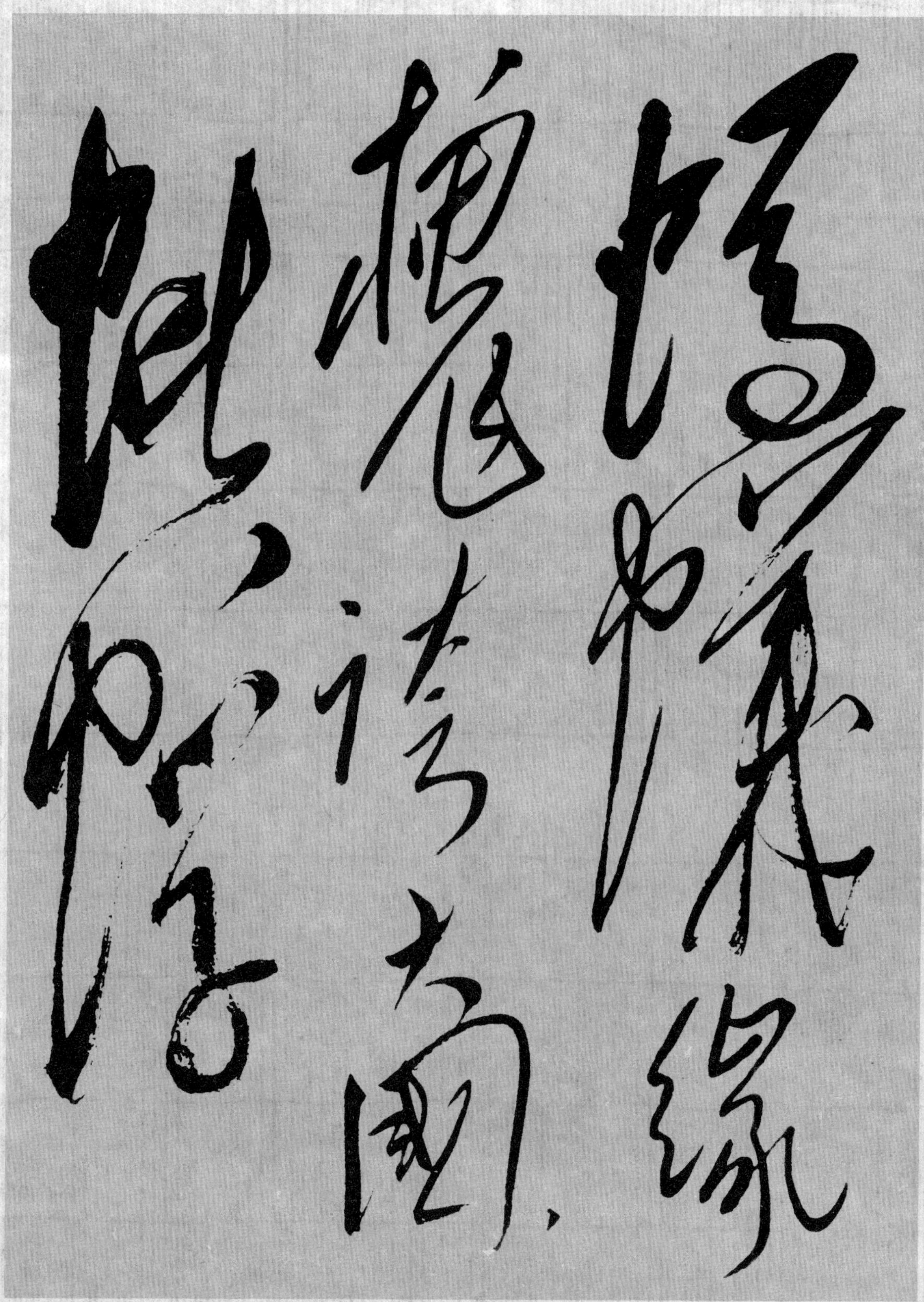

第四时期·自作诗词

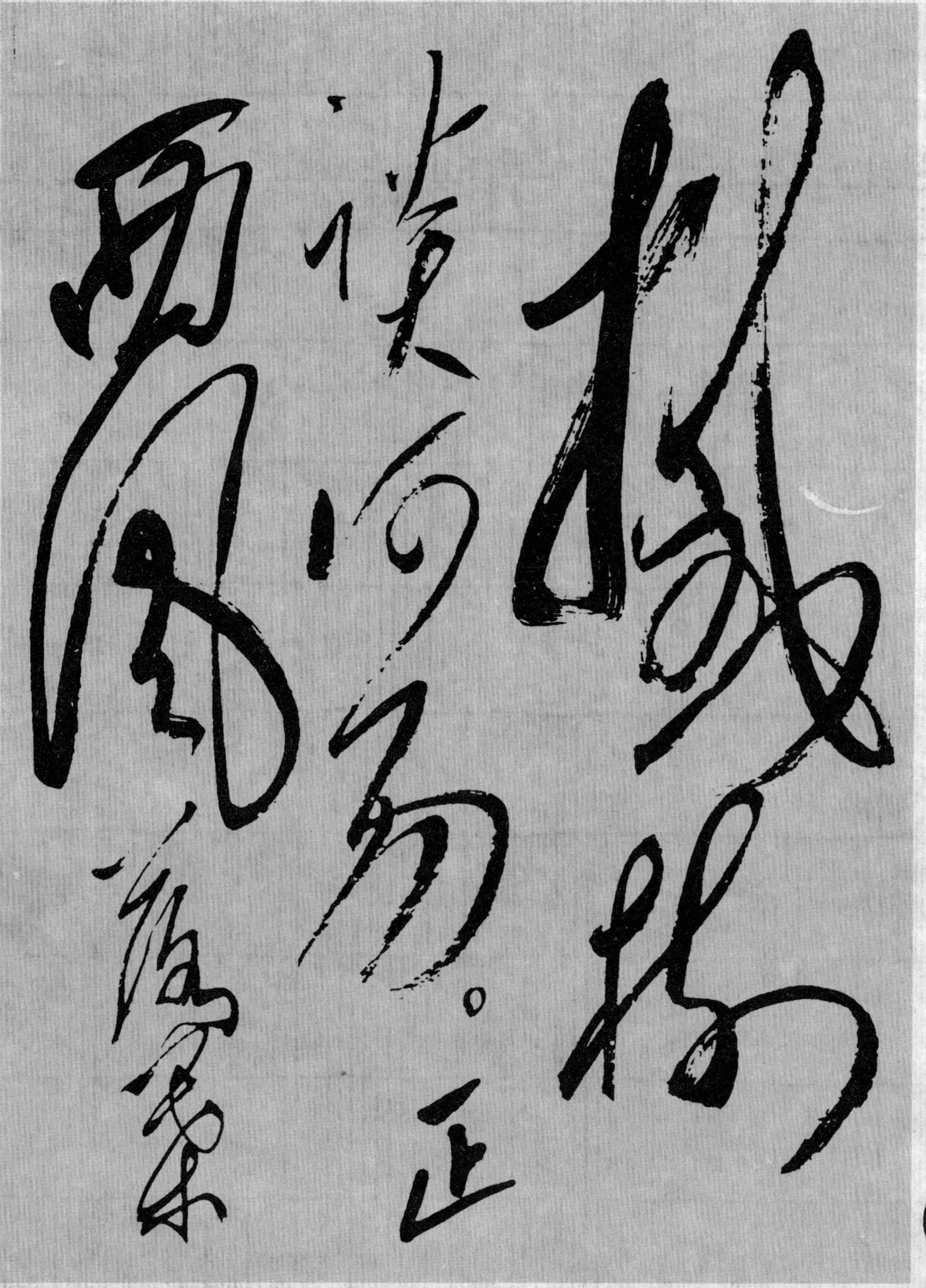

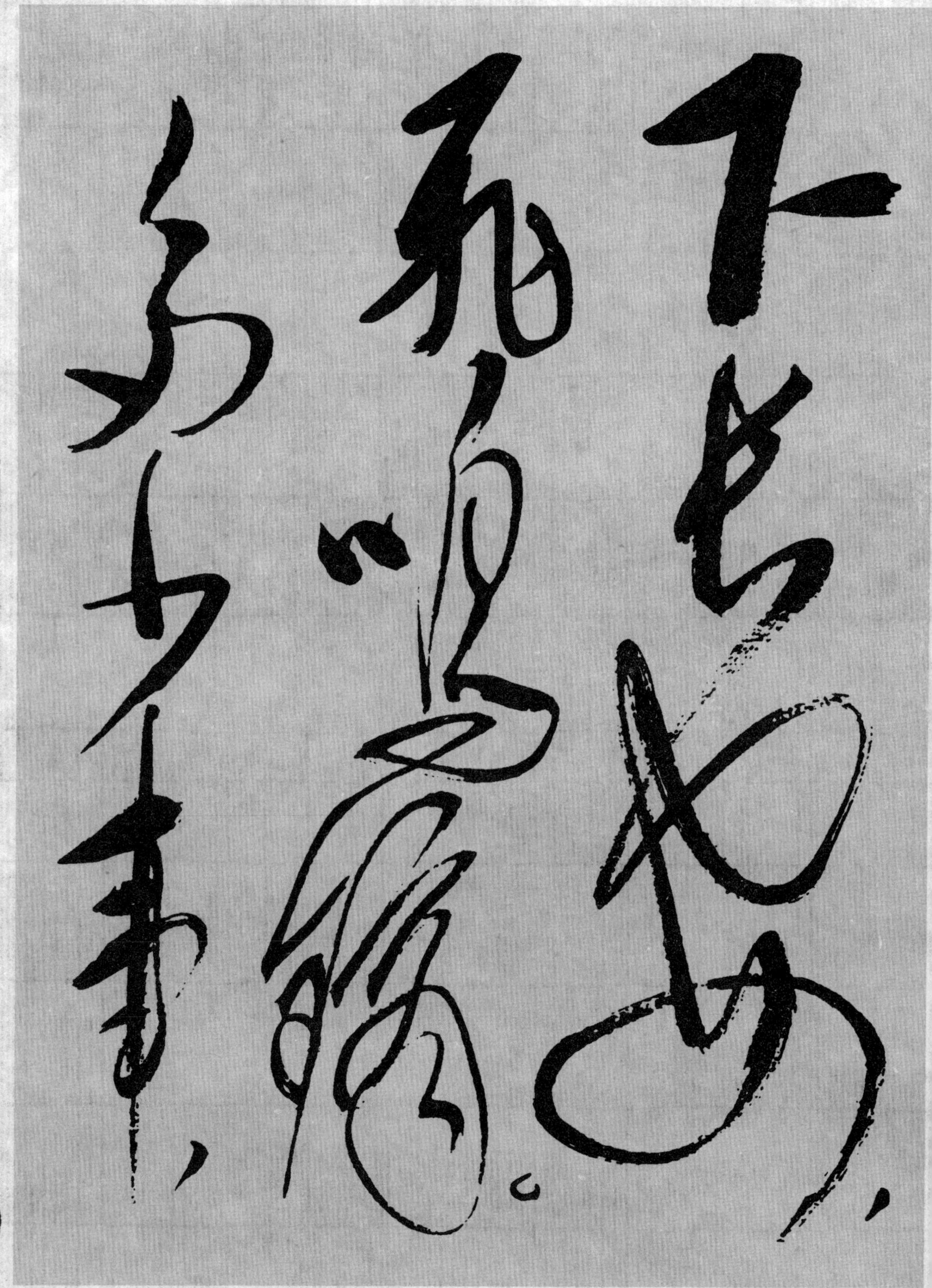

第四时期·自作诗词

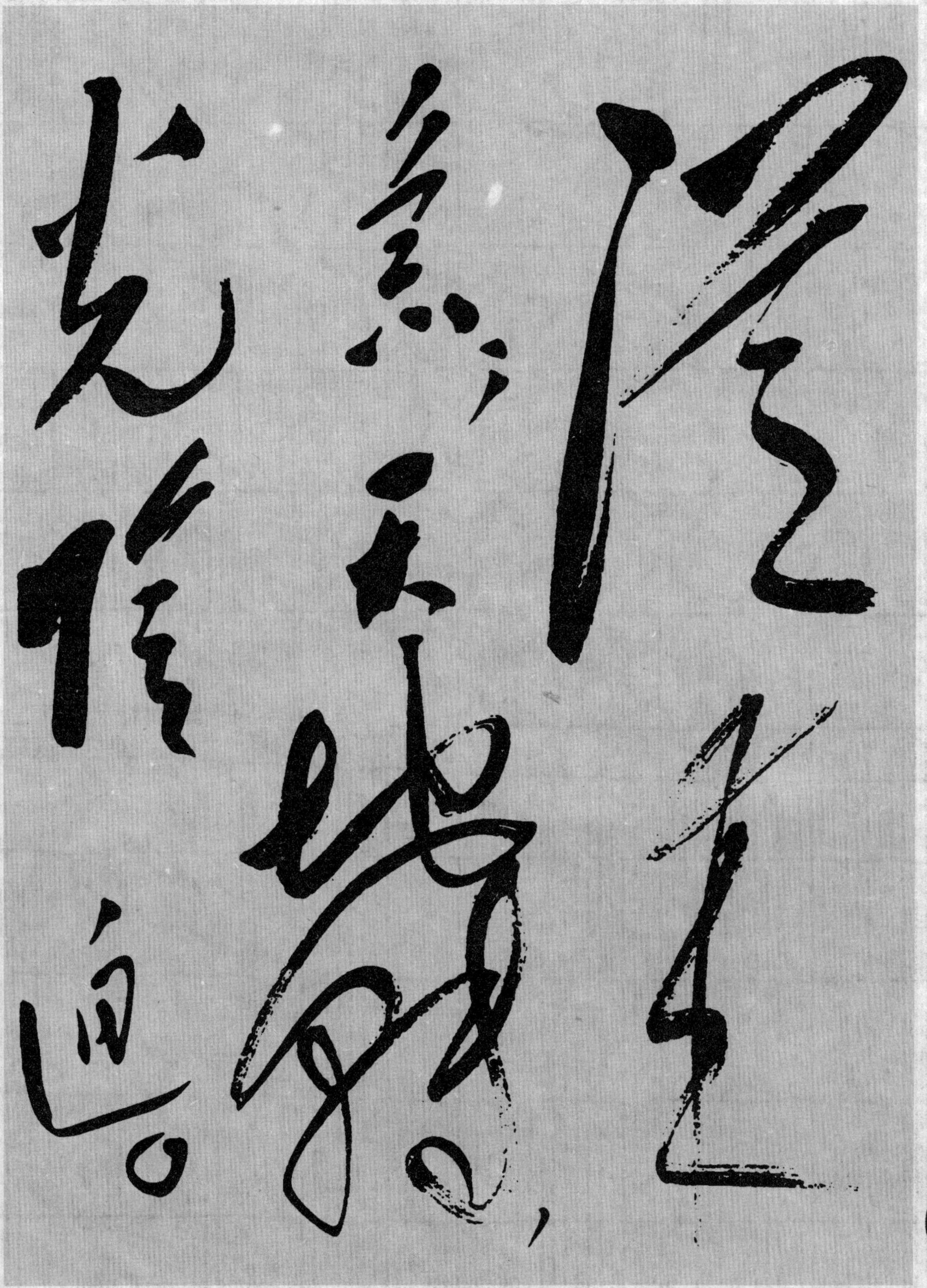

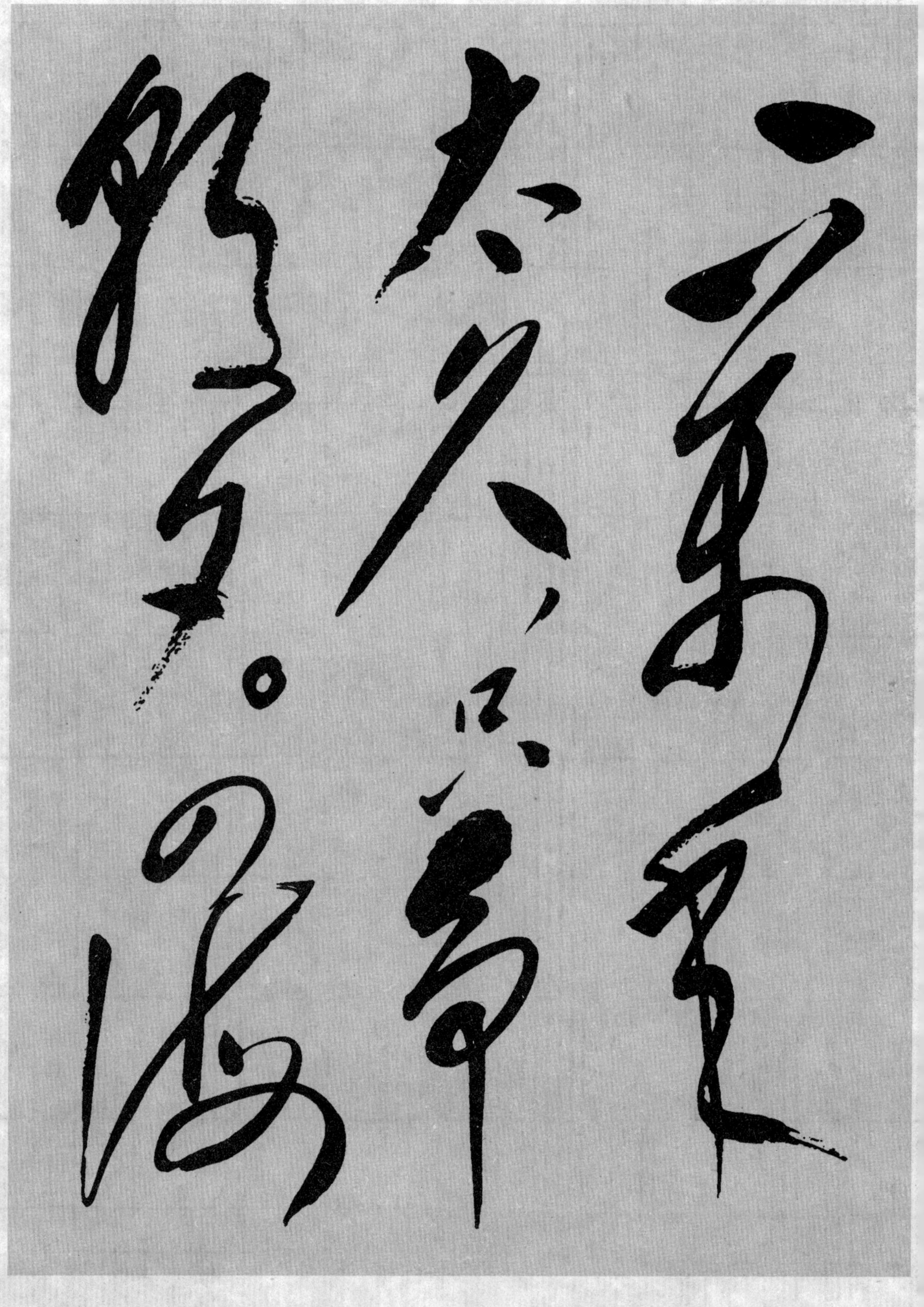

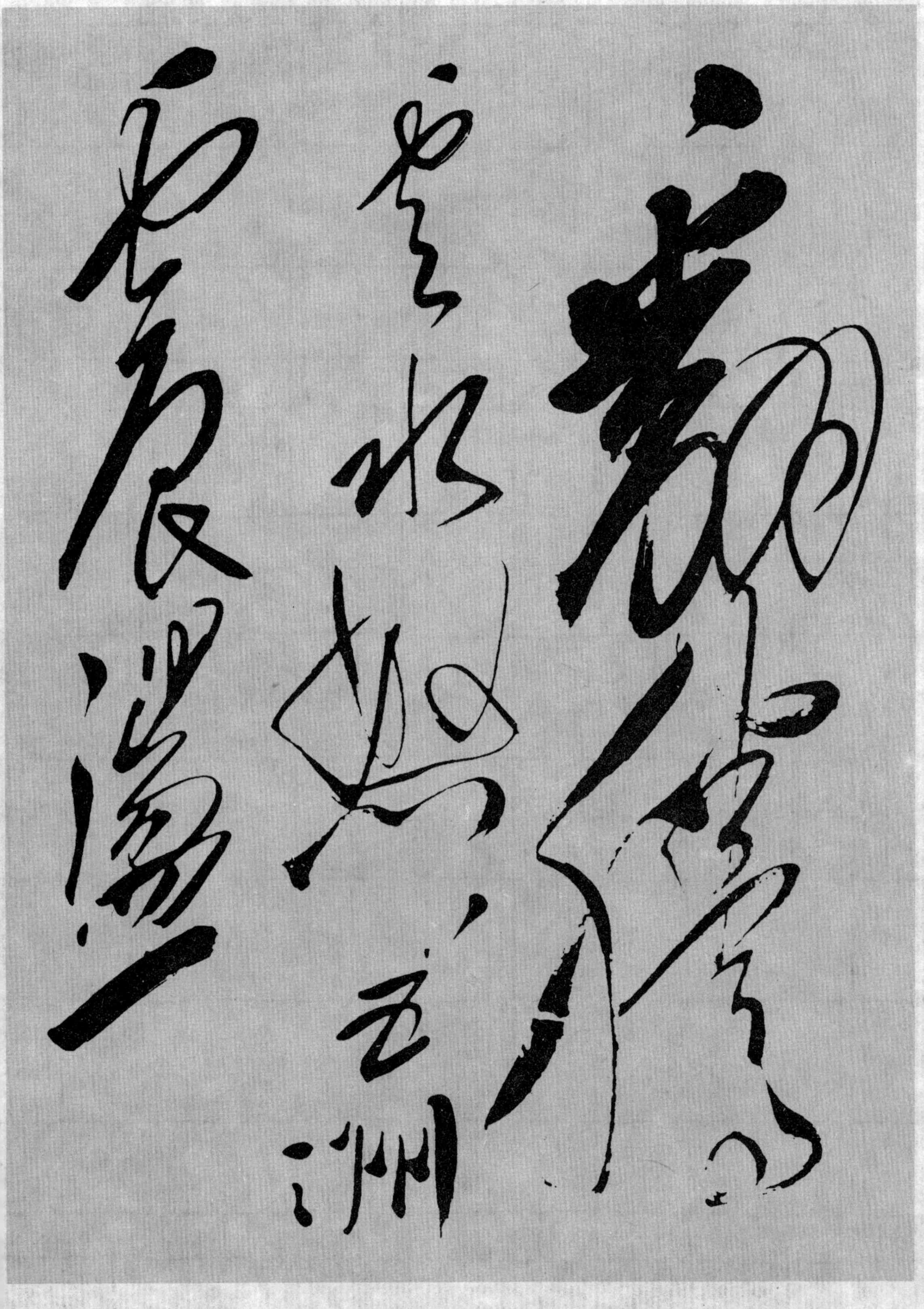

第四时期・自作诗词

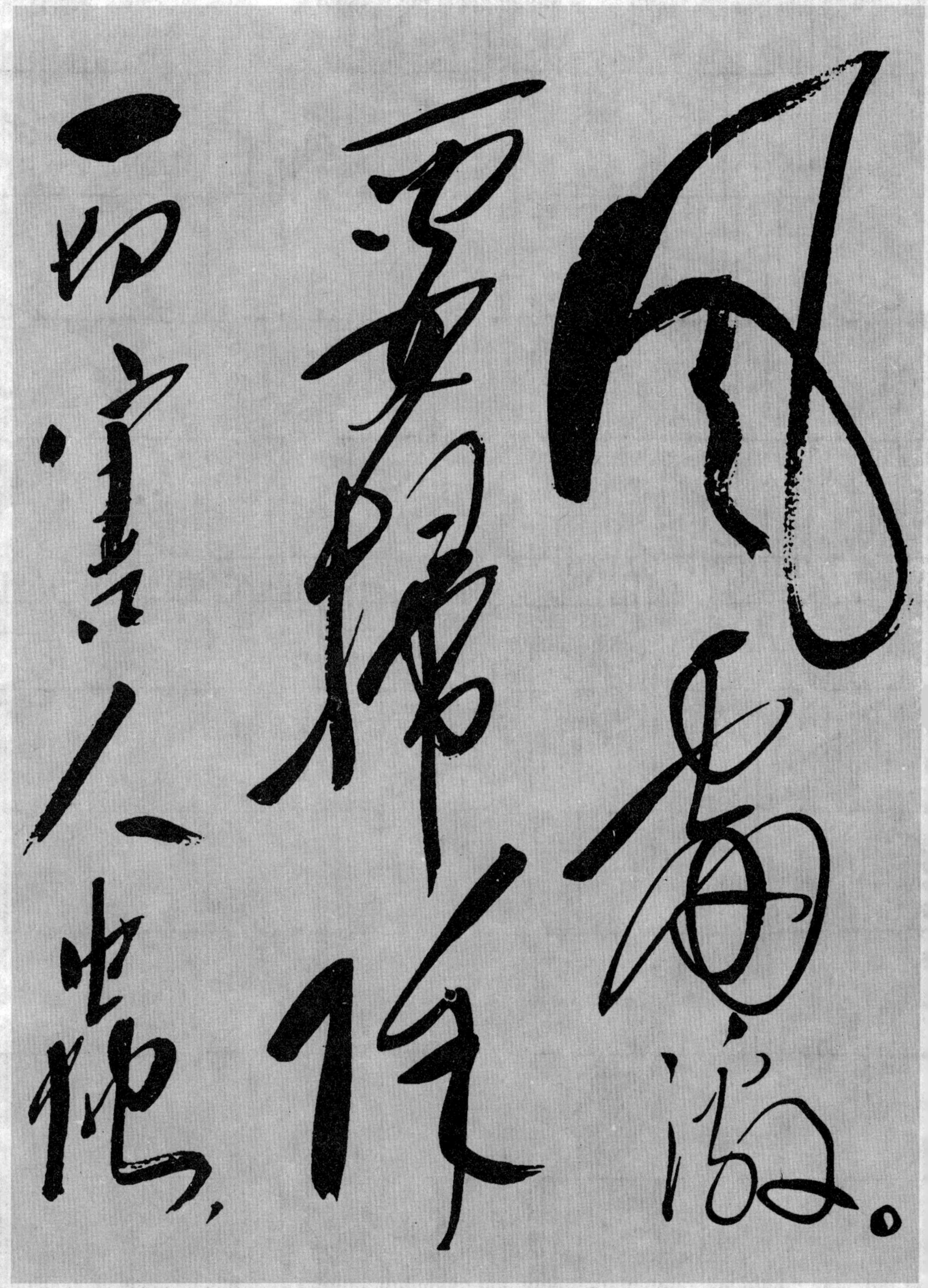

第四时期·自作诗词

七律

吊罗荣桓同志

一九六三年十二月

记得当年草上飞，红军队里每相违。长征不是难堪日，战锦方为大问题。斥鷃每闻欺大鸟，昆鸡长笑老鹰非。君今不幸离人世，国有疑难可问谁？

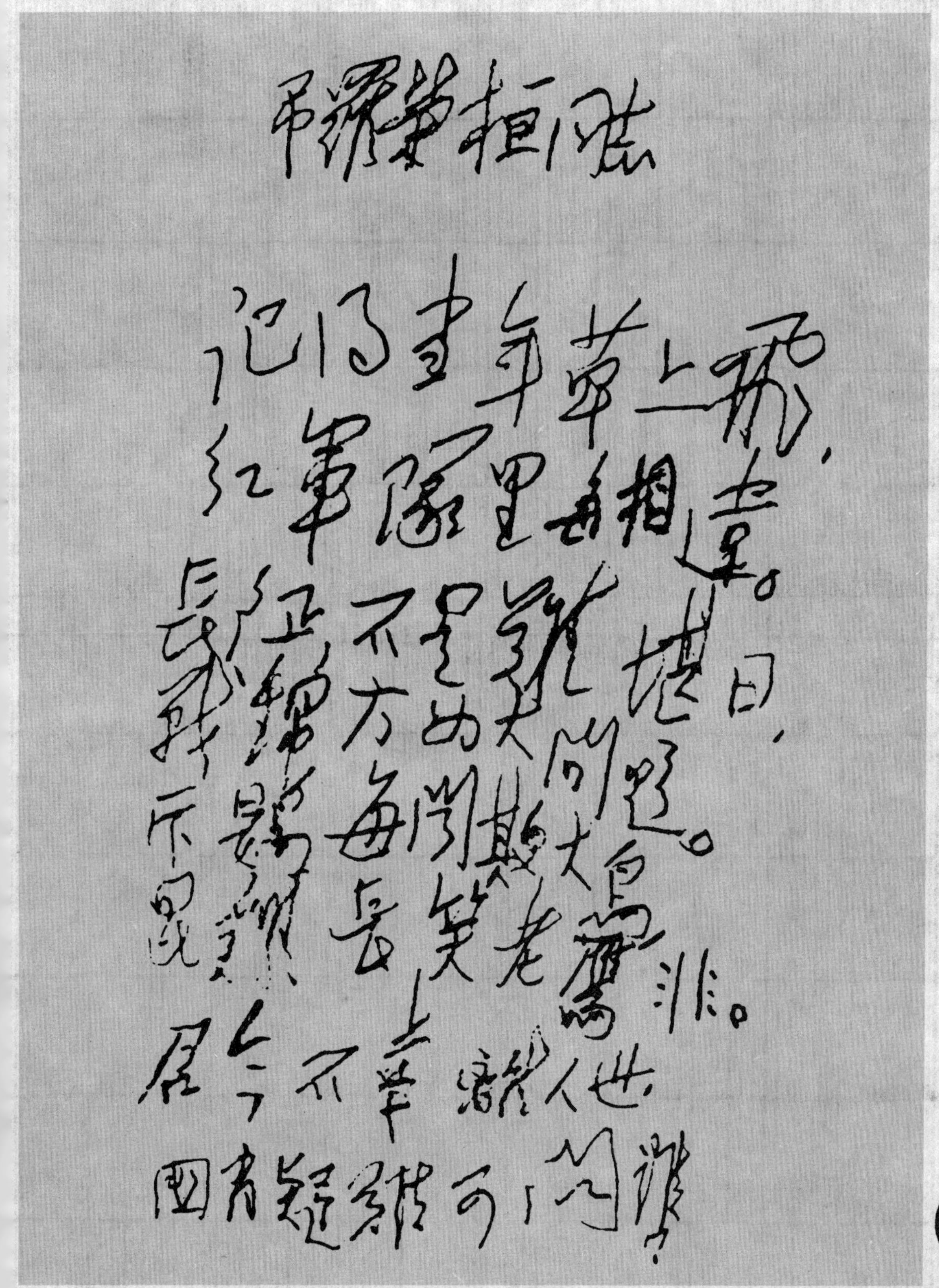

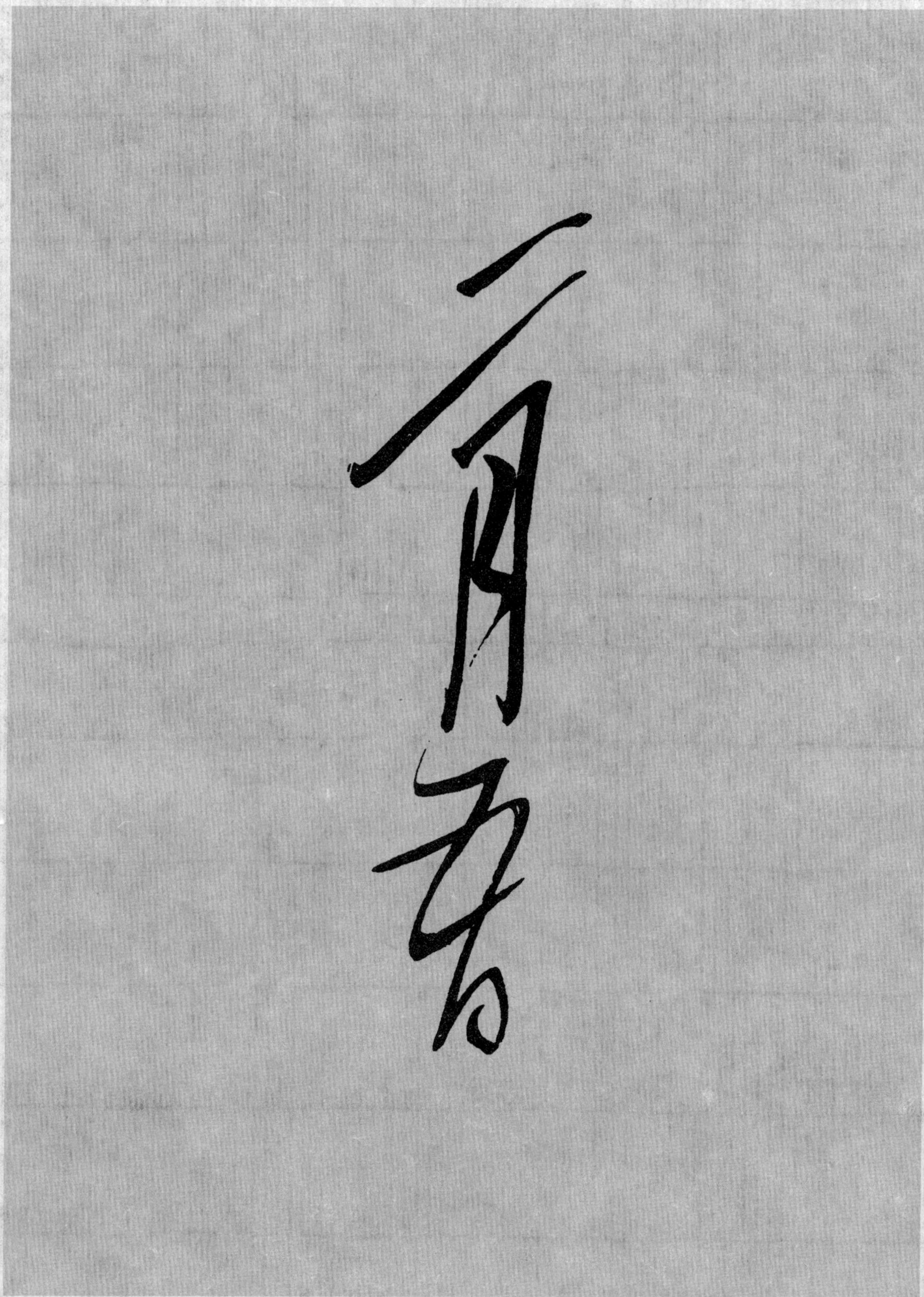

贺新郎
读史
一九六四年春

人猿相揖别。只几个石头磨过，小儿时节。铜铁炉中翻火焰，为问何时猜得，不过（是）几千寒热。人世难逢开口笑，上疆场彼此弯弓月。流遍了，郊原血。

一篇读罢头飞雪，但记得斑斑点点，几行陈迹。五帝三皇神圣事，骗了无涯过客。有多少风流人物？盗跖庄蹻流誉后，更陈王起挥黄钺。歌未竟，东方白。

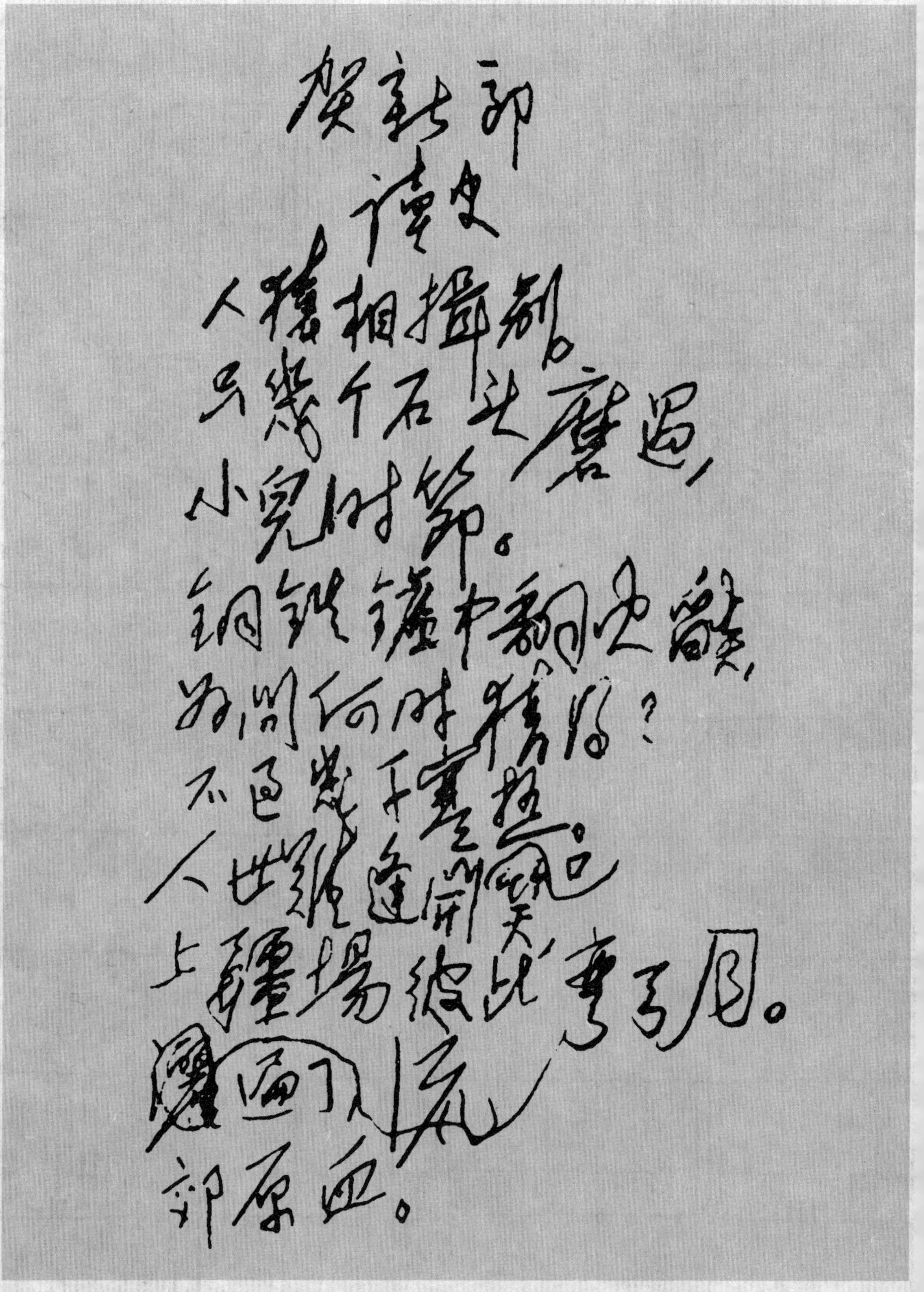
贺新郎
读史
人猿相揖别。只几个石头磨过，小儿时节。铜铁炉中翻火焰，为问何时猜得？不过几千寒热。人世难逢开口笑，上疆场彼此弯弓月。流遍了，郊原血。

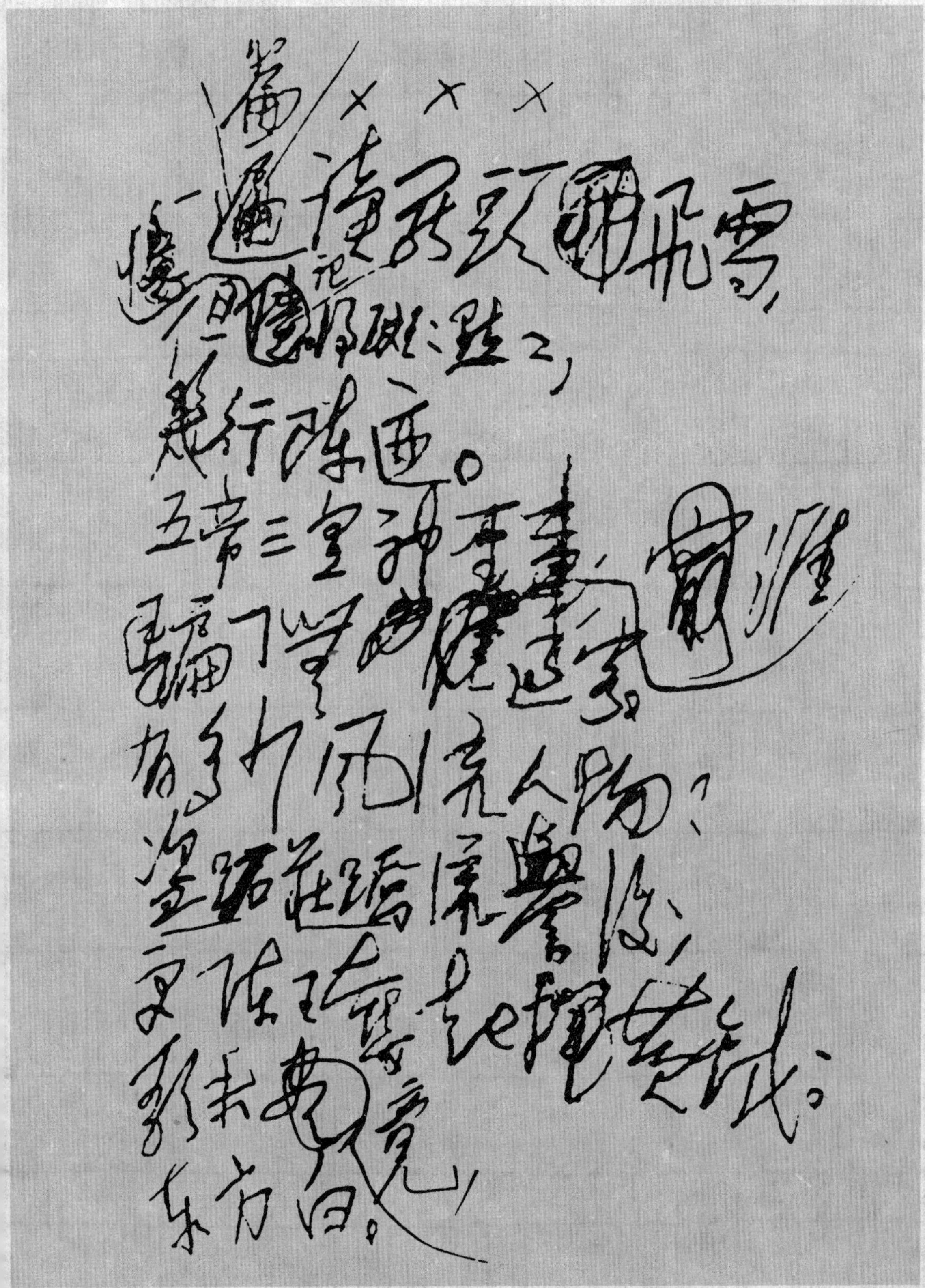
一篇读罢头飞雪，但记得斑斑点点，几行陈迹。五帝三皇神圣事，骗了无涯过客。有多少风流人物？盗跖庄蹻流誉后，更陈王奋起挥黄钺。歌未竟，东方白。

第四时期·自作诗词

念奴娇

鸟儿问答

一九六四年春

鲲鹏展翅，九万里，翻动扶摇羊角。背负青天朝下看，都是人间城郭。炮火连天，弹痕遍地，吓倒蓬间雀。怎么得了，哎呀我要飞跃。

借问君去何方，雀儿答道：有仙山琼阁。不见前年秋月朗，订了三家条约。还有吃的，土豆烧熟了，再加牛肉。不须放屁，试看天地翻覆。

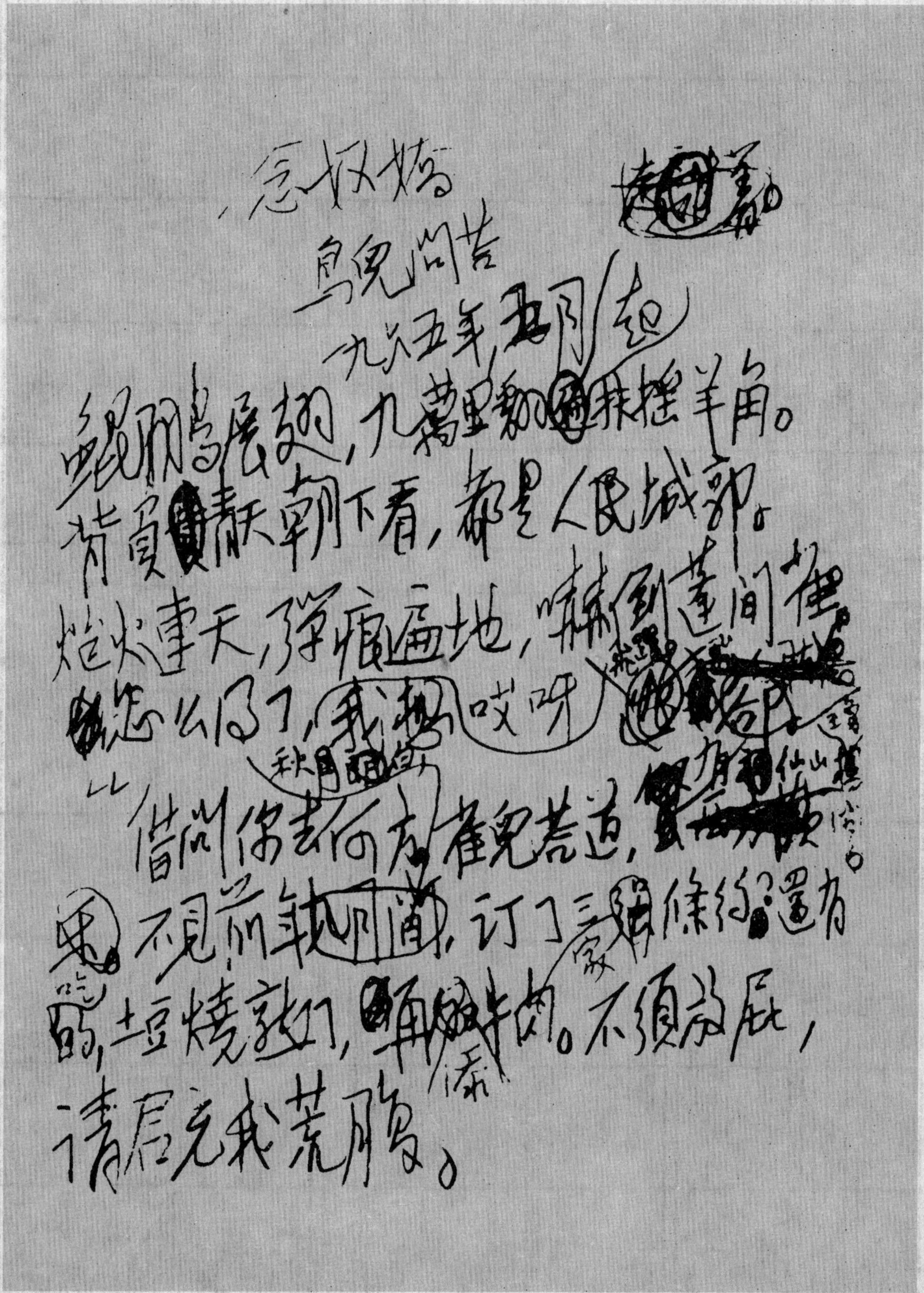

文稿

为争取千百万群众进入抗日民族统一战线而斗争

一九三七年五月八日

（毛泽东同志在苏区党代表大会上关于政治问题的结论）

同志们，对于我的报告——抗日民族统一战线在目前阶段的任务，经过几天的讨论之后，除了个别同志提出了不同的意见之外，都是一致同意的。但是这些不同意见，颇带重要性，因此，我的结论，首先在答复他们的问题，然后谈到一些其他的问题。

（一）和平问题

我们党为国内和平而斗争，差不多两年的时间了。国民党三中全会后，我们说和平已经取得，『争取和平』的阶段已经过去，新的任务是『巩固和平』，并指出这是同『争取民主』相关联的——从争取民主去巩固和平。我们的这种意见，按照几个同志的说法却不能成立，他们的结论必是相反的，或者是动摇于两者之间的。因为他们说：『日本后退了，南京更动摇了，民族矛盾下降，国内矛盾上升。』根据这种估计，当然无所谓新阶段与新任务，情况回到旧

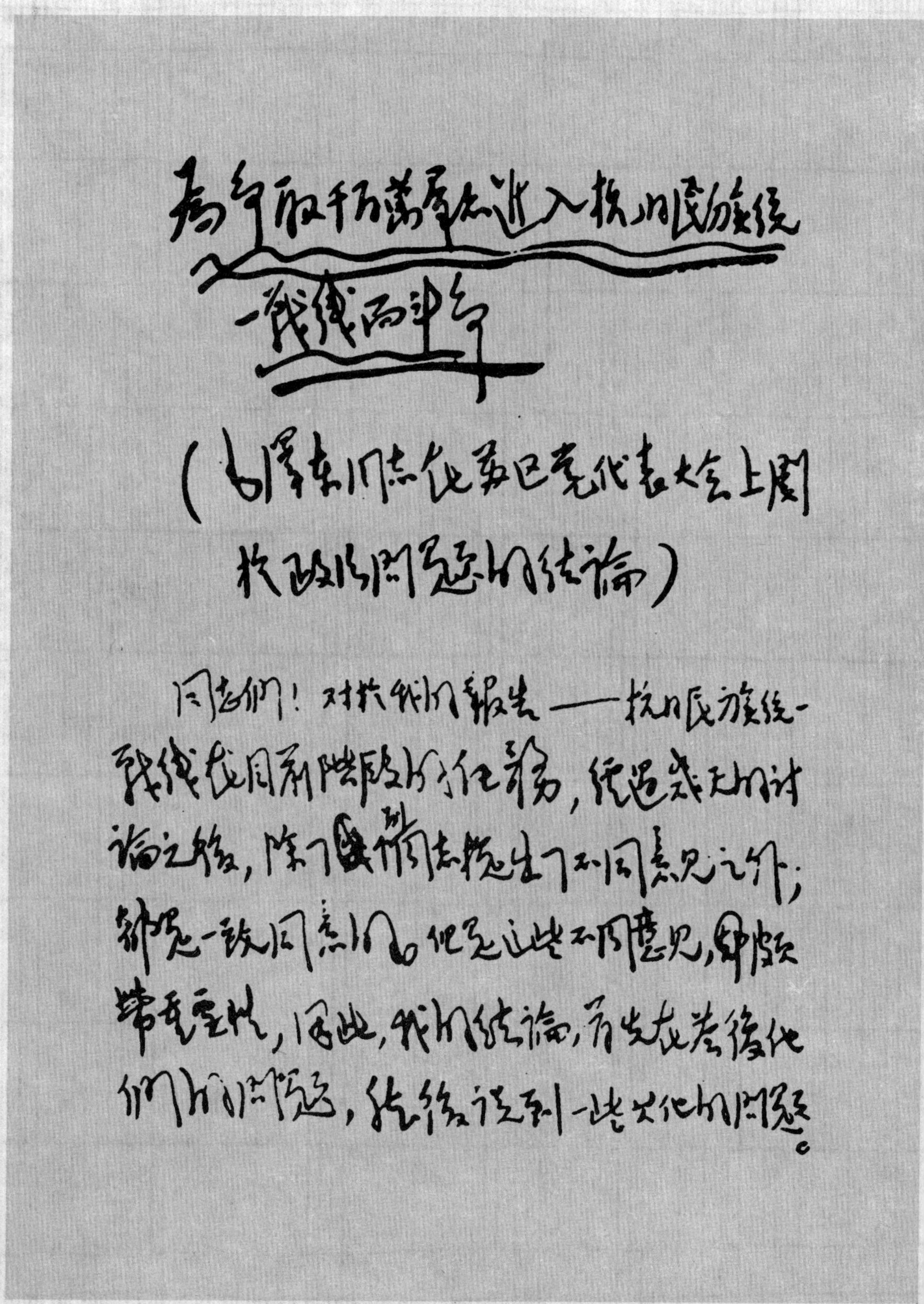

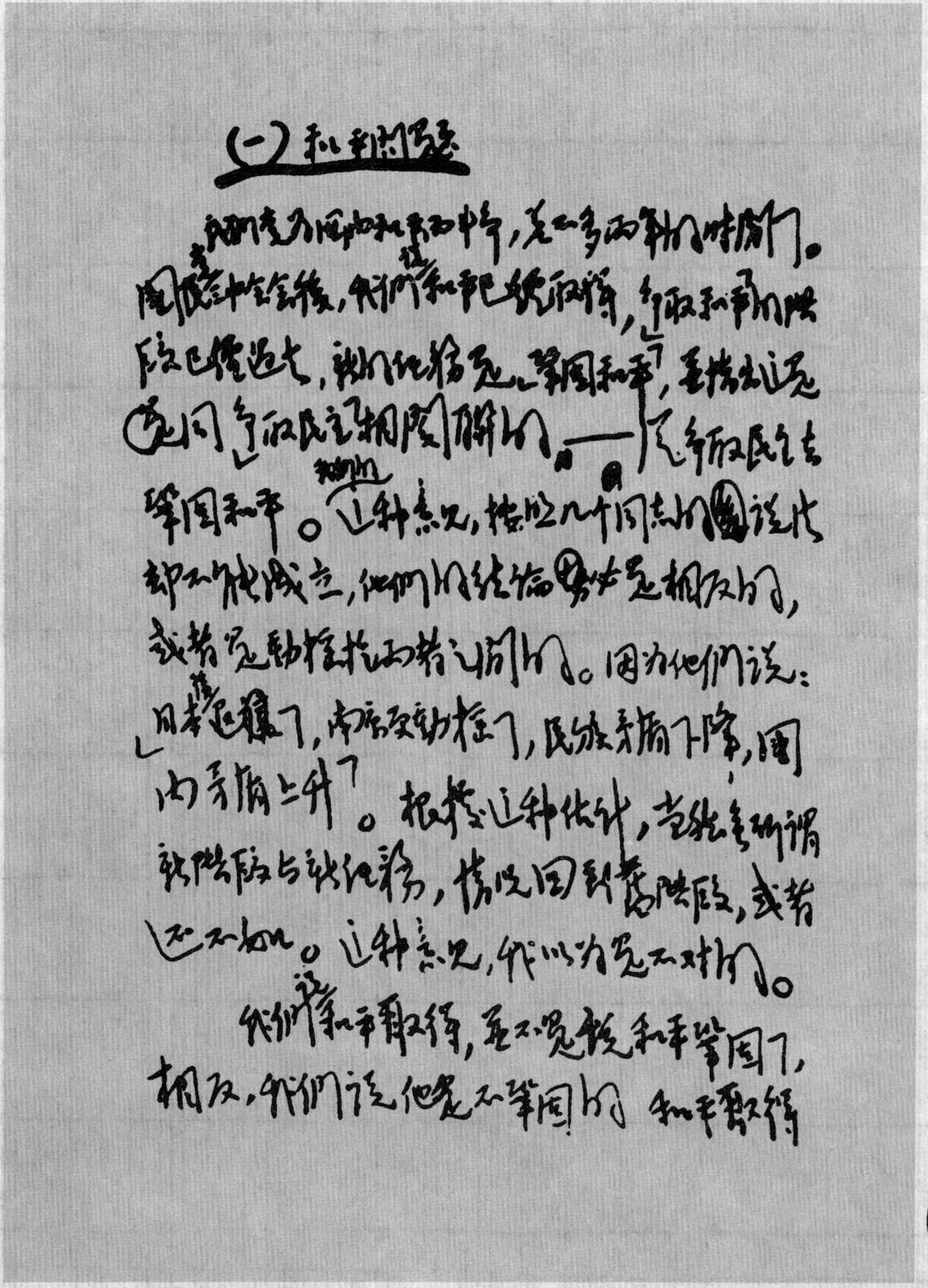

阶段，或者还不如。这种意见，我以为是不对的。

我们说和平取得，并不是说和平巩固了，相反，我们说它是不巩固的。和平取得与和平巩固是两件事。历史暂时的走回头路是可能的，和平发生波折是可能的，原因就在于日本帝国主义与汉奸亲日派之存在。然而西安事变后和平是事实，这种情况是由多方面促成的（日本进攻的基本方针，苏联与英美法之赞助和平，中国人民的逼迫，共产党在西安事变中的和平方针及取消两个政权对立的政策，资产阶级的分化，国民党的分化等等），不是蒋

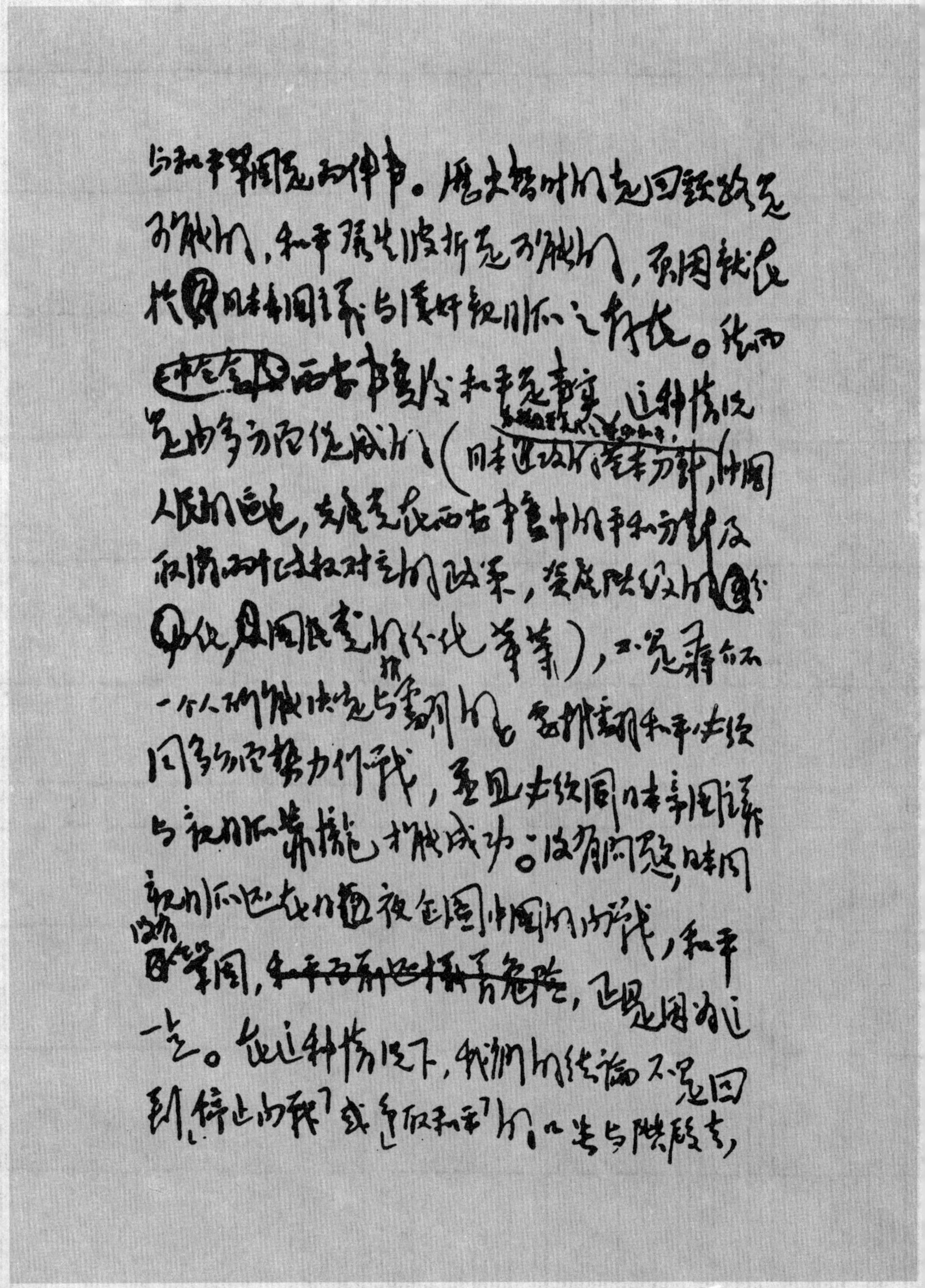

介石一个人所能决定与推翻的。要推翻和平必须同多方面势力作战，并且必须同日本帝国主义与亲日派靠拢，才能成功。没有问题，日本同亲日派还在日夜企图中国的内战，和平没有巩固，正是因为这一点。在这种情况下，我们的结论不是回到『停止内战』或『争取和平』的口号与阶段去，而是前进一步，指出『争取民主』的口号与阶段，只有这样才能巩固和平，也只有这样才能实现抗战。为什么提出『巩固和平』、『争取民主』、『实现抗战』这样三位一体的口号？为的是把我们的车轮推进一步，为的是情

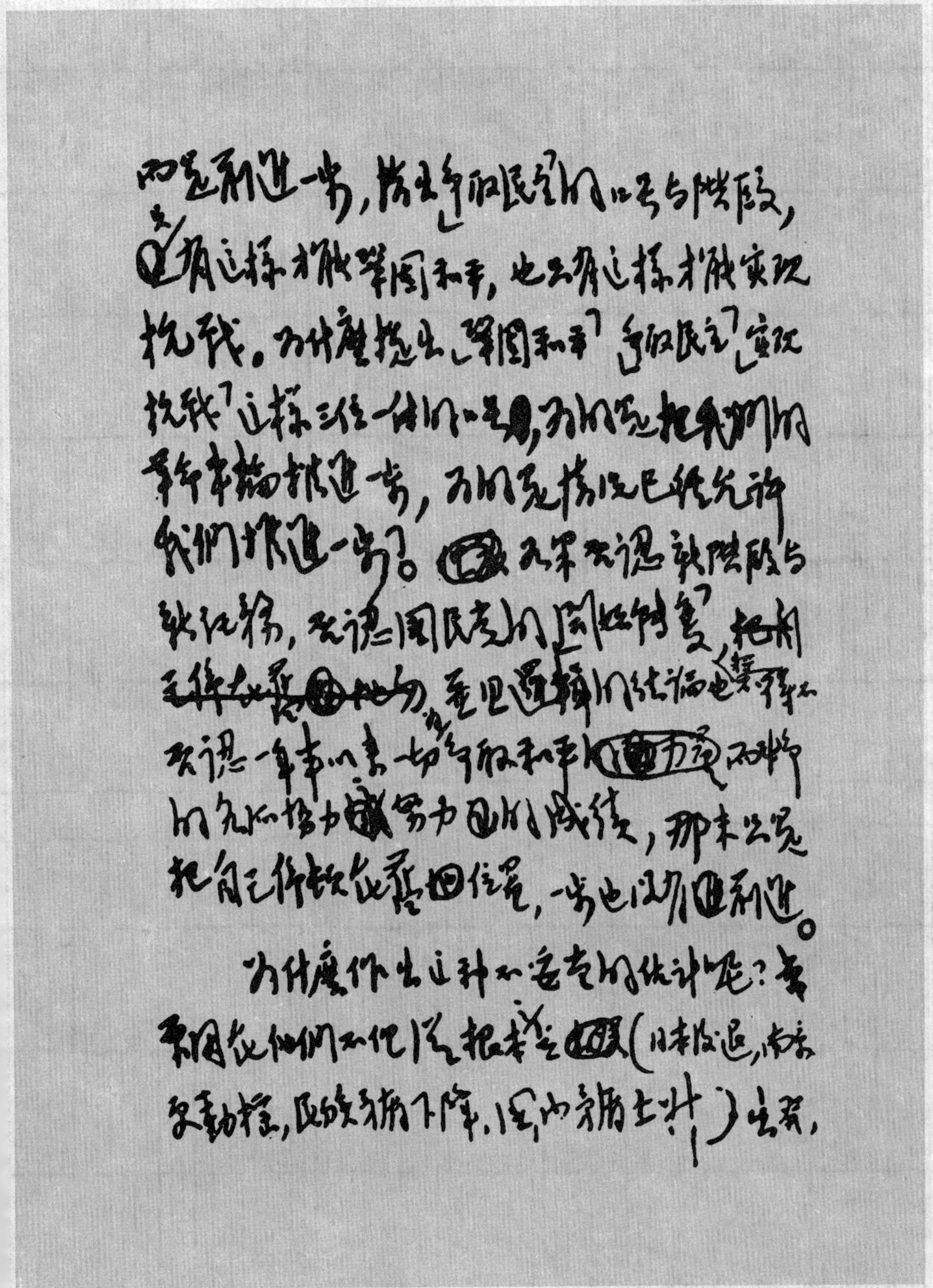

况已经允许我们进一步了。如果否认新阶段与新任务，否认国民党的『开始转变』，并且逻辑的结论也将不得不否认一年半以来一切为争取和平而斗争的各派势力之努力的成绩，那么只是把自己停顿在旧位置，一步也没有前进。

为什么作出这种不妥当的估计呢？原因在他们不但从根本之点（日本后退，南京更动摇，民族矛盾下降，国内矛盾上升）出发，而且也从许多局部与一时的现象（佐藤外交，苏州审判，压制罢工，东北军东调，杨虎城出洋等等）出发，并把二者联贯起来，形成一幅暗淡的画图。我们说国民

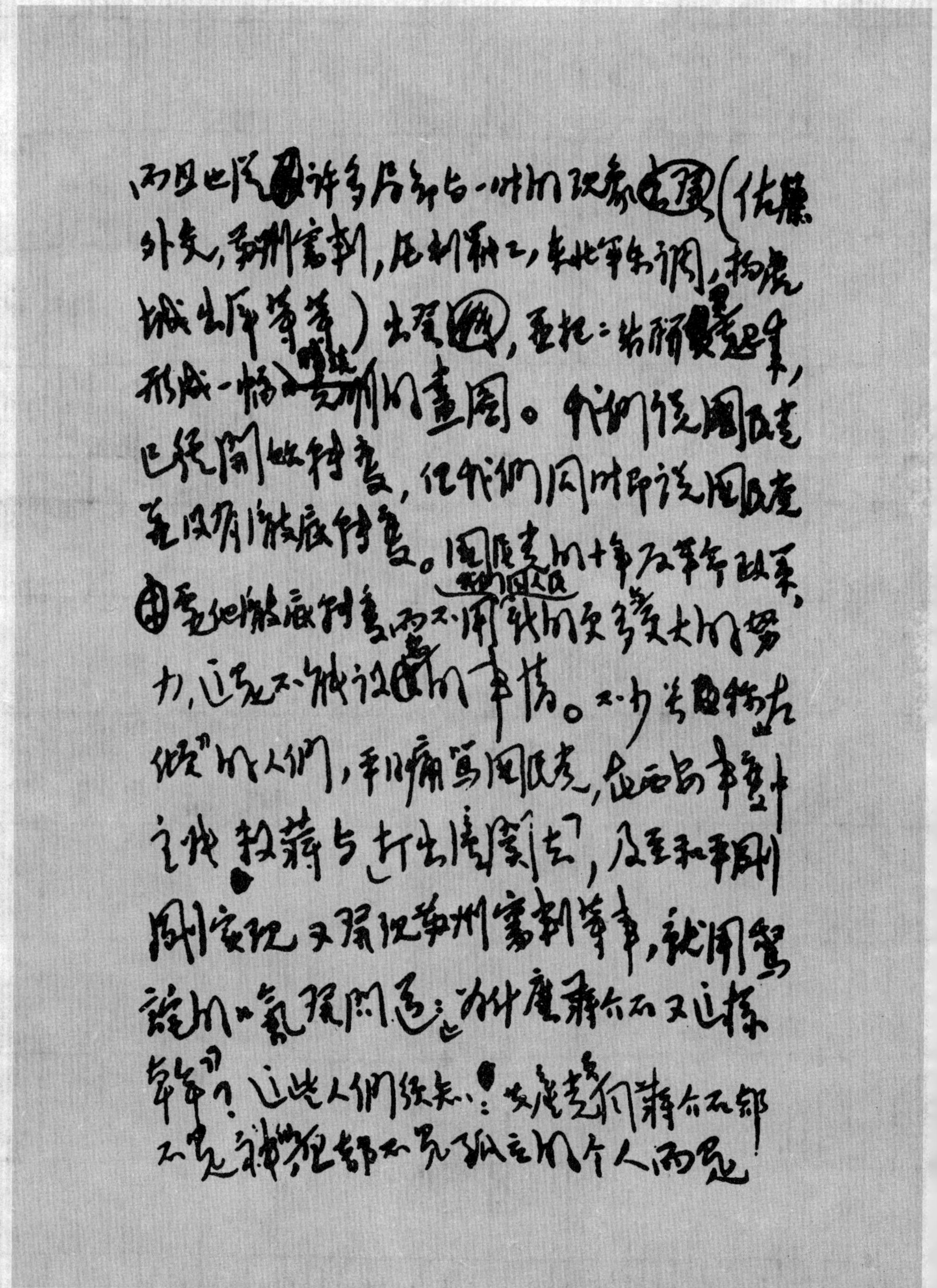

党已经开始转变，但我们同时说国民党并没有彻底转变。国民党的十年反革命政策，要他彻底转变而不用我们同人民新的更多与更大的努力，这是不能设想的事情。不少号称『左倾』的人们，平日痛骂国民党，在西安事变中主张杀蒋与『打出潼关去』，及至和平刚刚实现又发现苏州审判等事，就用惊诧的口气发问道：『为什么蒋介石又这样干？』这些人们须知：共产党员同蒋介石都不是神仙，且都不是孤立的个人，而是处于一个党派、一个阶级里头的分子。共产党有本领把革命逐步地推向前进，但没有本领把

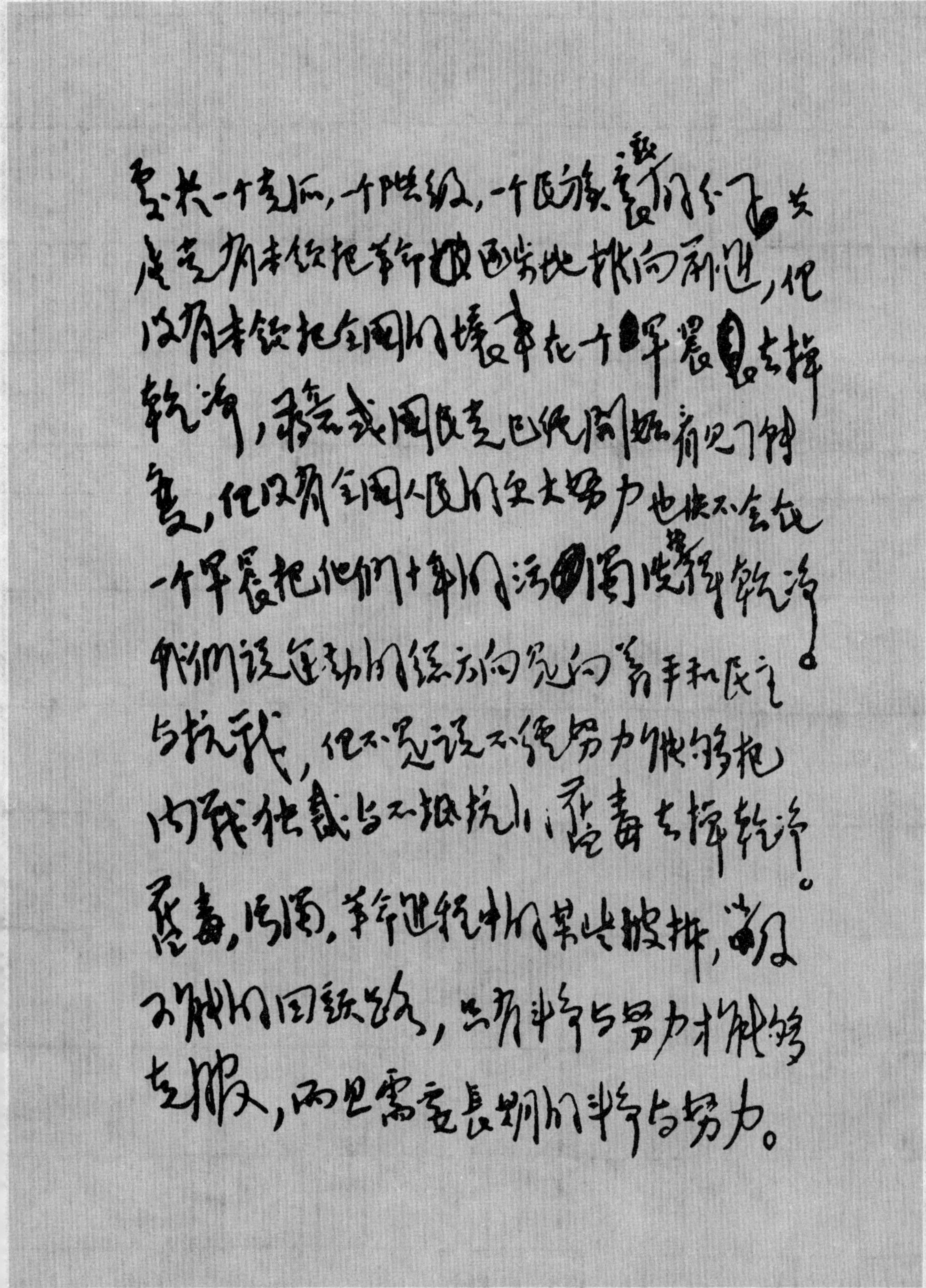

全国的坏事在一个早晨去掉干净。蒋介石或国民党已经开始看见了转变，但没有全国人民的更大努力，也决不会在一个早晨把他们十年的污浊洗掉得干净。我们说运动的总方向是向着和平、民主与抗战，但不是说不经努力能够把内战独裁与不抵抗的旧毒去掉干净。旧毒，污浊，革命进程中的某些波折，以及可能的回头路，只有斗争与努力才能够克服，而且需要长期的斗争与努力。

『他们是一心要破坏我们。』对的，他们总是在企图破坏我们，我完全承认这种估计的正确，不估计这一点就等于睡觉。但问题在破坏的方式是否有了改变？我以为是有了改变的，从战争与屠杀政策改变到改良与欺骗政策，从硬的政策改变到软的政策，从消灭政策改变到争取政策，从军事政策改变到政治的政策，为什么有这种改变？资产阶级处在日本帝国主义面前不得不向无产阶级找同盟军，也和我们向资产阶级找同盟军一样。观察问题应从这一点出发。国际上法苏世仇变为盟友同此道理。我们的任务亦是从军事的变到政治的。我们不需要阴谋诡计，我们的目的在团结资产阶级及国民党一切同情抗日的分子，共同战胜日本帝国主义。

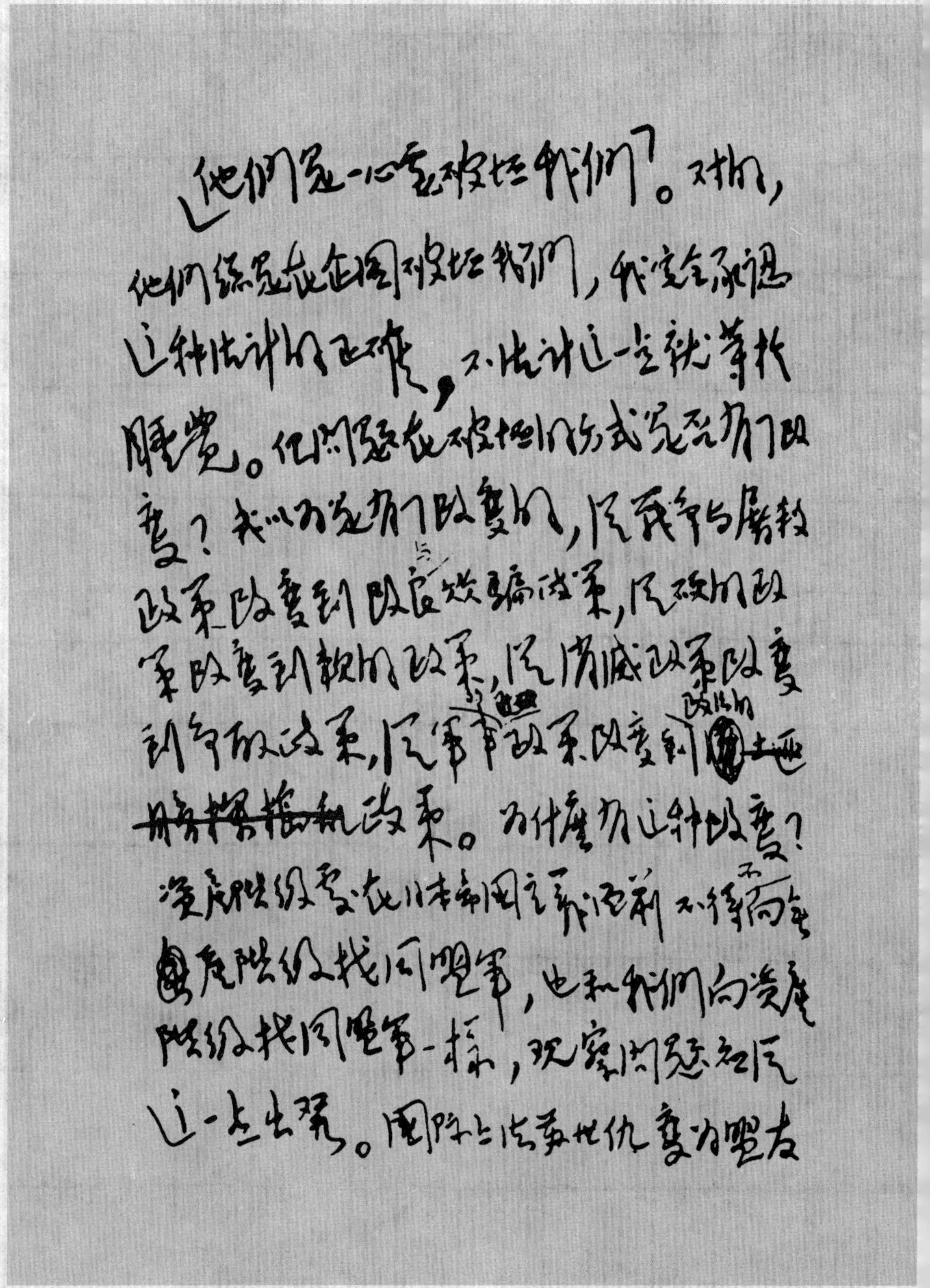

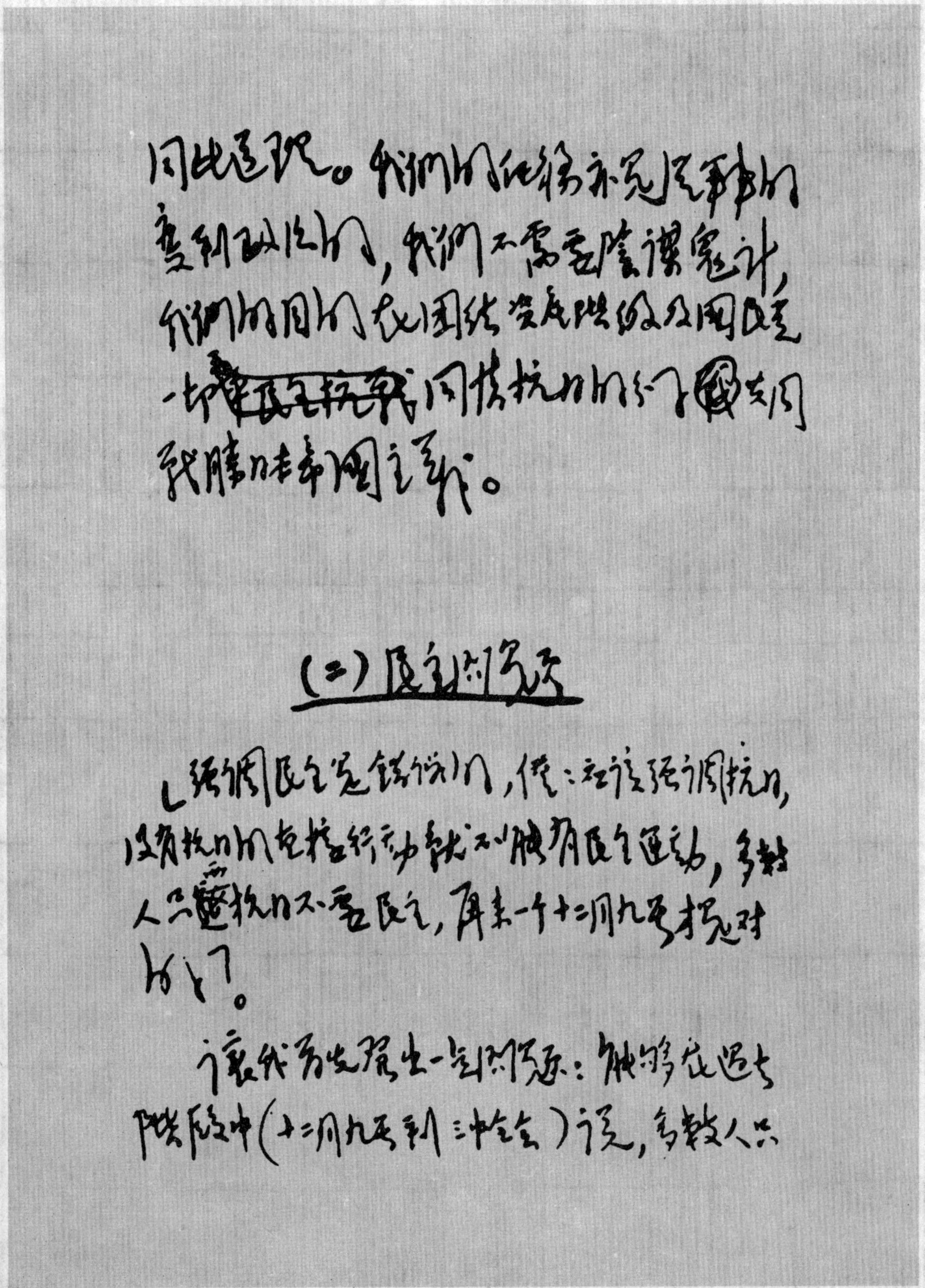

（二）民主问题

『强调民主是错误的，仅仅应该强调抗日；没有抗日的直接行动，就不能有民主运动；多数人只要抗日不要民主，再来一个十二月九号才是对的。』

让我首先发出一点问题：能够在过去阶段中（十二月九号到三中全会〔一九三七年二月国民党三中全会〕）说，多数人只要抗日不要和平吗？过去强调和平是错误的吗？没有抗日的直接行动就不能有和平运动吗？（西安事变与三中全会正在绥战结束之后，现在也还没有绥战或十二月九号）谁人不知为抗日而要和平，无和平不能抗日，和平是抗日的条件。前一阶级一切直接间接的抗日行动（从十二月九号起到三中全会止）都围绕着争取和平，和平是前一阶段中中心一环，是抗日运动在前一阶段中的最本质的东西。对于抗日任务，民主也是新阶段中最本质的东西，为民主即是为抗日。抗日与民主互为条件，同抗日与和平互为条件一样。民主是抗日的保证，抗日能给〔予〕民主运动发展的有利条件。

新阶段中，我们希望有、也将会有许多直接间接的反日斗争，这些推动对日抗战，也大有助于民主运动。然而

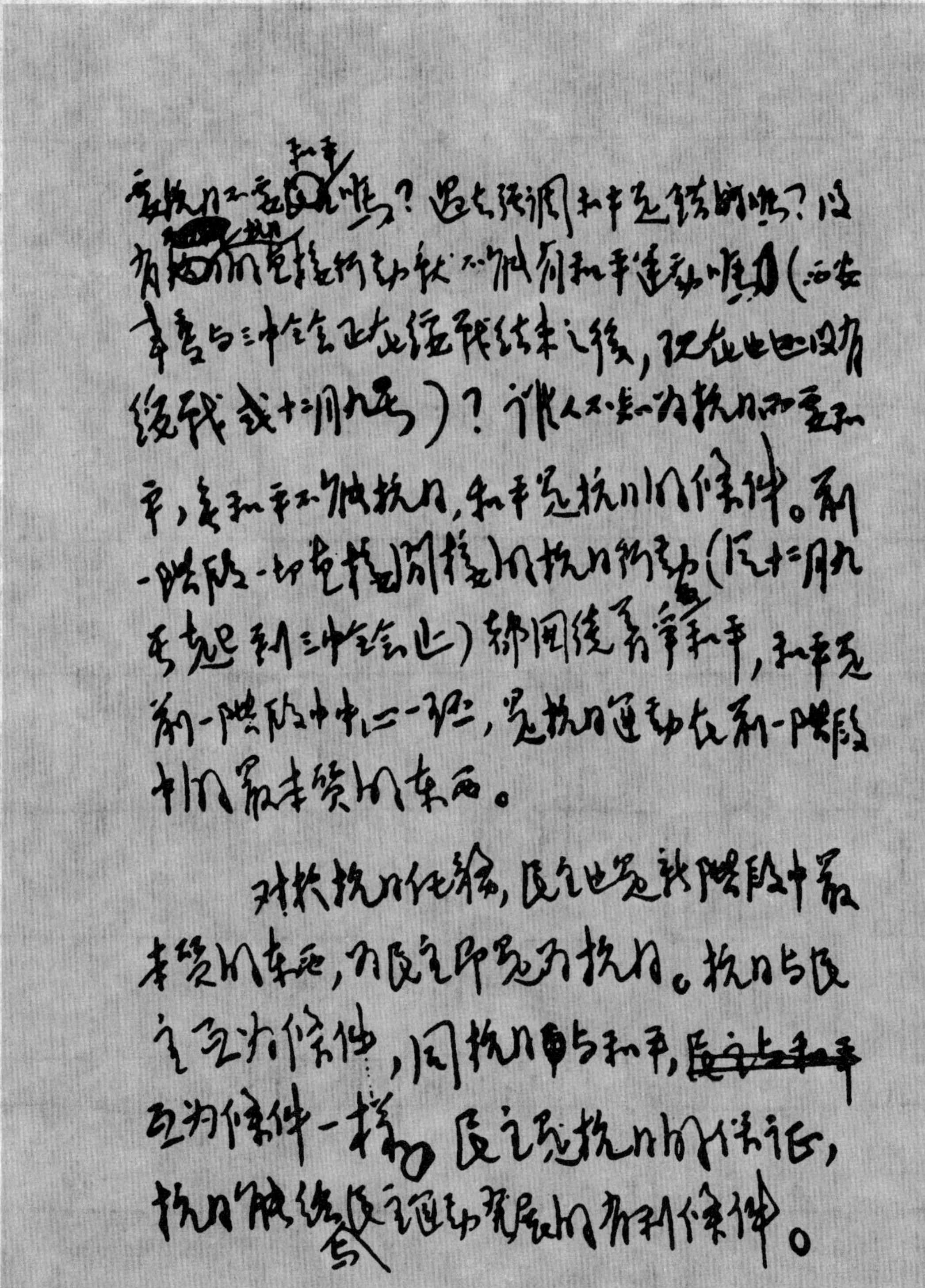

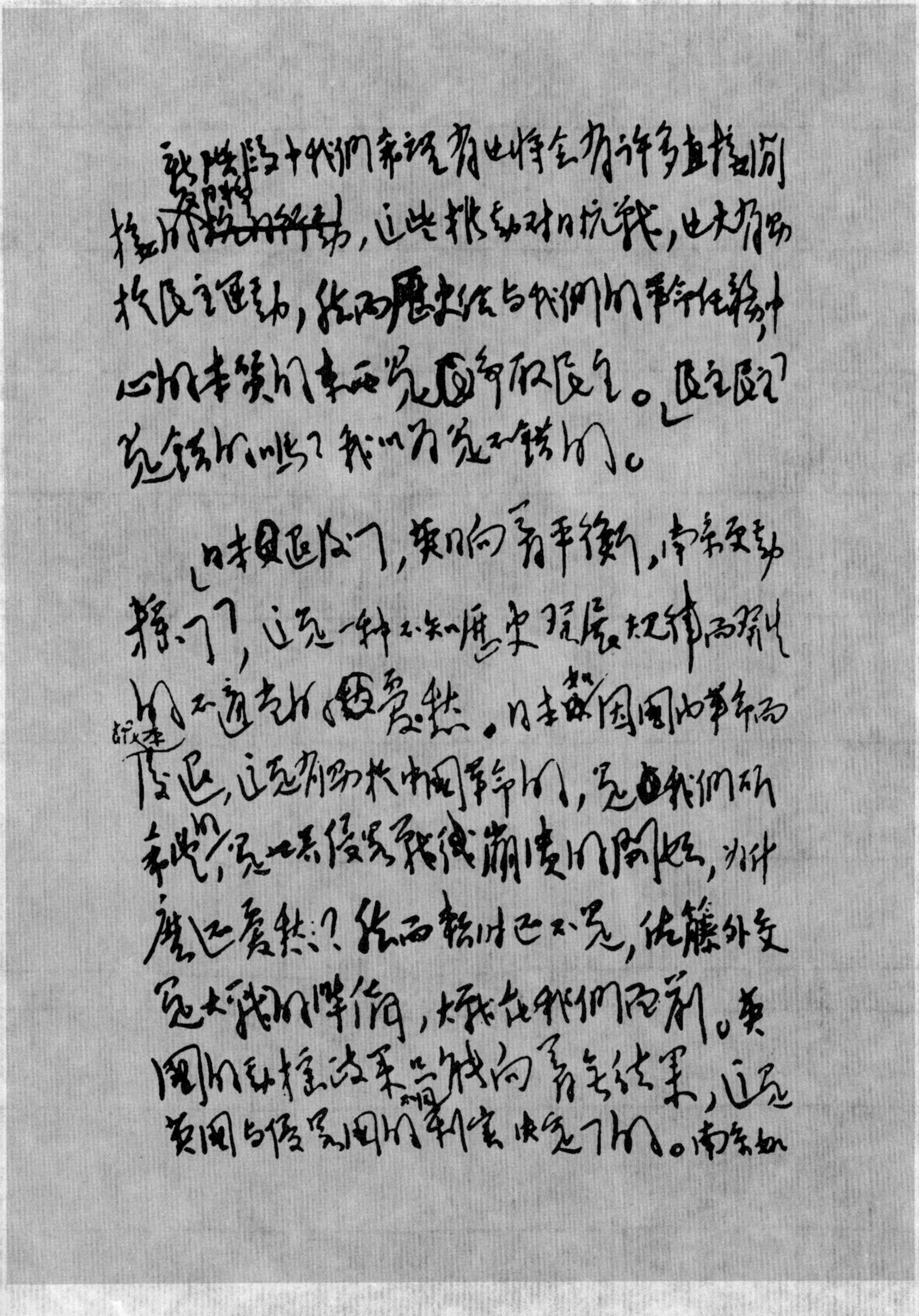

历史给与〔予〕我们的革命任务，中心的本质的东西是争取民主。『民主民主』是错的吗？我以为是不错的。

『日本退后了，英日向着平衡，南京更动摇了。』这是一种不知历史发展规律而发生的不适当的忧愁。日本如因国内革命而根本后退，这是有助于中国革命的，是我们所希望的，是世界侵略战线崩溃的开始，为什么还忧愁？然而暂时还不是，佐藤外交是大战的准备，大战在我们面前。英国的动摇政策只能向着无结果，这是英国与侵略国的不同利害决定了的。南京如果是长期动摇，便变为全国人民

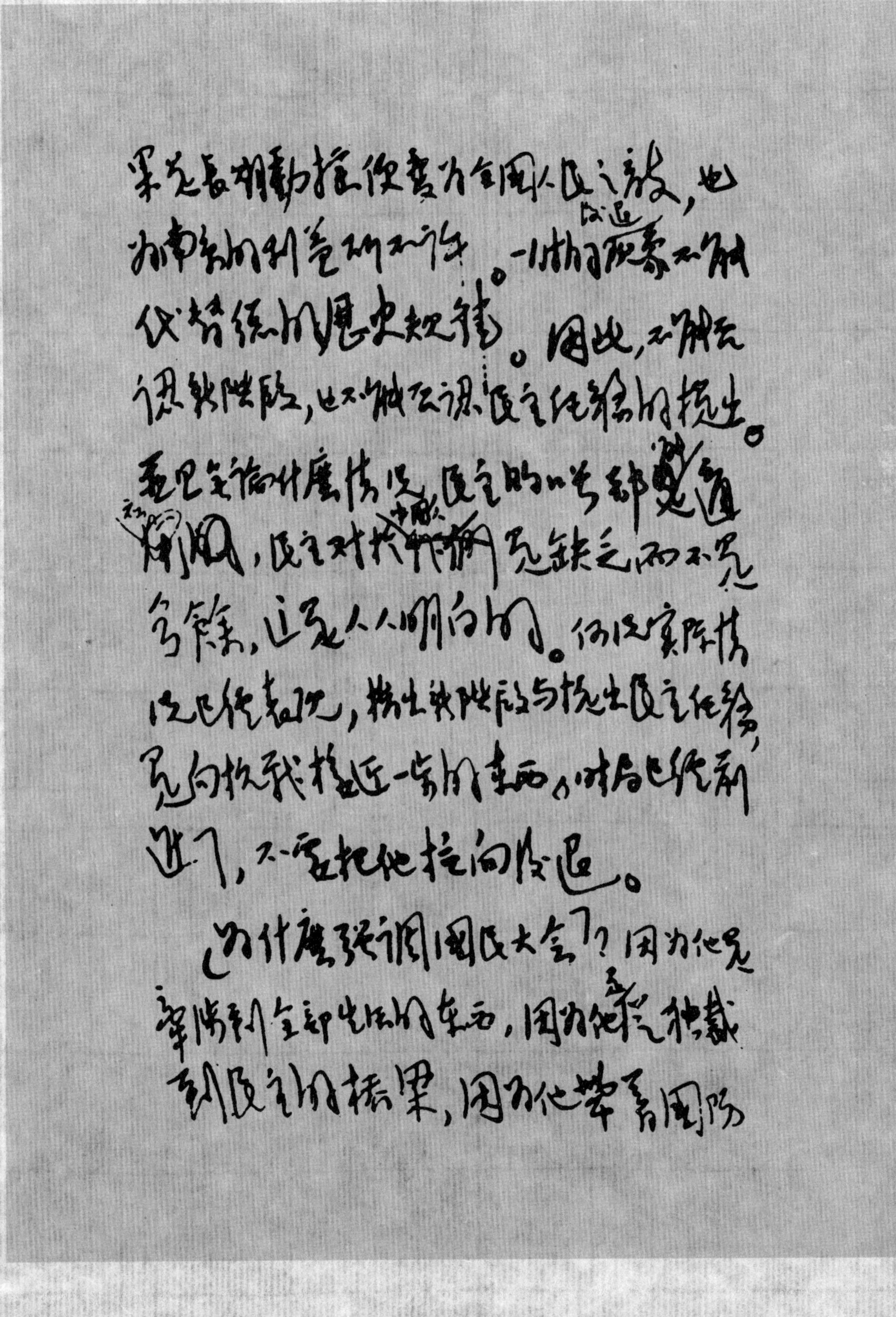

之故，也为南京的利益所不许。一时的后退现象，不能代替总的历史规律。因此不能否认新阶段，也不能否认民主任务的提出。况且无论什么情况，民主的口号都能适应，民主对于中国人是缺乏而不是多余，这是人人明白的。何况实际情况已经表现，指出新阶段与提出民主任务，是向抗战接近一步的东西。时局已经前进了，不要把他〔它〕拉向后退。

『为什么强调国民大会？』因为他〔它〕是牵涉到全部生活的东西，因为他〔它〕是从独裁到民主的桥梁，因为他〔它〕带着国防性，因为他〔它〕是

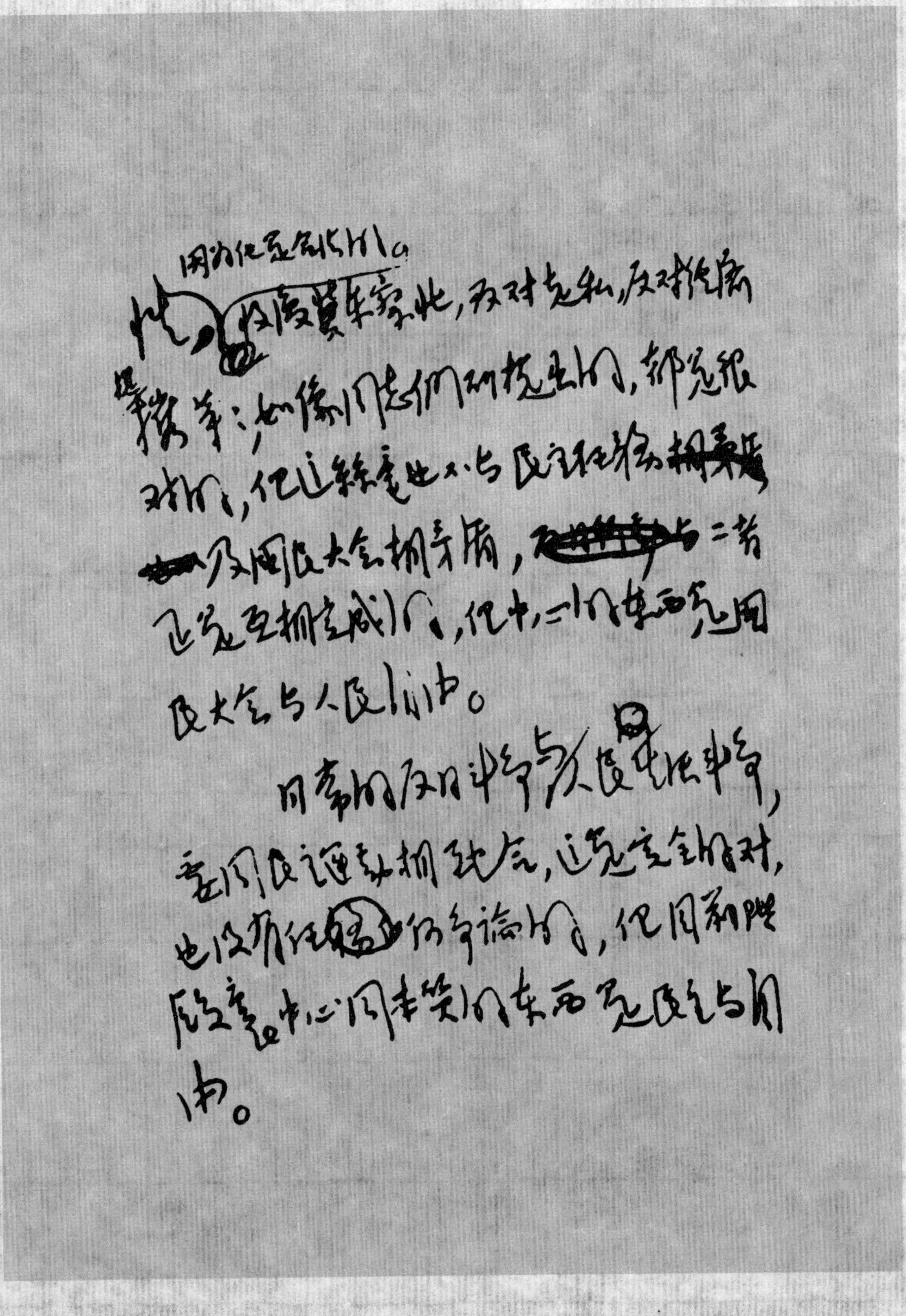

合法的。收复冀东察北、反对走私、反对『经济提携』等等，如像同志们所提出的，都是很对的，但这丝毫也不与民主任务及国民大会相矛盾，二者正是互相完成的，但中心的东西是国民大会与人民自由。

日常的反日斗争与人民生活斗争，要同民主运动相配合，这是完全对的，也没有任何争论的。但目前阶段里中心同本质的东西，是民主与自由。

（三）革命前途问题

对这个问题，有几个同志发出了问题，我们答复只能是简单的。

两篇文章，上篇与下篇，只有上篇做好，下篇才能做好。坚决的〔地〕领导民主革命，是争取社会主义胜利的条件。我们是为社会主义而斗争，一切努力向着这个目标，这是与任何革命的三民主义者不相同的。今日的努力是朝着明日的大目标的，失掉这个大目标，就不是共产党员了。然而放松今日的努力，也就不是共产党员。

我们是革命转变论者，主张民主革命转变到社会主义方向去。民主革命中将有几个发展阶段，都在民主共和国口号下面，而不在苏维埃口号下面。从资产阶

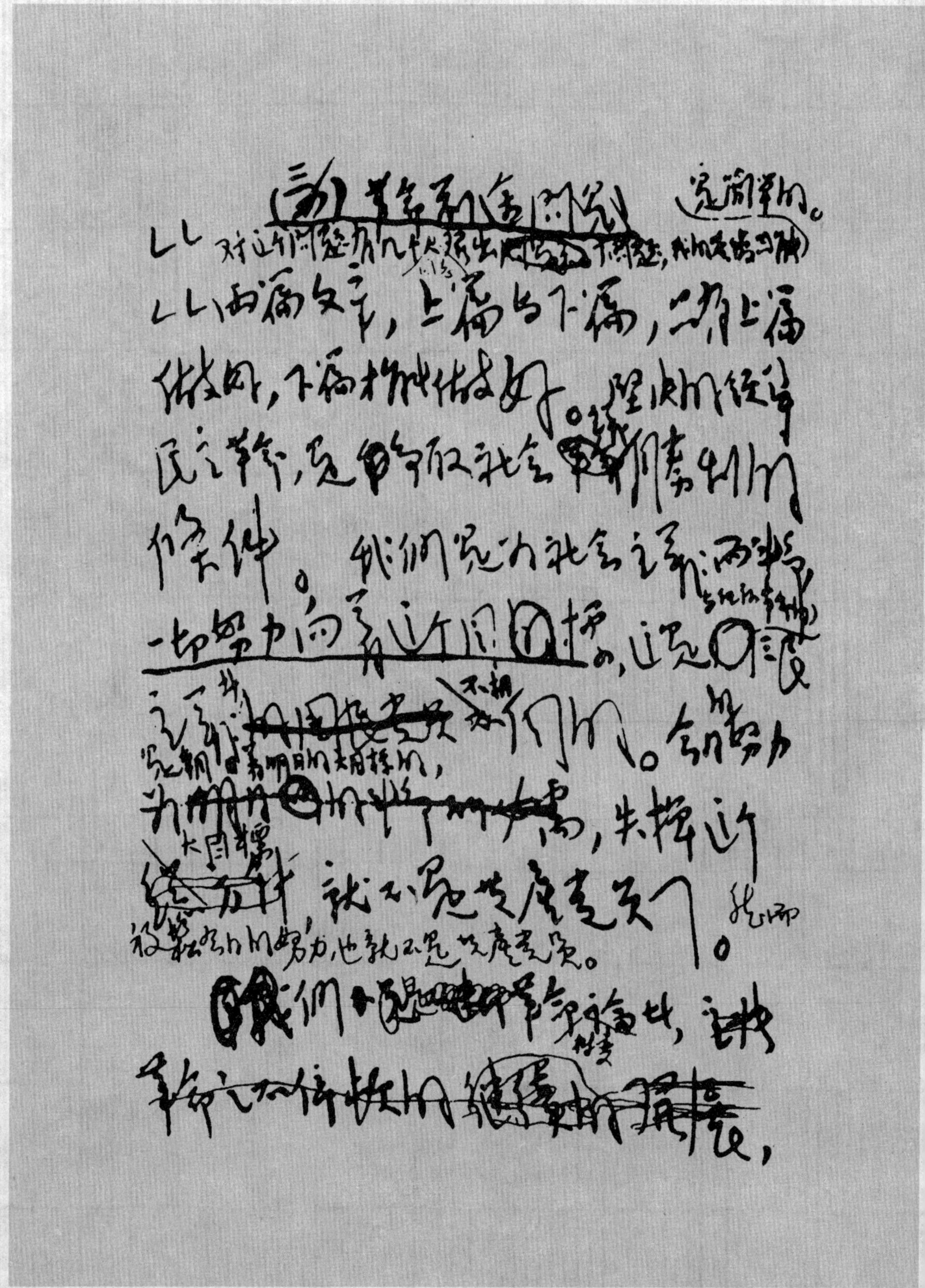

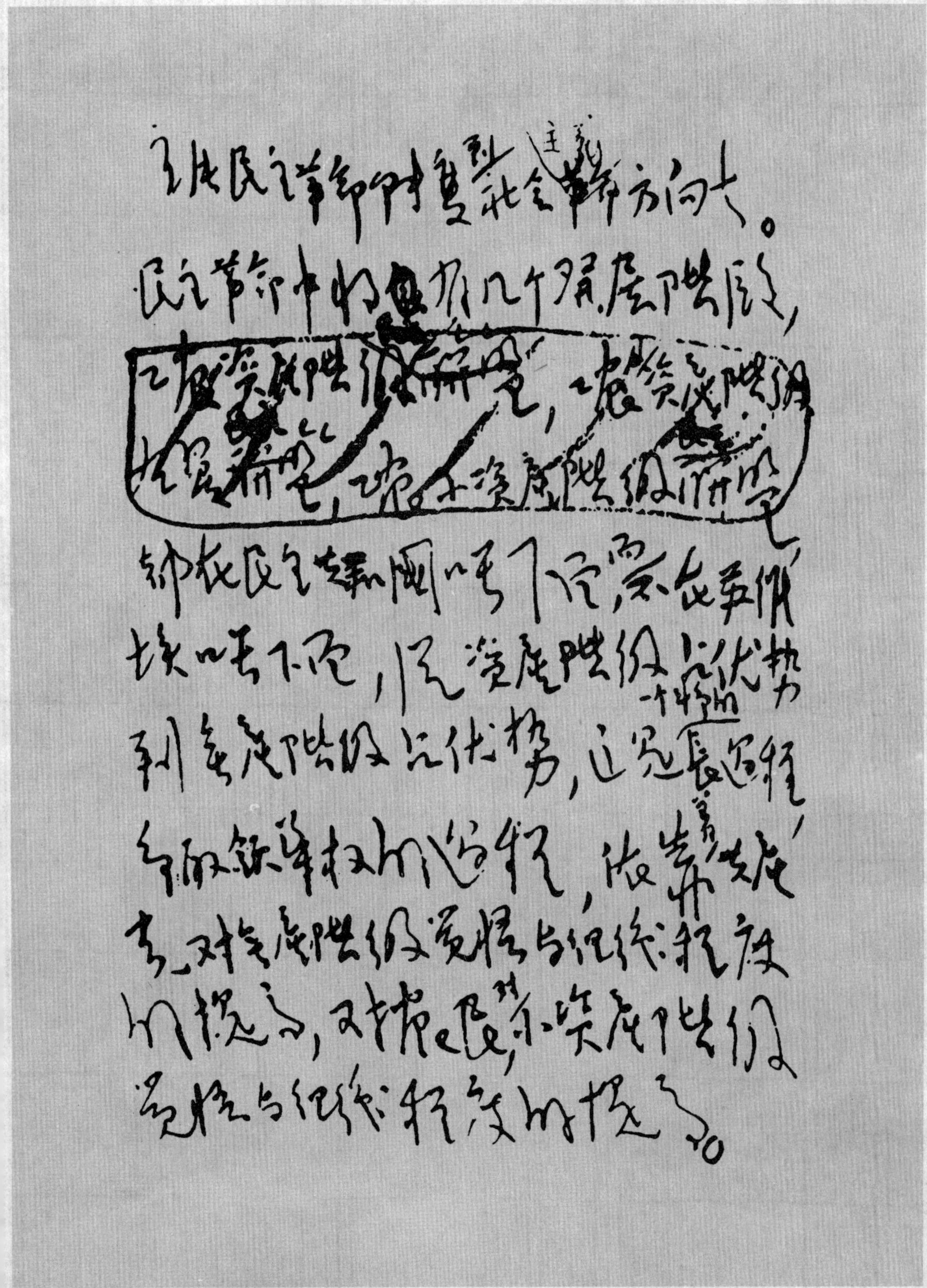

级占优势到无产阶级占优势，这是一个斗争的长过程，争取领导权的过程，依靠着共产党对无产阶级觉悟与组织程度的提高，对农民、对小资产阶级觉悟与组织程度的提高。

无产阶级坚固的同盟者是农民，其次是小资产阶级。同我们争领导权的是资产阶级。

对资产阶级的动摇与不彻底性的克服，依靠群众的力量与正确的政策，否则资产阶级将反过来克服无产阶级。

健全的转变（不流血的）是我们所希望的，我们应该力争这一着，结果将看群众的力量如何而定。

我们是不断革命转

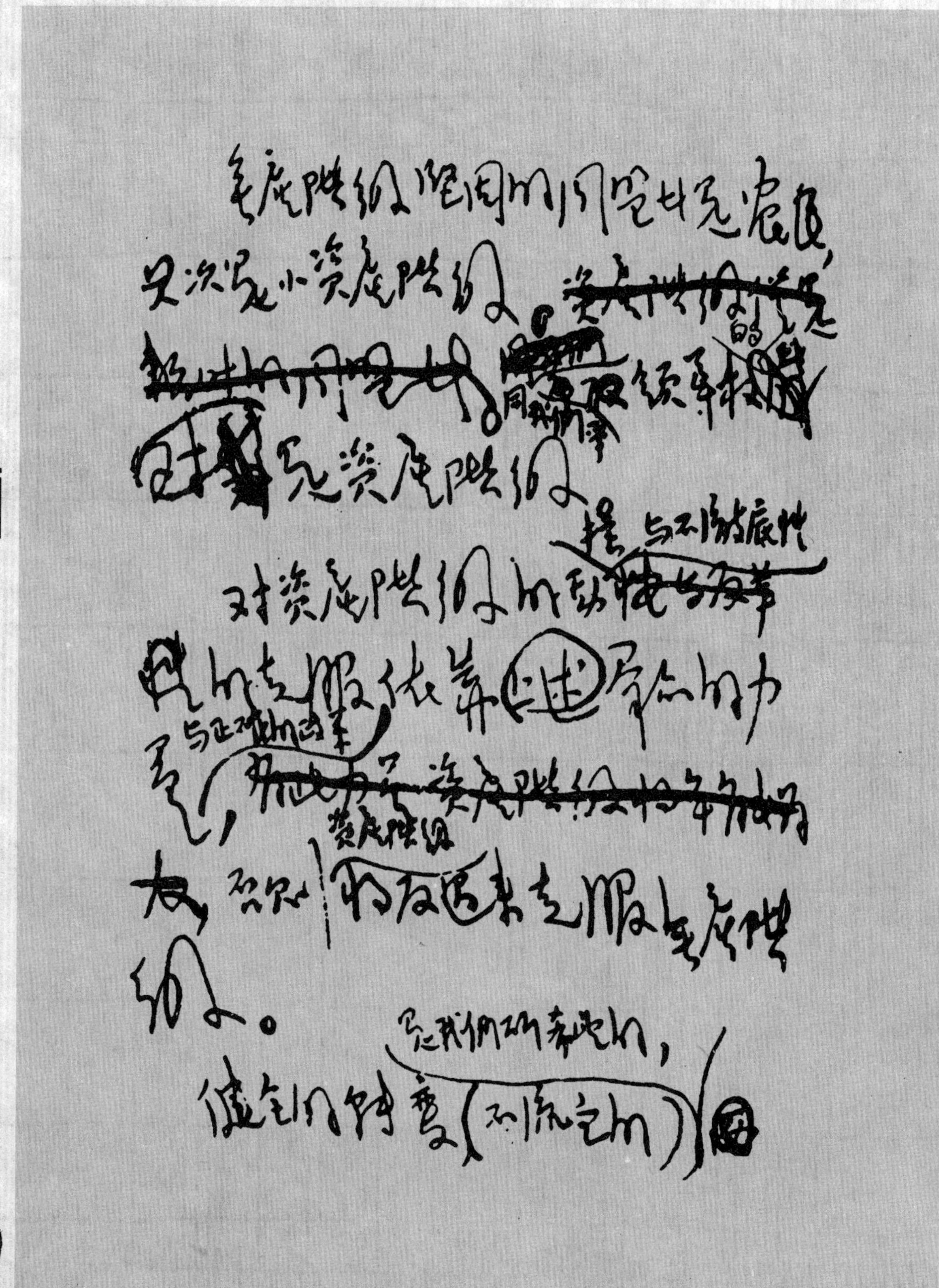

第二时期·文稿

变论者，但不是托洛茨基主义的『不断革命』论者，也不是托洛茨基主义的李立三主义。我们主张经过民主共和国的一切必要的阶段，到达于社会主义。我们反对尾巴主义，但又反对冒险主义与急性病。

因为资产阶级的暂时性而不要资产阶级，指联合资产阶级的革命派（在半殖民地）为投降主义，这是托洛茨基主义的说法，我们是不能采取的。今天的联合资产阶级革命派，正是走向社会主义的必经的桥梁。

（五）干部问题

担负着伟大的革命

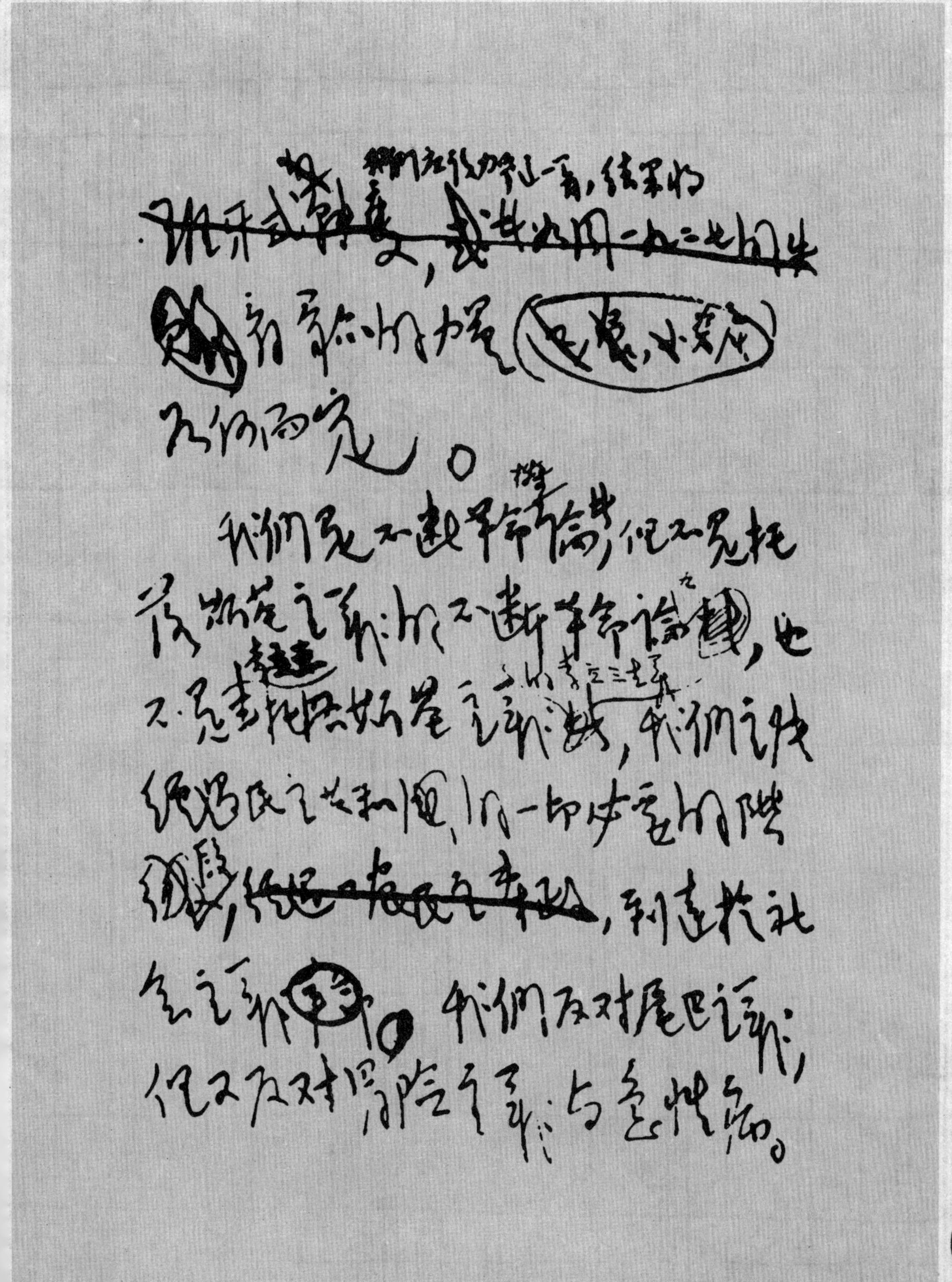

任务，要有伟大的党，要有许多伟大的领袖与干部。在一个四亿五千万人的中国里面，进行历史的空前的大革命，如果领导者是一个狭隘的小团体是不行的，党内仅有一些烦琐、不识大体、没有远见、没有能力的领袖与干部也是不行的。中国共产党早就是一个大政党，经过反动时期的损失它依然是一个大党，它有了许多好的领袖与干部但是还不够。我们党的组织要向全国发展，要自觉地造就成万数的干部，要有数百个最好的群众领袖。这些人懂得马克思列宁主义，有政治远见，有工作能力，富于牺牲精神，能独立解决问题，并在困难中不动摇，并拿出全部忠心为民族、为阶级、为党而工作：党的路线依靠这些人而联系党员与群众，依靠这些人对于群众的坚强领导而达到打倒敌人之目的。这些人不要自私自利，不要个人英雄主义与风头主义，不要懒惰与消极性，不要自高自大与宗派主义，他们是大公无私的民族的与阶级的英雄，这就是共产党员、党的干部、党的领袖应该有的性格与作风。我们死去的若干万数的党员，若干千数的干部与数十个最好的领袖遗留给我们的精神，也就是这些东西。我们应该学习这些东西，把

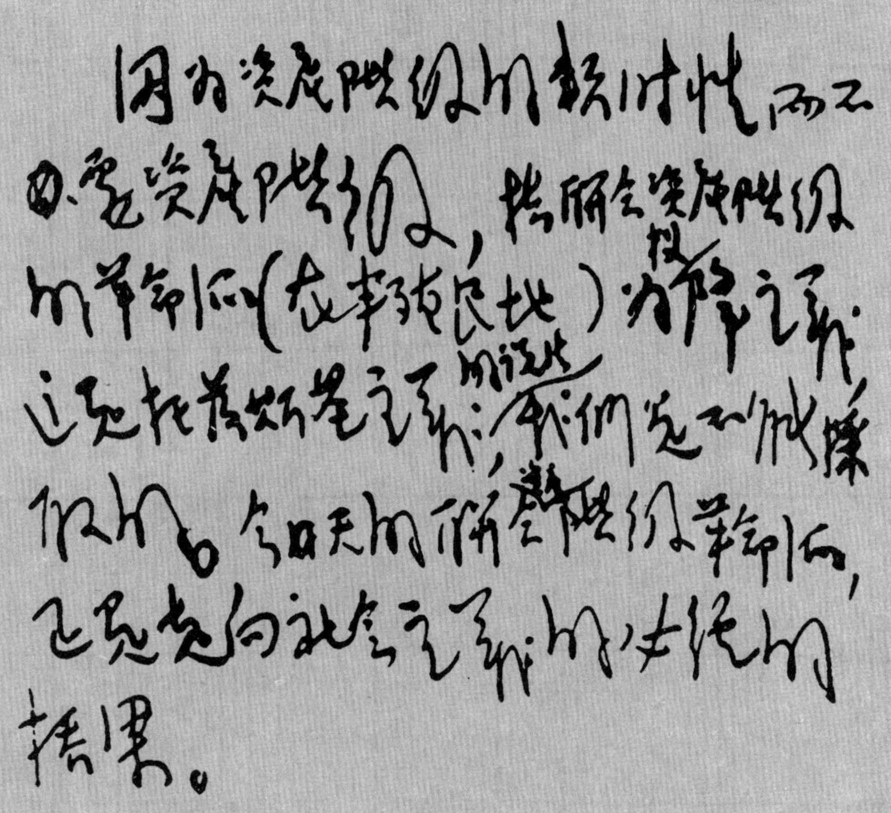

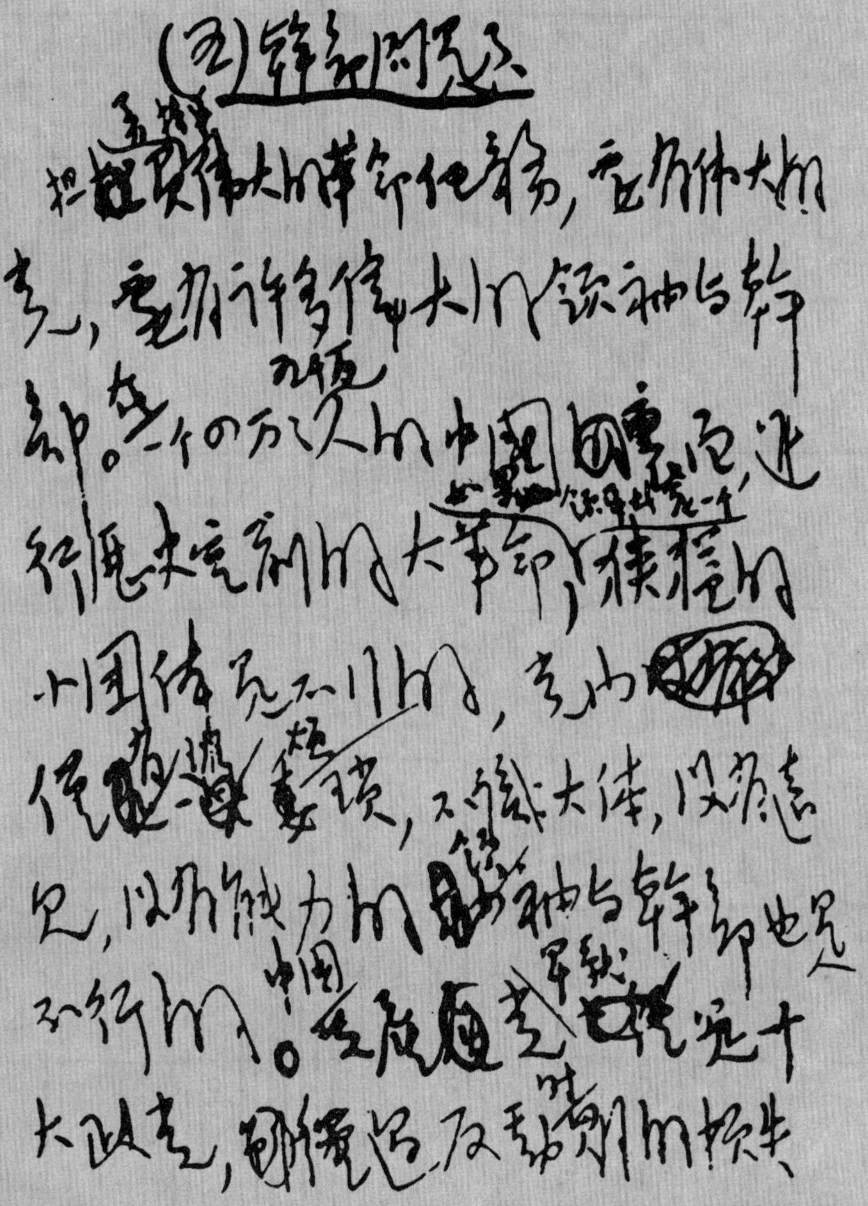

自己改造得更好一些，把自己提高到更高的革命水平，是无疑地重要的。但是还不够，还要作为一种任务，向全党与全国找寻新的干部与领袖。我们的革命依靠干部，如像斯大林同志所说的话『干部是决定一切的』。

（六）党内民主问题

要达到这种目的，党内的民主是必要的。要党有力量，依靠实行党的民主集中制去发动全党的积极性。在反动与内战时期，集中制表现的多一些。在新时期，集中制应密切联系于民主制。从民主制的实行，发挥全党的积极

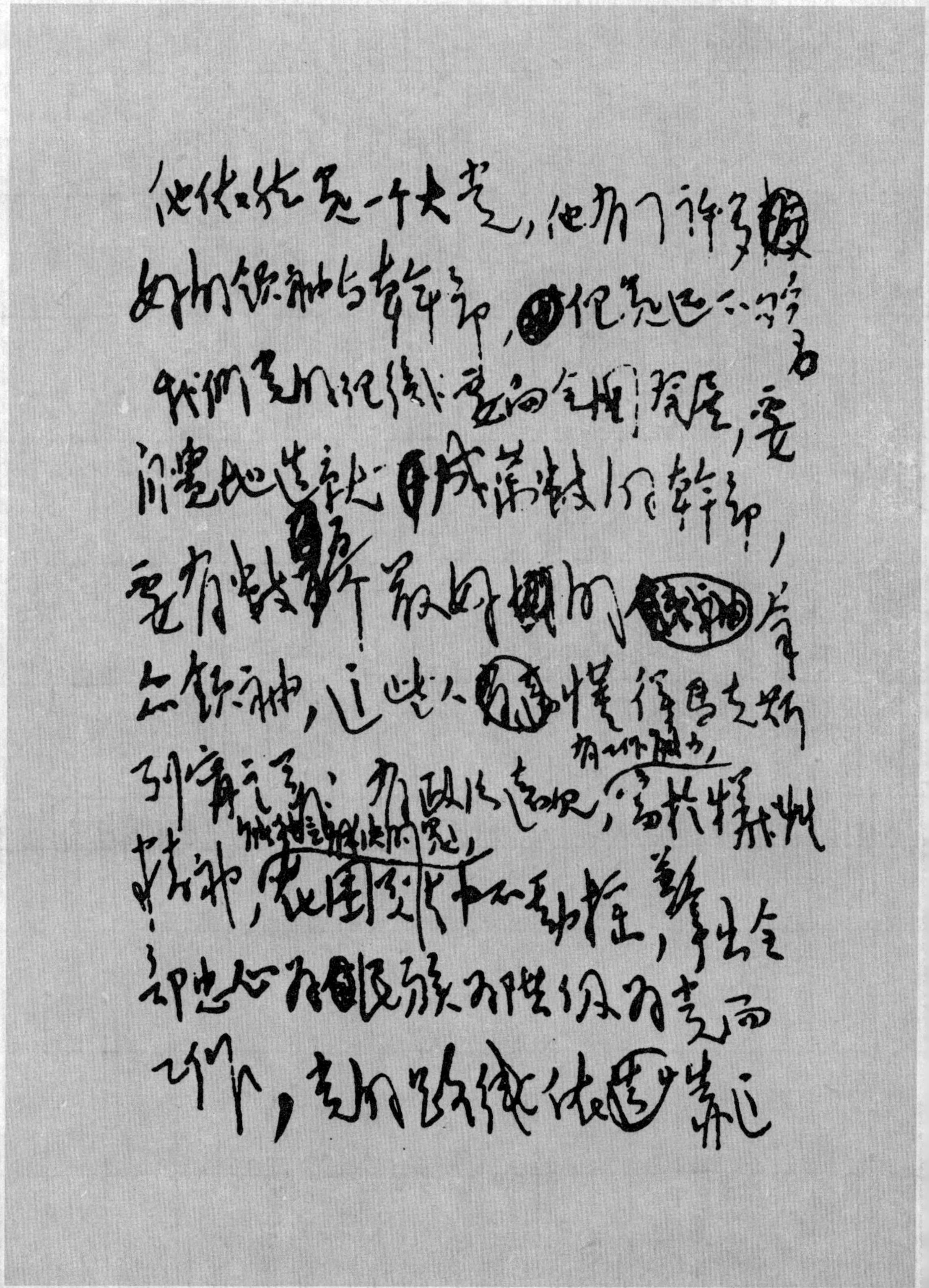

性。从发挥全党积极性，创造出大批的干部，肃清宗派观念的残余，团结全党像钢铁一样。

（七）大会的团结与全党的团结

大会中政治问题上的不同意见，经过说明已经归于一致了；过去中央路线与个别同志领导的退却路线的纷（一分）歧，也已经没有了，表示了我们的党已经团结得很坚固。这种团结是当前民族与民主革命的最重要的基础，因为只有经过共产党的团结，才能达到全阶级与全民族的团结，只有经过全阶级与全民族的

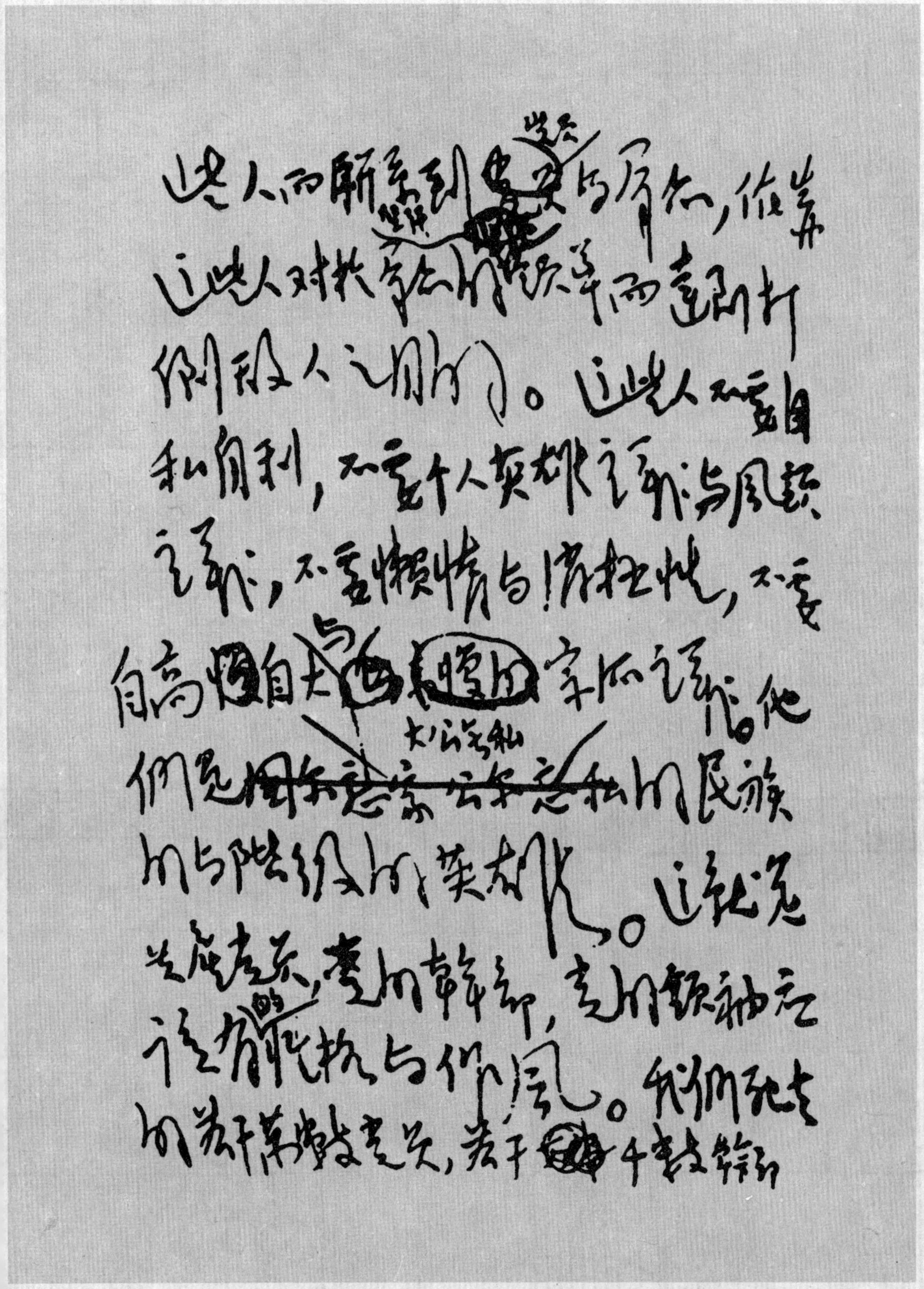

团结，才能战胜敌人，实现民族与民主革命的任务。

（八）为争取千百万群众进入抗日统一战线而斗争

我们的正确的政治方针与坚固的团结，唯一的是向着争取千百万群众进入抗日民族统一战线这个目的。无产阶级、农民、小资产阶级的广大群众，有待于我们的宣传、鼓励与组织的工作。资产阶级革命派的进入和我们的同盟，也还待我们的进一步工作。把党的方针变为群众的方针，还须要我们长期坚持的、百折不挠的、艰苦卓绝的、耐心

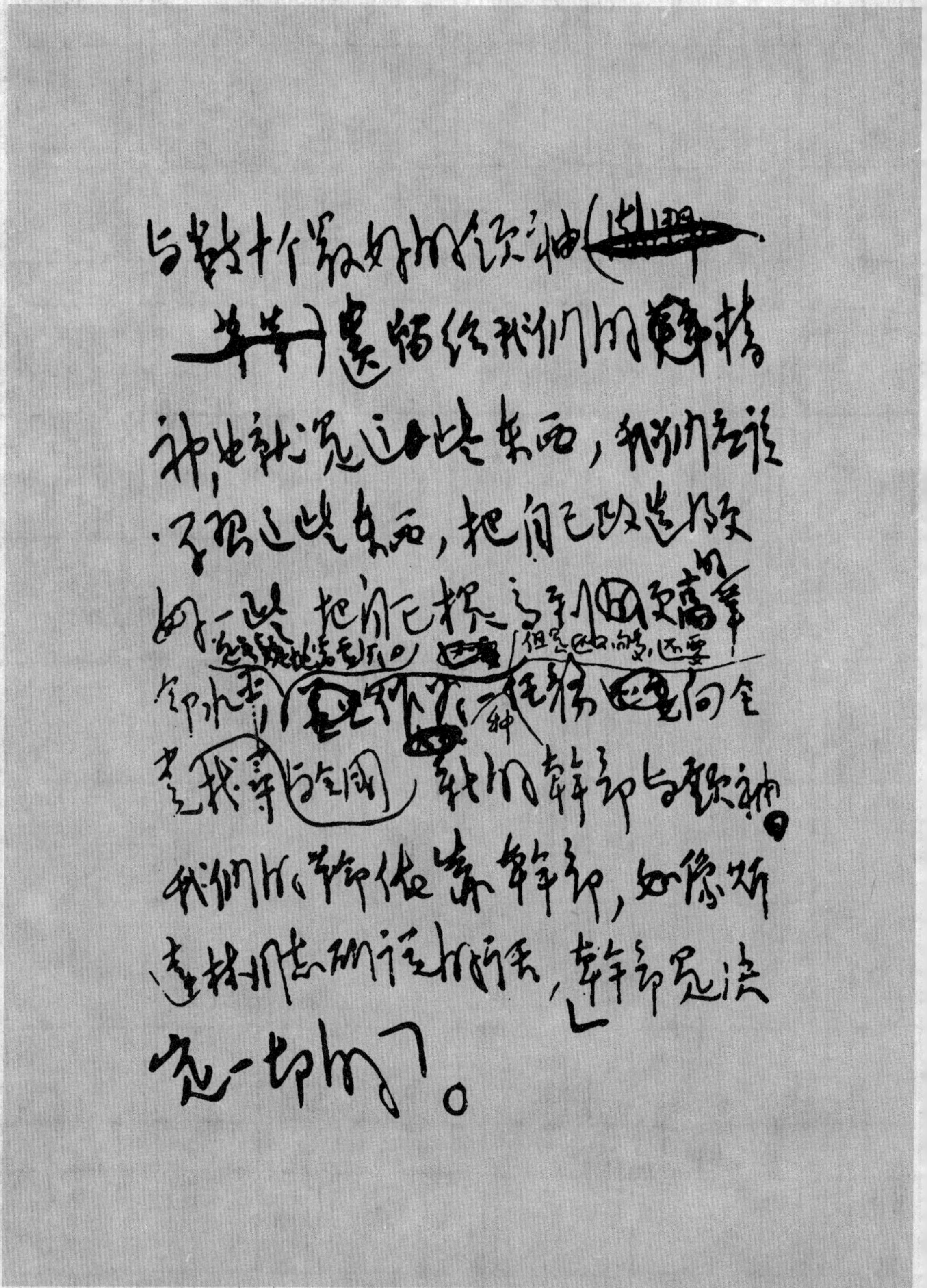

而不怕麻烦的努力。没有这一努力是一切都不成功的。抗日民族统一战线的组成、巩固及其任务的完成，民主共和国的在中国的实现，丝毫也不能离开这一争取群众的努力。如果经过这种努力而得到千百万群众在我们领导之下的话，那我们的全部革命任务就能够迅速地实现。日本帝国主义什么也不怕我们，但他们独怕我们的这种努力。我们的努力将确定地打倒日本帝国主义，并实现全部的民族解放与社会解放。

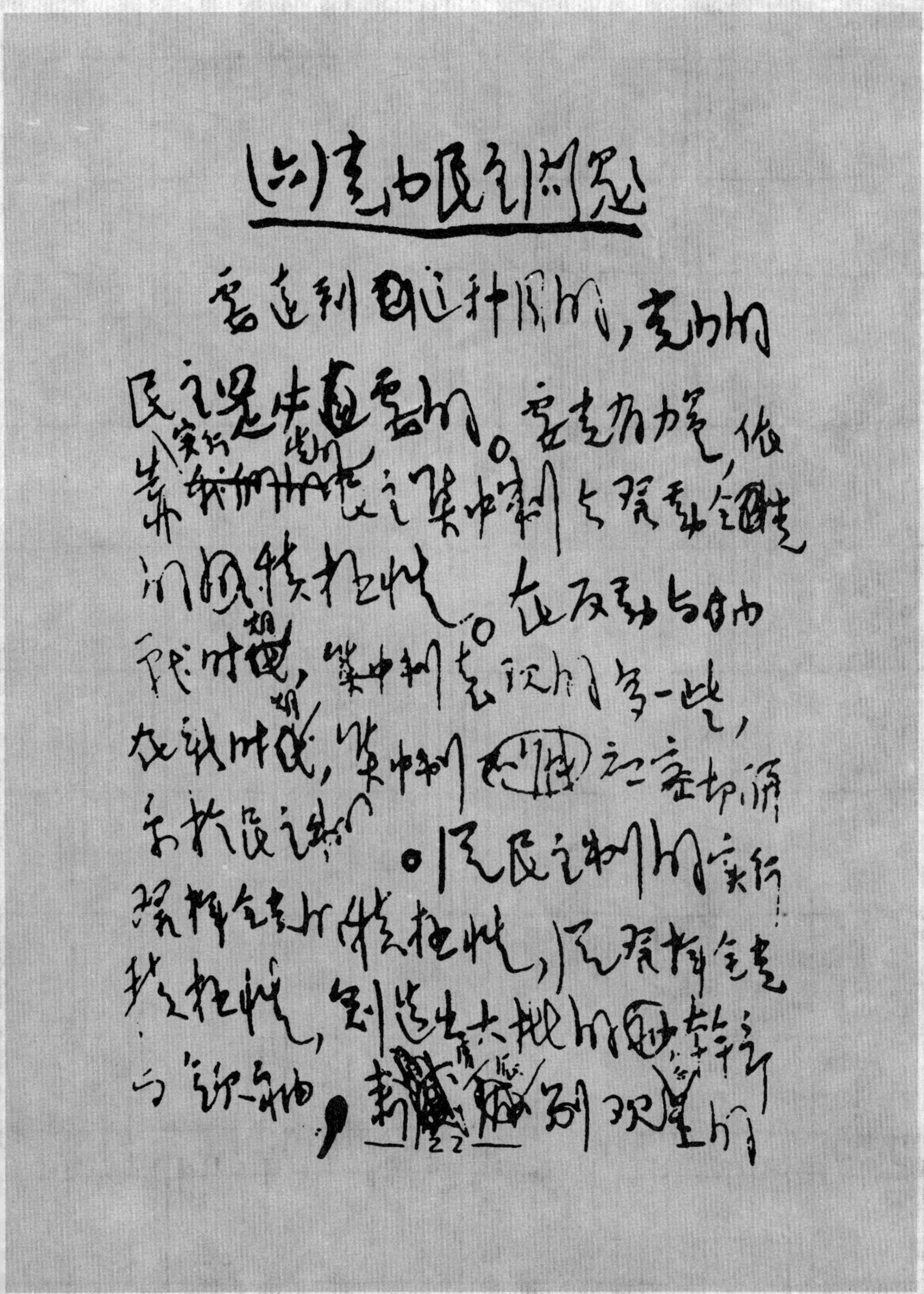

过全阶级与全民族的团结才能战胜敌人实现民族与民主革命的任务。

了任务，团结全党像钢铁一样。

（七）大会的团结与全党的团结

大会中政治问题上的不同意见已经经过讨论，我们已经取得一致了，个别同志过去的中央路线与党内路线的分歧也已经解决了，表示了我们的党已经团结得很坚固。这种团结是党领导民族与民主革命的最重要的基础，因为只有经过党的团结才能达到全阶级与全民族的团结，只有经把党的方针变为全体的方针，还须要我们长期坚持的，百折不挠的，艰苦卓绝的，耐心而不怕麻烦的努力，没有这一努力是一切都不成功的。抗日民族统一战线的组织，巩固及其发展，民主共和国的在中国的实现，丝毫也不能离开这一努力。如果经过这

（八）为争取千百万群众进入抗日统一战线而斗争

我们的统一战线的政治方针与组织的方针，唯一的是向着争取千百万群众进入抗日民族统一战线这个目的。无产阶级，农民，小资产阶级的广大群众有待于我们的宣传鼓动与组织的工作，资产阶级革命派的进入和我们的团结，也还待我们的进一步工作，

关于和平解决晋西事变致朱德等电

一九四〇年一月二十七日

万分火急

朱彭杨贺关聂彭：

（甲）薄一波、戎子和、续范亭、任雷民、宋劭文、张文昂、韩钧及各地牺盟民青应继续不断打电给阎梁杨痛陈王陈孙赵四人进攻新军破坏牺盟惨杀抗日人员的罪恶，并表示愿意和平解决山西内部问题，免为敌人利用，愿在阎领导［下］团结抗日决无他求，以示仁至义尽。（乙）此间已用肖劲光名义向阎提议调停并指明陈支队被攻，吕梁山八路兵站线被消灭，八路伤兵被惨杀，晋东南七县八路人员被惨杀者七十余人，引起八路深为不安，但八路愿意继续团结在阎领导下抗战，如阎愿意谈判则准备派人去谈。

毛、王　廿七日

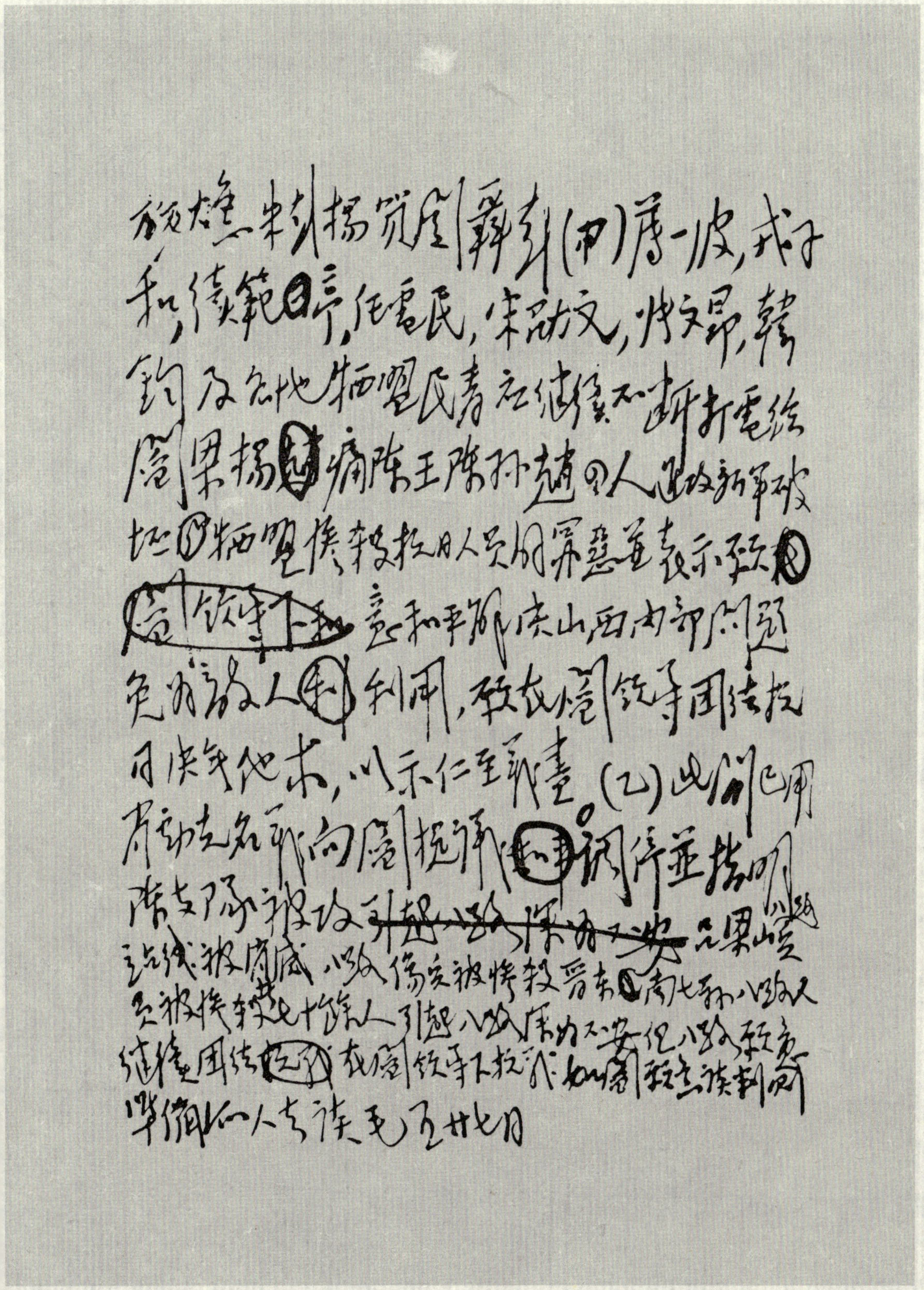

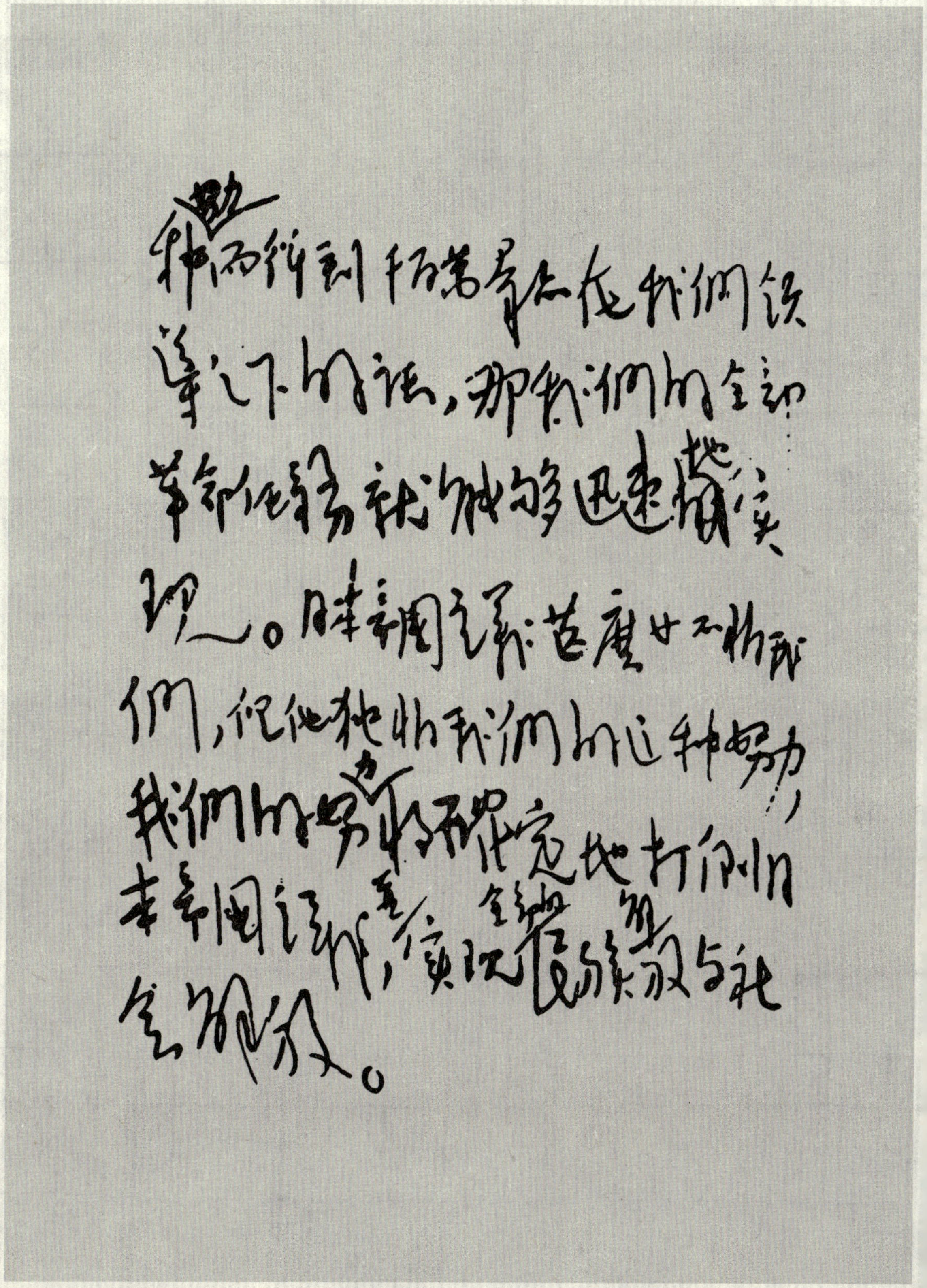

改造我们的学习

一九四一年五月十九日

这是去年五月我在延安干部会上的一个讲演，现按当时讲演提纲整理发表，以供同志们讨论。

我主张将我们全党的学习方法与学习制度改造一下。其理由如次：

（一）

中国共产党的二十年，就是马列主义的普遍真理与中国革命的具体实践日益互相结合的二十年。如果我们回想一下，我党在幼年时期，我们对于马列主义的认识与对于中国革命的认识是何等肤浅、何等贫乏，则现在我们是深刻得多，丰富得多了。灾难深重的中华民族，一百年来，其优秀人物奋斗牺牲，前仆后继，摸索救国救民的真理，是可歌可泣的。但是直到第一次世界大战与俄国十月革命之后，才找到马克思主义与列宁主义这个最好的真理，作为解放我们民族的最好武器，而中国共产党则是拿起这个武器的倡导者、宣传者与组织者。马列主义的普遍真理一经与中国革命的具体实践相结合，就使中国革命的面目为之一新。抗战以来，我党根据马、恩、列、斯的普遍真理研究抗战的具体实践，研究今天的中国与世界，是进一步

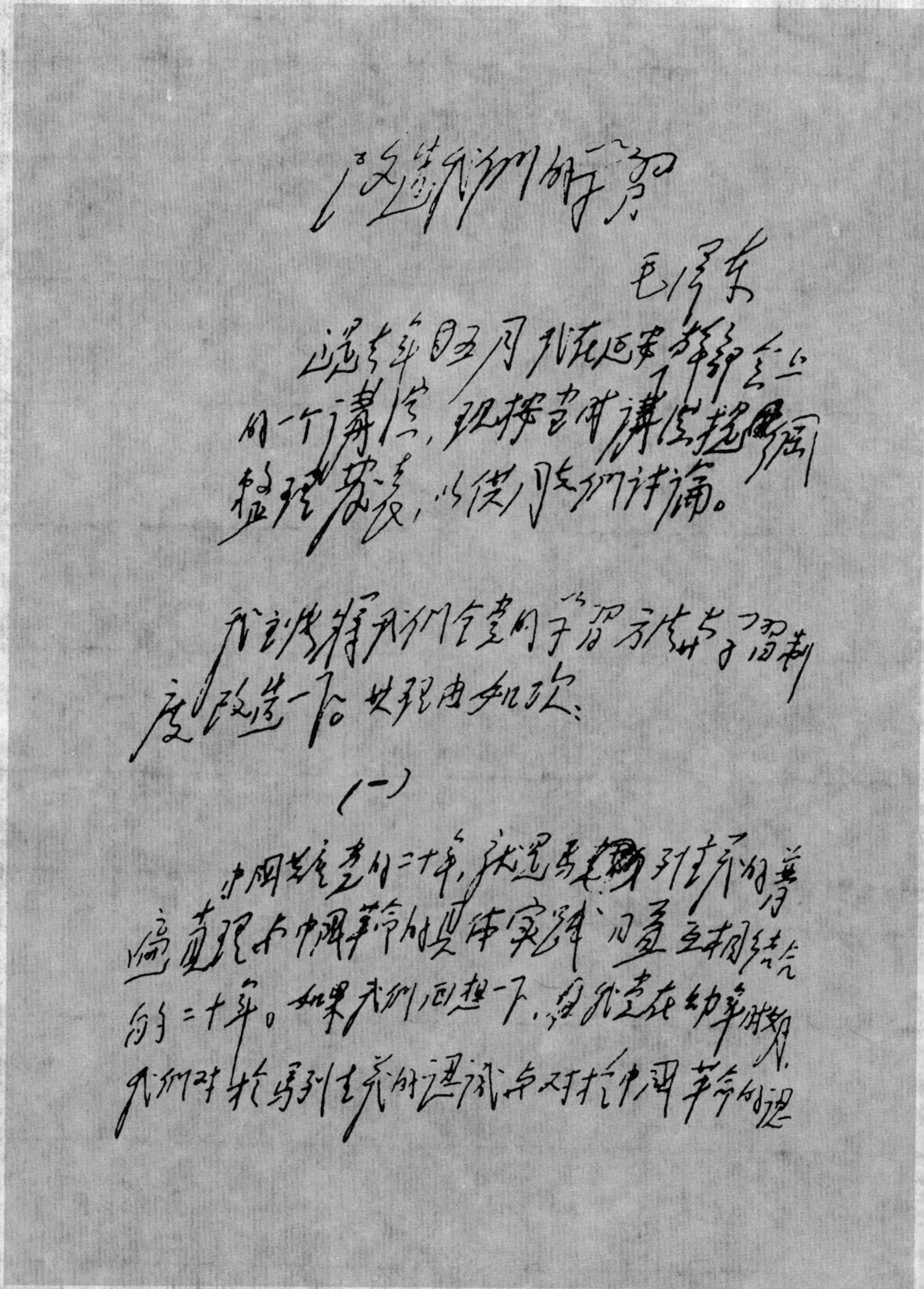

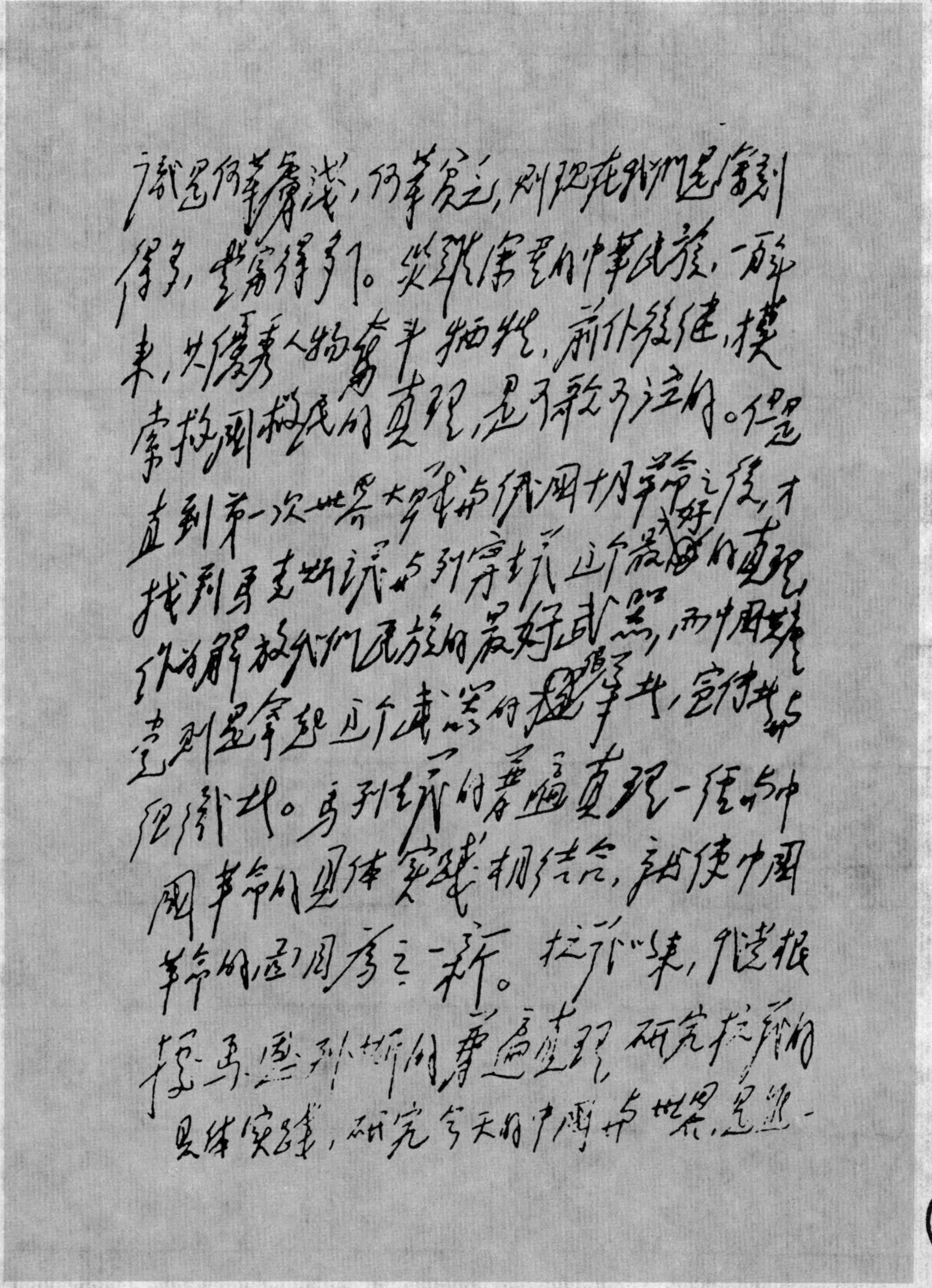

了，研究昨天与前天的中国也有某些开始。所有这些都是很好的现象。

（二）

但是我们还是有缺点的，而且还有很大的缺点。在我看来，如果不纠正这类缺点，就无法使我们的工作更进一步，就无法使我们在将马恩列斯的普遍真理与中国革命的具体实践互相结合的伟大事业中更进一步。

首先来说研究现状。像我党这样一个大政党，虽则对于国内国际现状的研究有了某些成绩，但对于国内国际的各方面，对于国内国际政治、军事、经济、文化的任何一方面，我

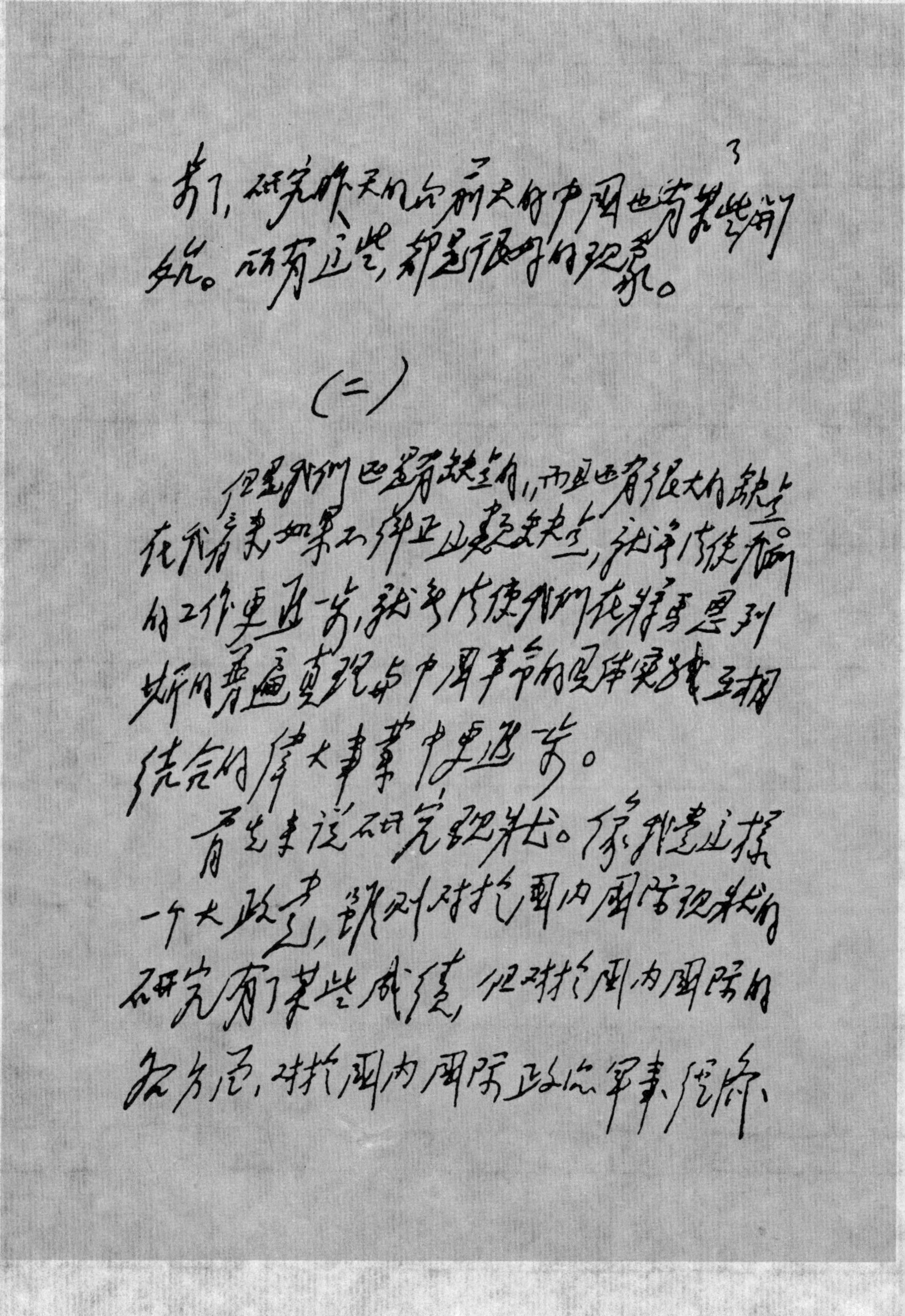

们所收集的材料还是零碎的，我们的研究工作还是没有系统的。二十年来，一般地说，我们并没有对于上述各方面作过收集材料与着重研究的系统的周密的工作，缺乏调查研究客观实际状况的浓厚空气。『闭塞眼睛捉麻雀』，『瞎子摸鱼』，粗枝大叶，夸夸其谈，满足于一知半解，这种极坏的作风，这种完全违反马列主义基本精神的作风，还在我党许多同志中继续存在着。马恩列斯教导我们认真的研究情况，从客观的真实的情况出发，而不是从主观愿望出发，我们的许多同志却直接违反这一真理。

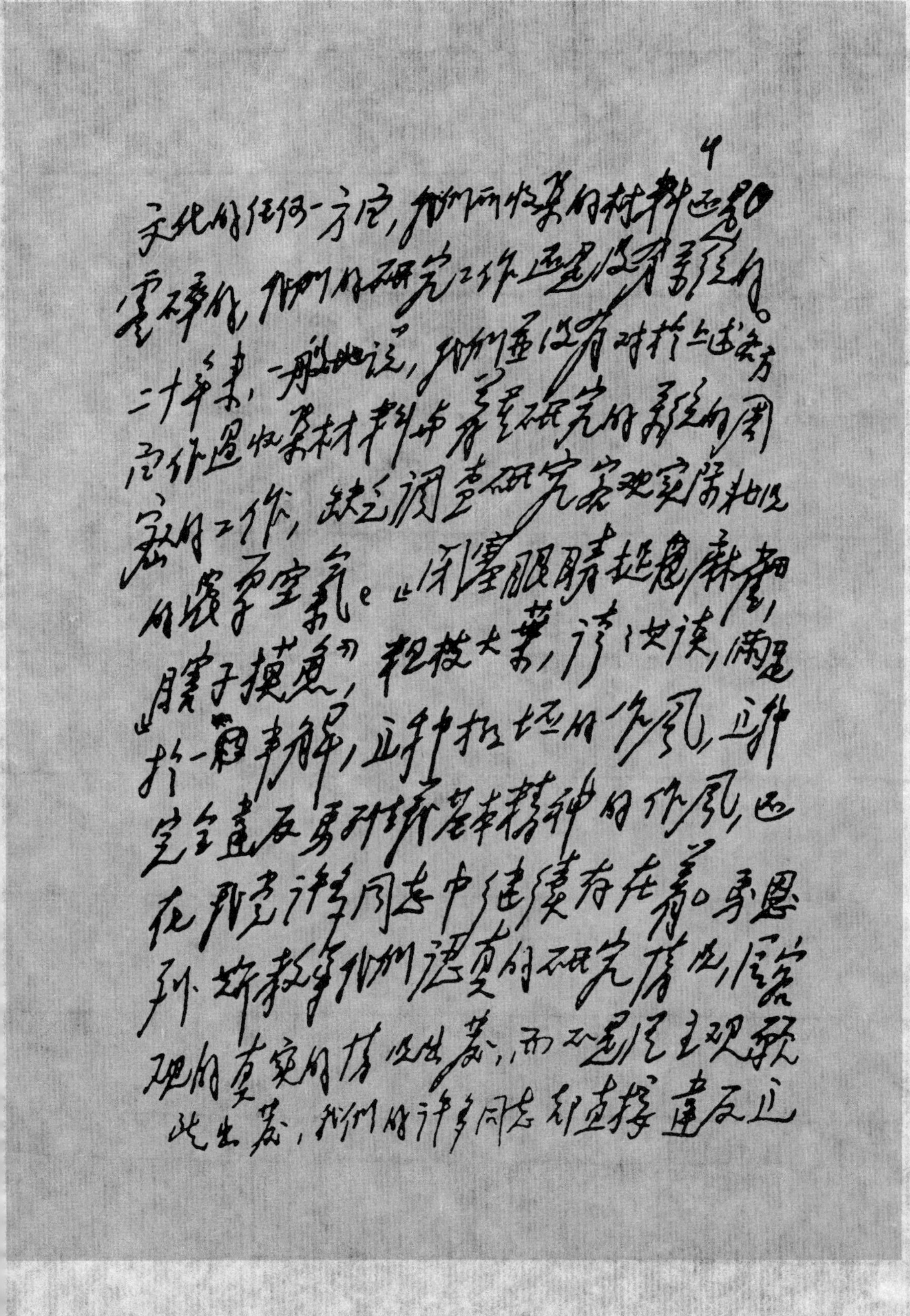

其次来说研究历史。虽则有少数党员与少数同情者曾经进行了这一工作，但一般是不曾有组织地进行过。不论是近百年的（昨天的）与古代的（前天的）中国史，在许多党员的心目中还是漆黑一团。许多马列主义的学者也是言必称希腊，只会记诵马、恩、列、斯的成语，对于自己的祖宗，则对不住，忘记了。认真研究现状的空气是不浓厚的，认真研究历史的空气也是不浓厚的。

其次说到学习国际革命经验，说到学习马、恩、列、斯的普遍真理。许多同志似乎是为了马、恩、列、斯，并不是为了中国革命的实践。所以学的虽多，消化不了；引证马、恩、列、斯的成语是很会的，运用马、恩、列、斯的立场与方法，具体地研究中国现状与中国历史，具体地分析中国革命问题与解决中国革命问题则是不会的。这种对待马列主义的态度是非常有害的，特别是对于中级以上干部及青年学生，害处很大。

上面我说了三方面的情形：不注重研究现状，不注重研究历史，不注重马列主义的应用，这些都是极坏的作风。这种作风传播出去，害了我们许多的同志。

确实的，现在我们

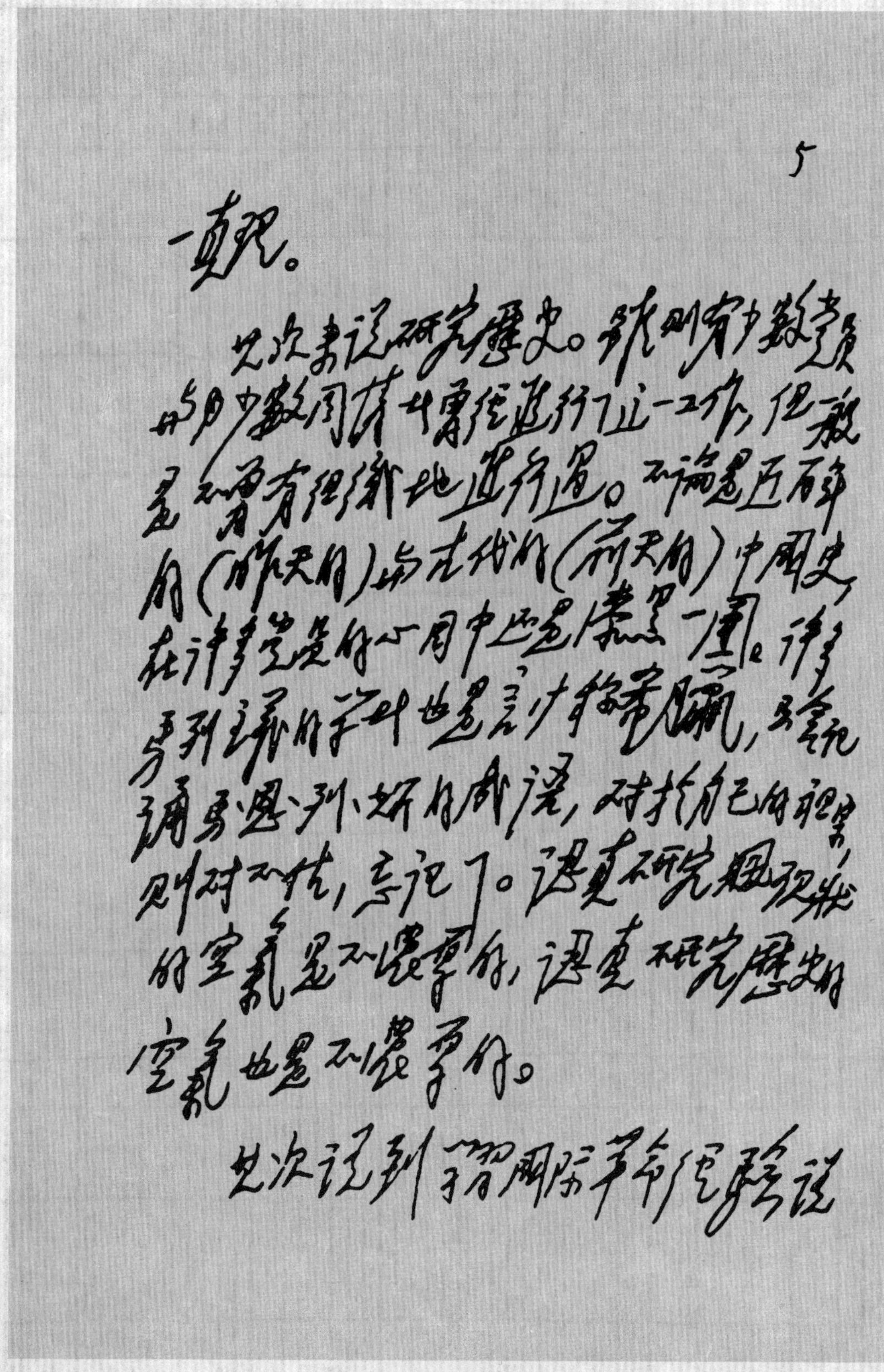
5
一真理。
其次来说研究历史。虽则有少数党员与少数同情者曾经进行了这一工作，但一般是不曾有组织地进行过。不论是近百年的（昨天的）与古代的（前天的）中国史，在许多党员的心目中还是漆黑一团。许多马列主义的学者也是言必称希腊，只会记诵马恩列斯的成语，对于自己的祖宗，则对不住，忘记了。认真研究现状的空气是不浓厚的，认真研究历史的空气也是不浓厚的。
其次说到学习国际革命经验，说

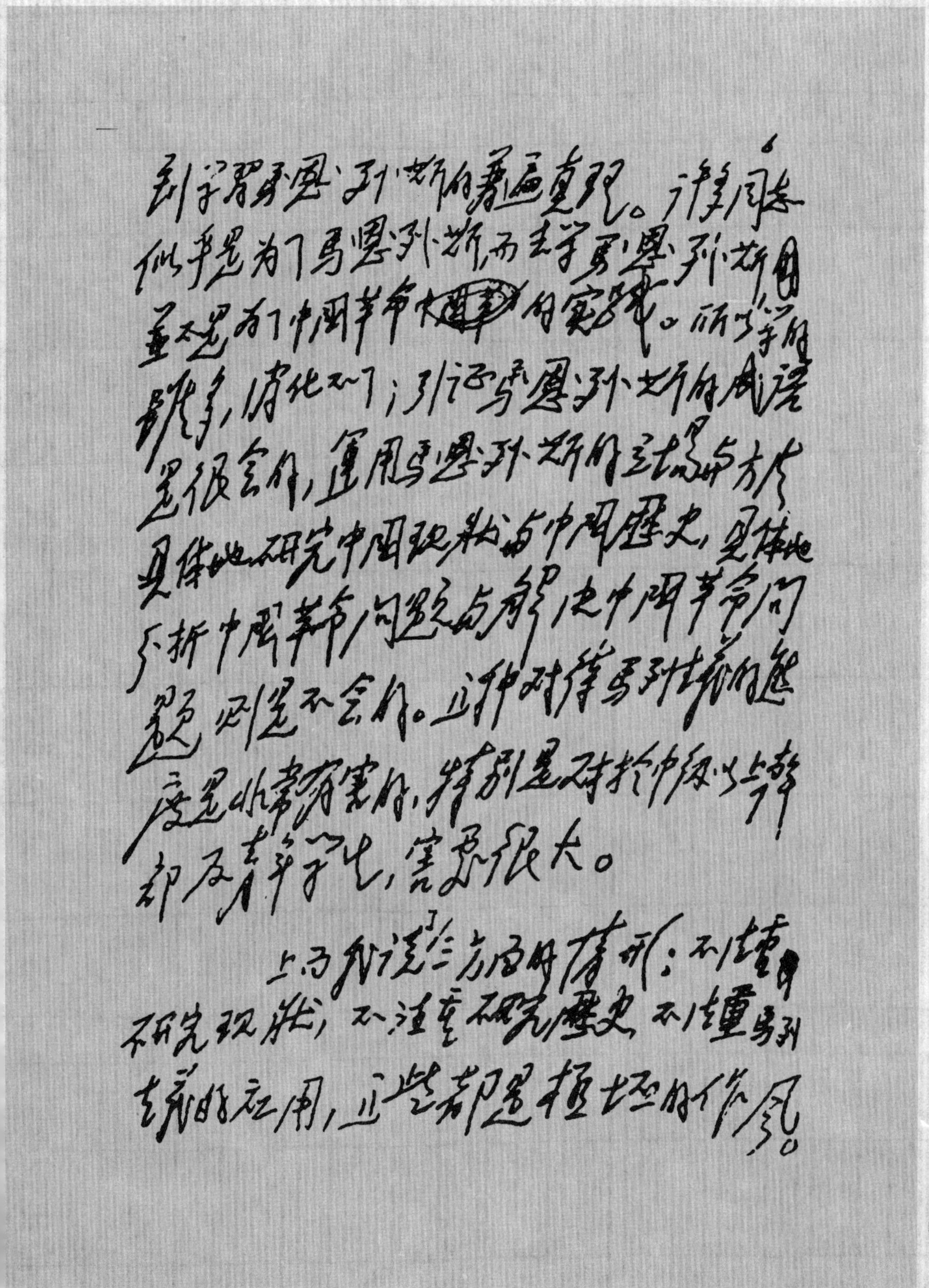
6
到学习马恩列斯的普遍真理。许多同志似乎是为了马恩列斯而去学习马恩列斯，并不是为了中国革命的实践。所以学的虽多，消化不了；引证马恩列斯的成语是很会的，运用马恩列斯的立场与方法具体地研究中国现状与中国历史，具体地分析中国革命问题与解决中国革命问题则是不会的。这种对待马列主义的态度是非常有害的，特别是对于中级以上干部及青年学生，害处很大。
上面我说了三方面的情形：不懂研究现状，不注重研究历史，不懂马列主义的应用，这些都是极坏的作风。

队伍中确有许多同志被这种作风带坏了，他们对于国内外省内外县内外区内外的具体情况，不愿作系统的周密的调查研究，仅仅根据一知半解，根据『想当然』，就在那里发号施令，这种主观主义的作风，不是还在许多同志中间存在吗？

对于自己的历史一点不懂，或懂得甚少，不以为耻，反以为荣。特别重要的中国共产党的历史与鸦片战争以来的中国近百年史，真正懂得的很少。近百年的经济史，近百年的政治史，近百年的军事史，近百年的文化史，简直还没有人认真动手去研究。有些人对于自己的东西既无知识，于是剩下了希腊及外国故事（限于故事）；也是可怜得很，从外国故纸堆中抽象地搬来的。几十年来，很多留学生都犯过这种毛病，他们从欧美日本回来，只知生吞活剥地搬外国，他们起了留声机作用，忘记了自己创造新鲜事物的责任，这种毛病也传染了共产党。

我们学的是马、恩、列、斯。但是我们中的许多人，他们学马、恩、列、斯的方法则是直接违反马、恩、列、斯的。这就是说，他们违背了马、恩、列、斯所谆谆告诫人们的一条基本原则：理论与实际统一。他们

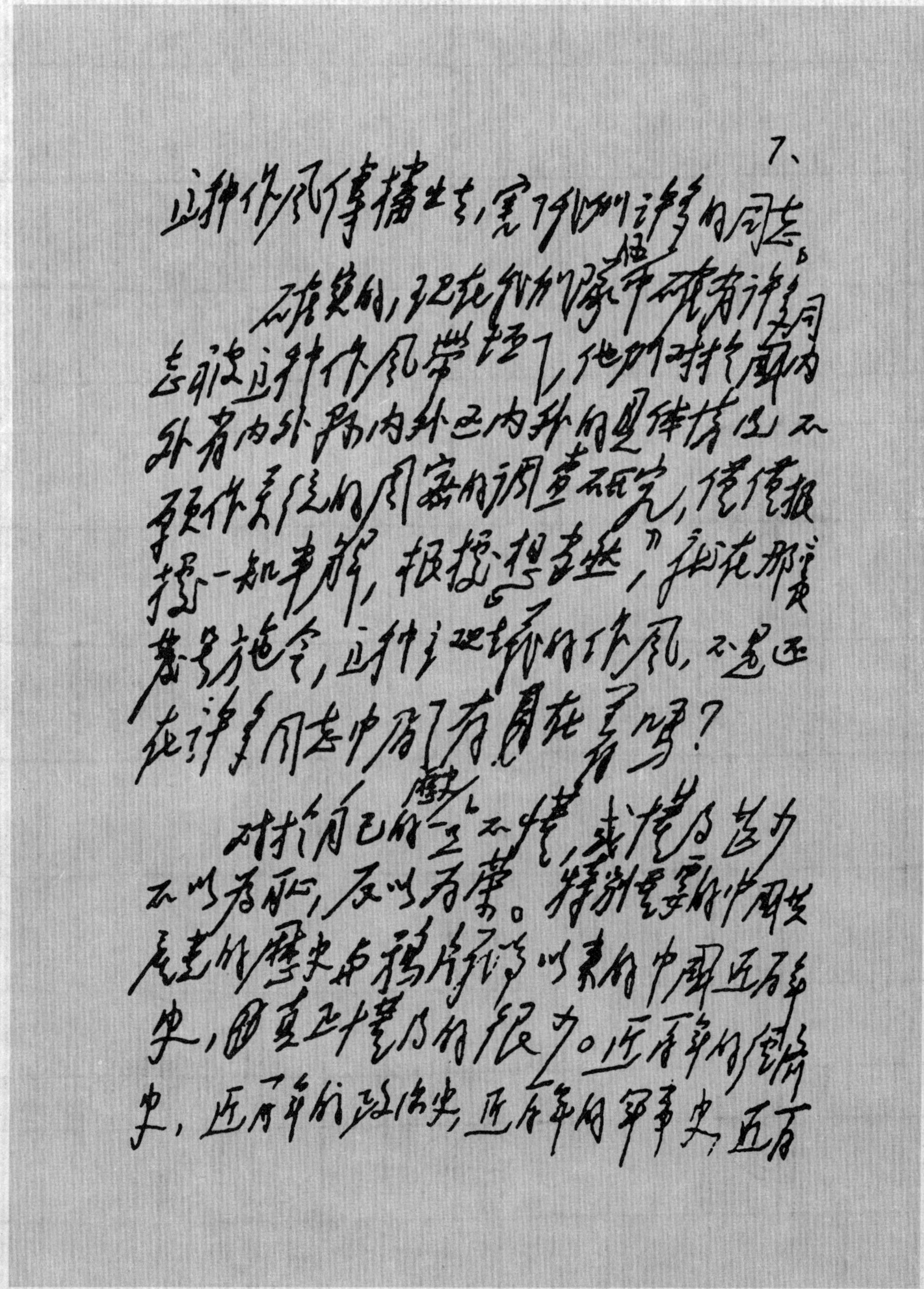
7、
这种作风传播出去，害了我们许多的同志。确实的，现在我们队伍中确有许多同志被这种作风带坏了，他们对于国内外省内外县内外区内外的具体情况，不愿作系统的周密的调查研究，仅仅根据一知半解，根据"想当然"，就在那里发号施令，这种主观主义的作风，不是还在许多同志中间存在着吗？
对于自己的历史一点不懂，或懂得甚少，不以为耻，反以为荣。特别重要的中国共产党的历史与鸦片战争以来的中国近百年史，真正懂得的很少。近百年的经济史，近百年的政治史，近百年的军事史，近百

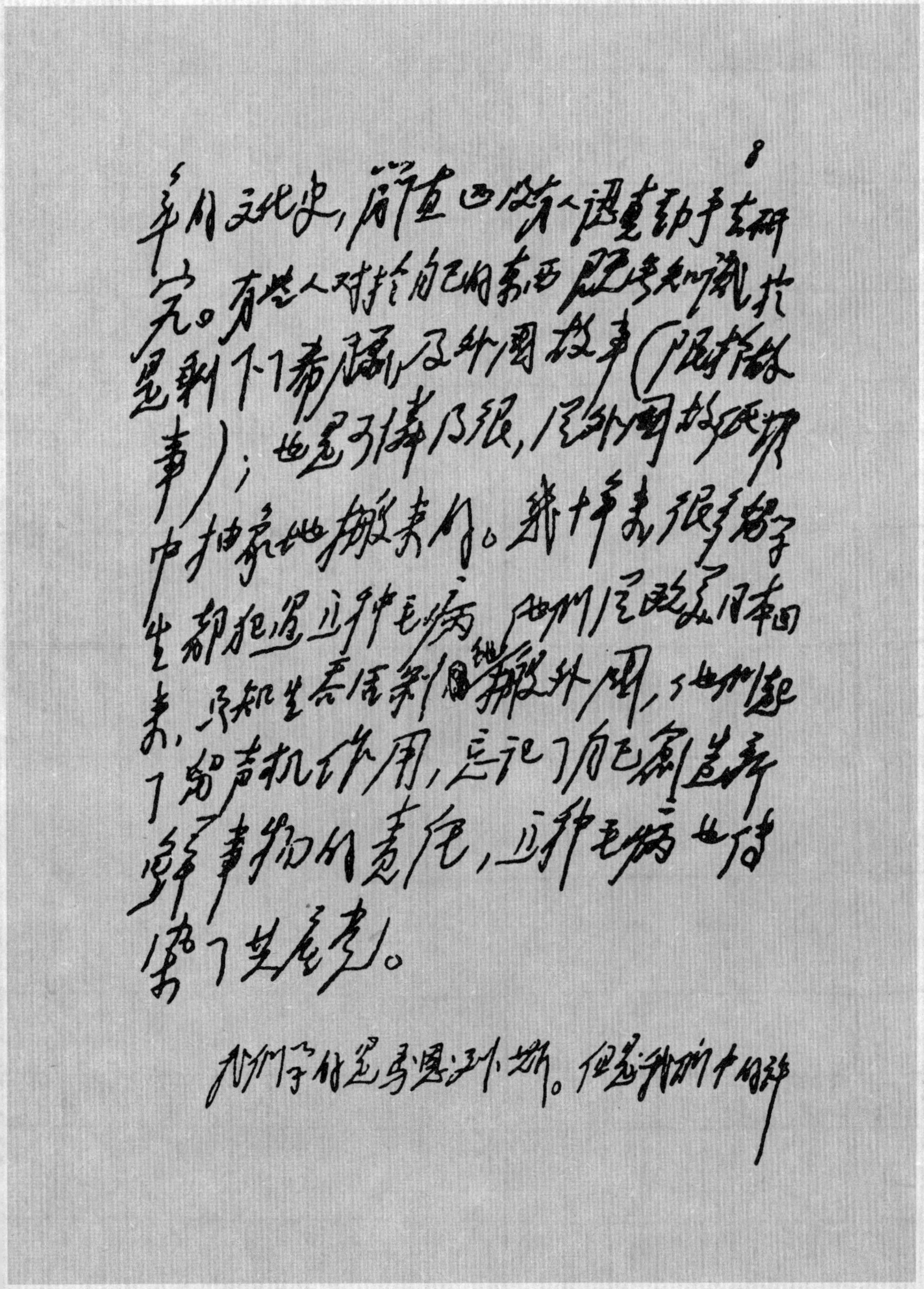
8
年的文化史，简直还没有人认真动手去研究。有些人对于自己的东西既无知识，于是剩下了希腊及外国故事（限于故事）；也是可怜得很，从外国故纸堆中抽象地搬来的。几十年来，很多留学生都犯过这种毛病，他们从欧美日本回来，只知生吞活剥地搬外国，他们起了留声机作用，忘记了自己创造新鲜事物的责任，这种毛病也传染了共产党。
我们学的是马恩列斯。但是我们中的许多

既然违背了马恩列斯的这条原则，于是他们自己就造出了一条相反的原则：理论与实际分离。在学校教育中，在在职干部教育中，教哲学的不引导学生研究中国革命的逻辑，教经济学的不引导学生研究中国经济的特点，教政治学的不引导学生研究中国革命的策略，教军事学的不引导学生研究中国军事的特点，诸如此类。其结果，谬种流传，误人子弟。在延安学了，到郡县就不能应用。经济学教授不能解释边币法币，当然学生也不能解释。十七八岁的娃娃，教他们啃《资本论》，啃《反杜林论》。这样来，就在许

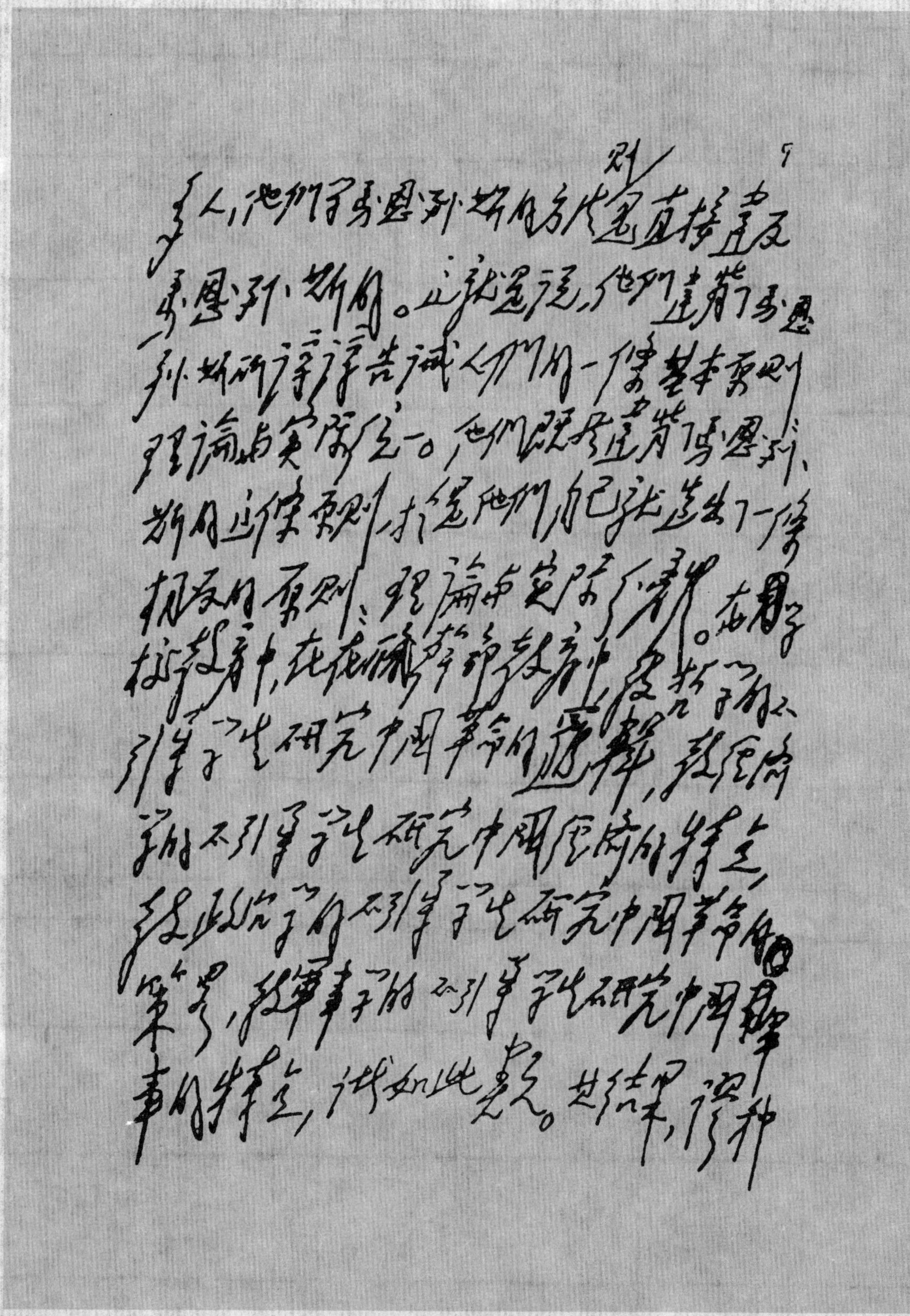

多学生中造成了一种反常心理，对中国问题反而无兴趣，对党的指示反而不重视，他们一心向往的，就是他们从先生那里学来的据说是万古不变的教条。

当然，上面我所说的是极坏的典型，不是说普遍如此，但是确实存在这种典型，而且是相当的多，害人相当的大，不可等闲视之的。

（三）

为了反复说明这个意思，我想将两种互相对立的态度对照地讲一下。

第一种：主观主义的态度。

在这种态度下，就是对周围环境不作系统的周密的研究，单凭主

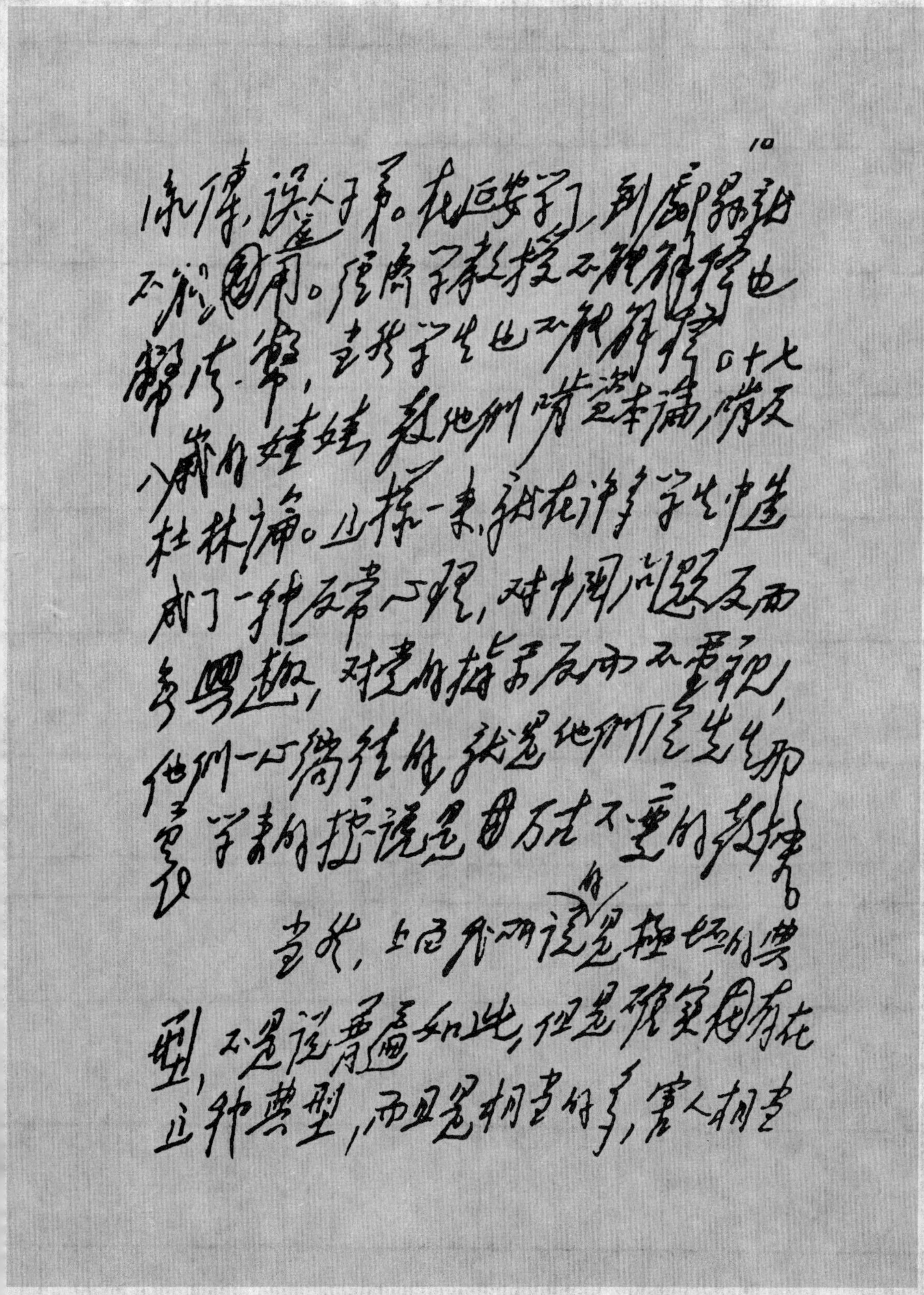

观热情去工作，对于中国今天的面目若明若暗。在这种态度下，就是割断历史，只懂得希腊，不懂得中国，对于中国昨天前天的面目漆黑一团。在这种态度下，就是抽象地无目的地去研究马、恩、列、斯的理论，不问它与中国革命有什么联系，不是为着要解决中国革命的理论问题策略问题而到马、恩、列、斯那里找立场找方法，而是为理论而理论，为马列而马列。不是有的放矢，而是无的放矢。马、恩、列、斯教导我们说：从客观存在着的实际事物出发，从其中引出规律，作为我们行动的基础。为此目的，就要详细占有材料，加以科学的分析及综合的研究。我们许多人却相反，不去这样做。其中许多人是做研究工作的，但他们对于研究今天的中国与昨天的中国一概无兴趣，只把兴趣放在现成的书本上。许多人是做实际工作的，他们也不注意客观情况的研究，往往单凭热情，把感情当政策。这两种人都凭主观，忽视客观。或作讲演，则甲乙丙丁、一二三四的一大串。或作文章，则夸夸其谈的一大篇。无实事求是之意，有哗众取宠之心。华而不实，脆而不坚，自以为是，老子天下第一，钦差大臣满天飞。这就是我们队

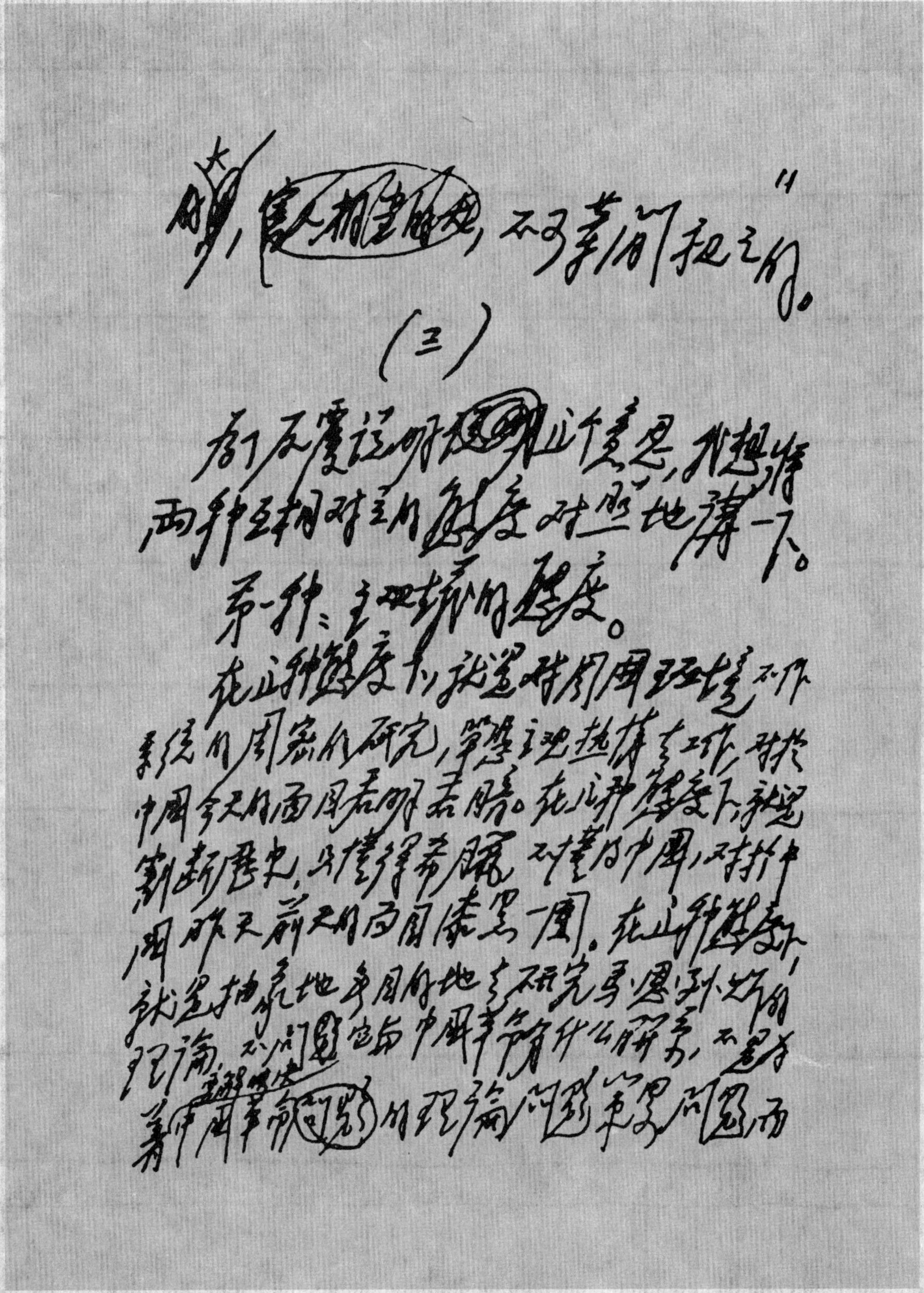

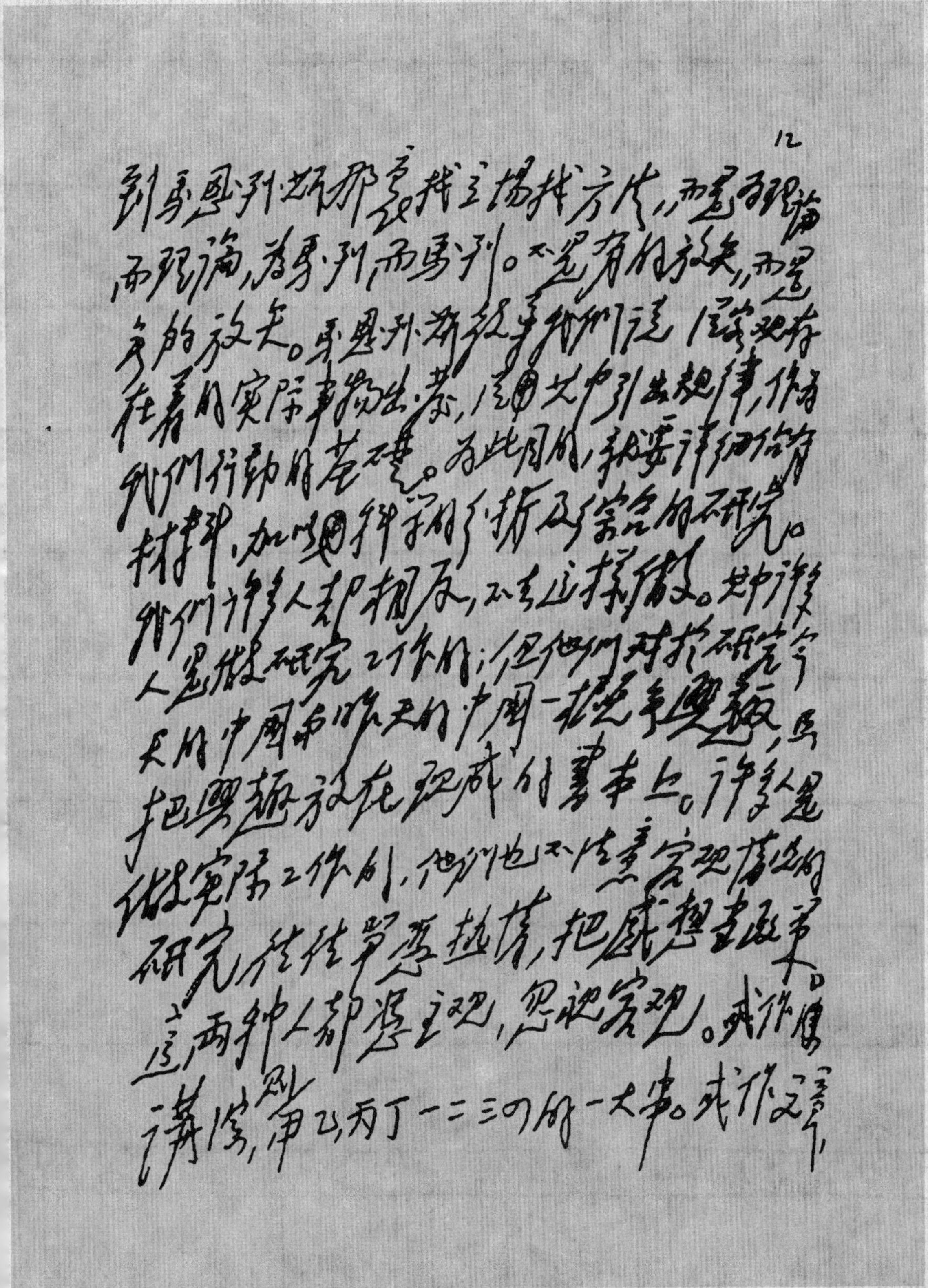

伍中若干同志的作风。这种作风，拿了律己，则害了自己。拿了教人，则害了别人。拿了指导革命，则害了革命。总之，这种反科学的反马克斯〔思〕主义的主观主义的方法论是共产党的大敌，是无产阶级的大敌，是人民的大敌，是民族的大敌，是党性不纯的表现。大敌当前，我们有打倒它之必要。只有打倒了主观主义，真理才会抬头，革命才会胜利，党性才会巩固。没有科学态度或没有完全的科学态度，即是说，没有或不完全有马克斯〔思〕主义的理论与实践统一的态度，就叫做没有党性，或叫做党性不完

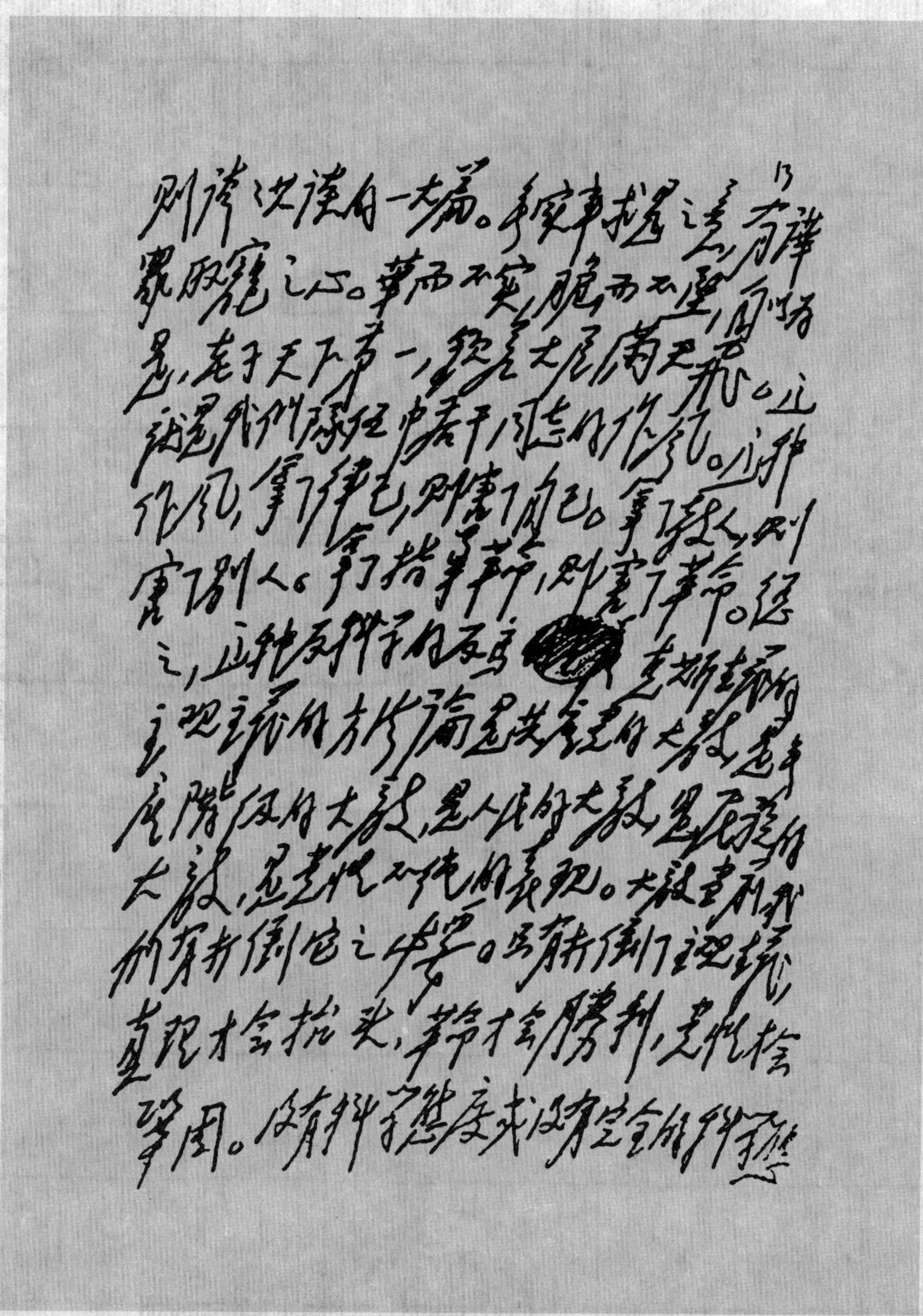

全。

有一首对子，是替这种人画像的。那对子说：

『墙上芦苇，头重脚轻根底浅；山间竹笋，嘴尖皮厚腹中空』

对于没有科学态度的人，对于只知背诵教条的人，对于徒有虚名并无实学的人，对于向马列主义开玩笑的人，你们看，像不像？如果有人真正想诊治自己毛病的话，我劝他把这首对子记下来，或者勇敢一点，把它贴在自己房子里的墙壁上。马列主义是科学，科学是老老实实的学问，任何一点调皮都是不行的，我们还是老实一点罢！

第二种：马列主义

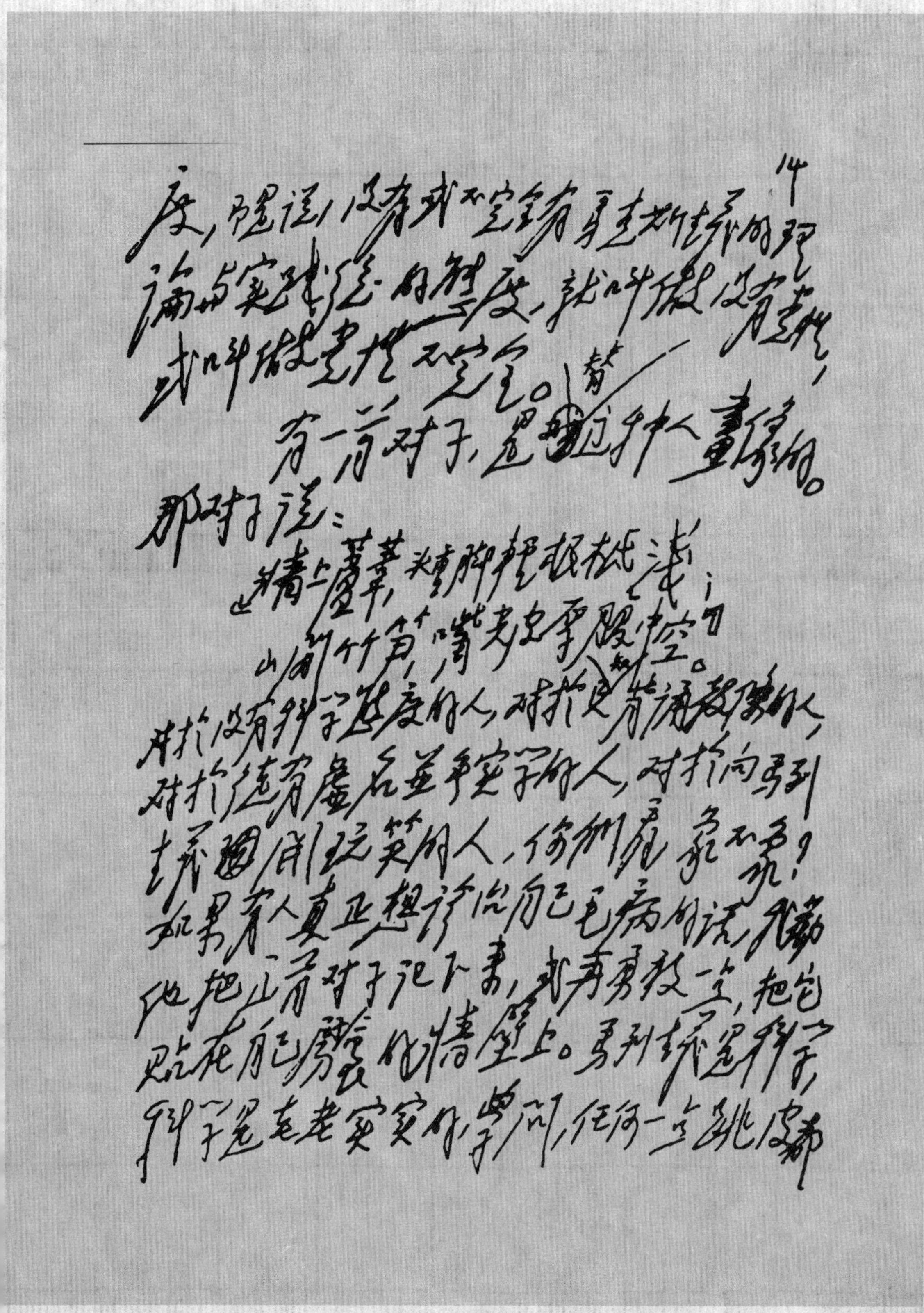

的态度，即辩证唯物论与历史唯物论的态度。

在这种态度下，就是对周围环境作系统的周密的调查研究，不是单凭热情去工作，而是把革命热情与实际精神结合起来。在这种态度下，就是不要割断历史，不单是懂得希腊，而且要懂得中国；不但要懂得外国革命史，还要懂得中国革命史；不但要懂得今天，还要懂得昨天与前天。在这种态度下，就是要有目的地去研究马列主义，要使它与中国革命的实际运动结合起来，是为着解决中国革命的理论问题与策略问题，而去从它找方法的。这种态度，就是『有的放

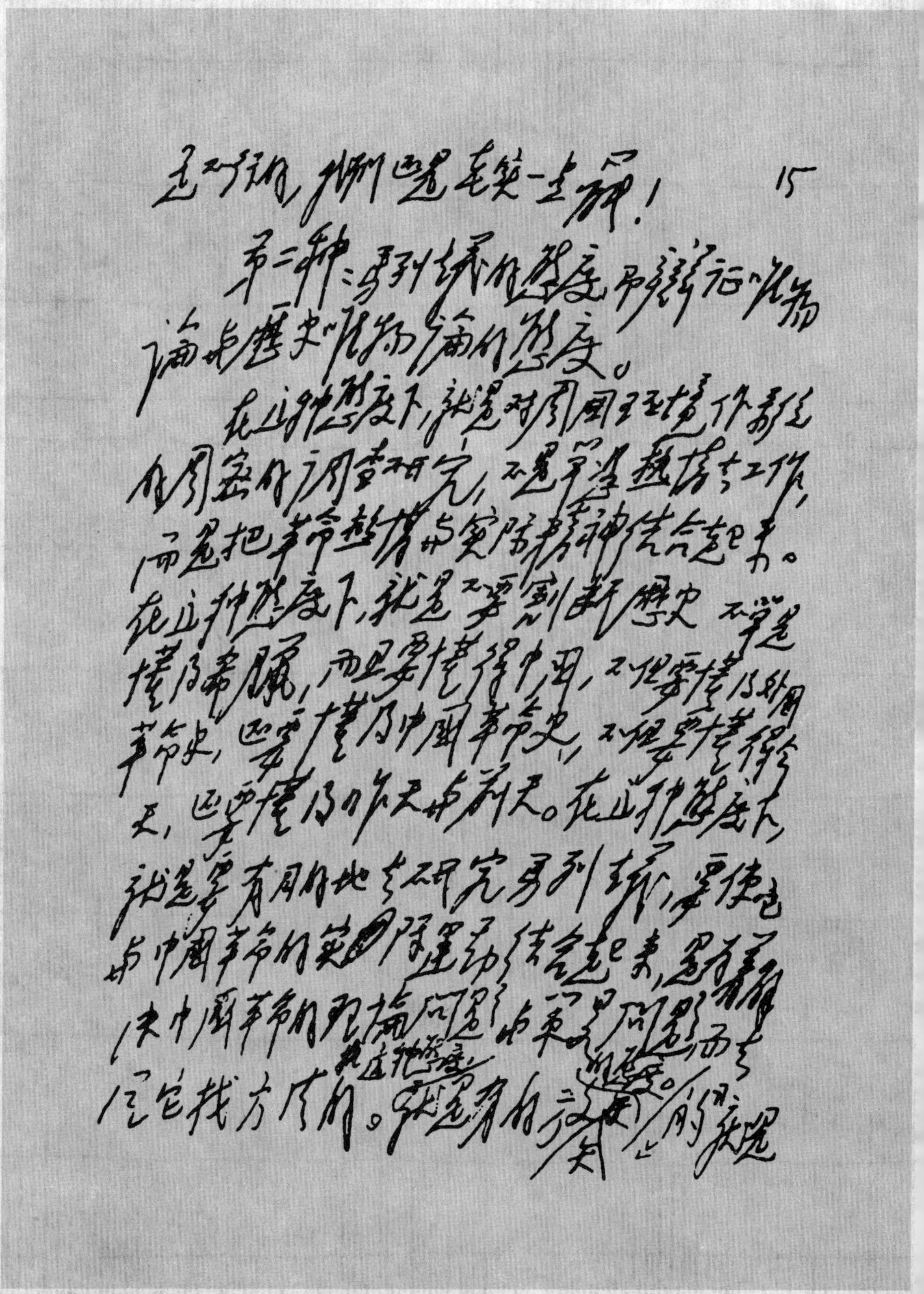

矢』的态度。『的』就是中国革命，『矢』就是马列主义。我们中国共产党人之所以找这根『矢』，不是为了别的，是专门为了要射中国革命与东方革命这个『的』的。否则这个『矢』就不过是一个徒供玩好的古董，一点什么用处也没有。这种态度，就是实事求是的态度，『实事』就是客观存在着的一切事物，『是』就是客观事物的内部联系即规律性，『求』就是我们去研究。我们要从国内外省内外县内外区内外的实际情况出发，从其中引出其固有的而不是臆造的规律性，即找出周围事变的内部联系，作

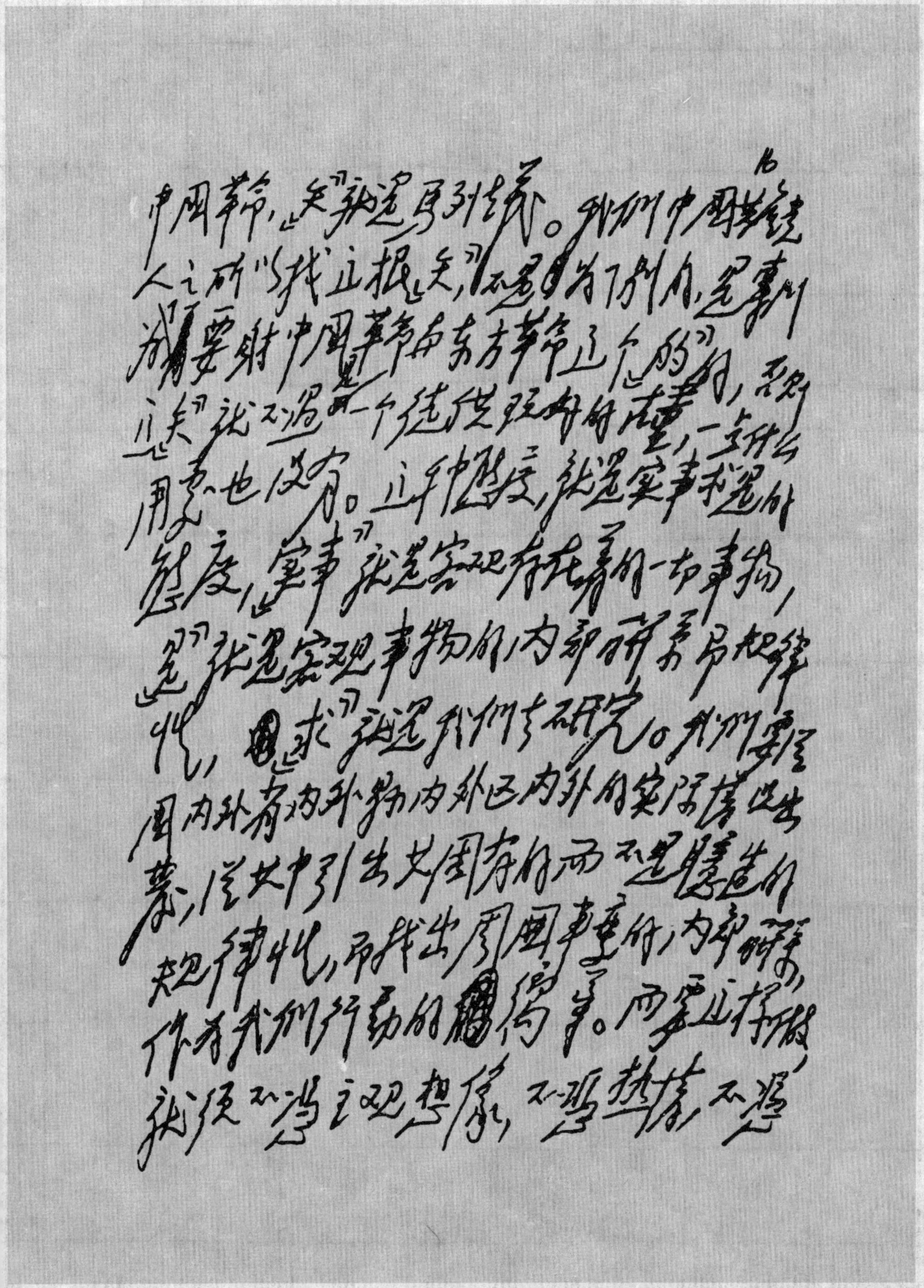

为我们行动的向导。而要这样做，就须不凭主观想像，不凭热情，不凭书本，而凭客观存在的事实，『详细占有材料』，从这些事实中材料中引出正确的结论。这种结论，不是甲乙丙丁的现象排列，也不是夸夸其谈的滥调文章，而是科学的结论。这种态度，有实事求是之意，无哗众取宠之心。这种态度，就是党性，就是理论与实际统一的马列主义作风，就是一个共产党员起码应该具备的态度。如果有了这种态度，那就既不是『头重脚轻根底浅』，也不是『嘴尖皮厚腹中空』了。

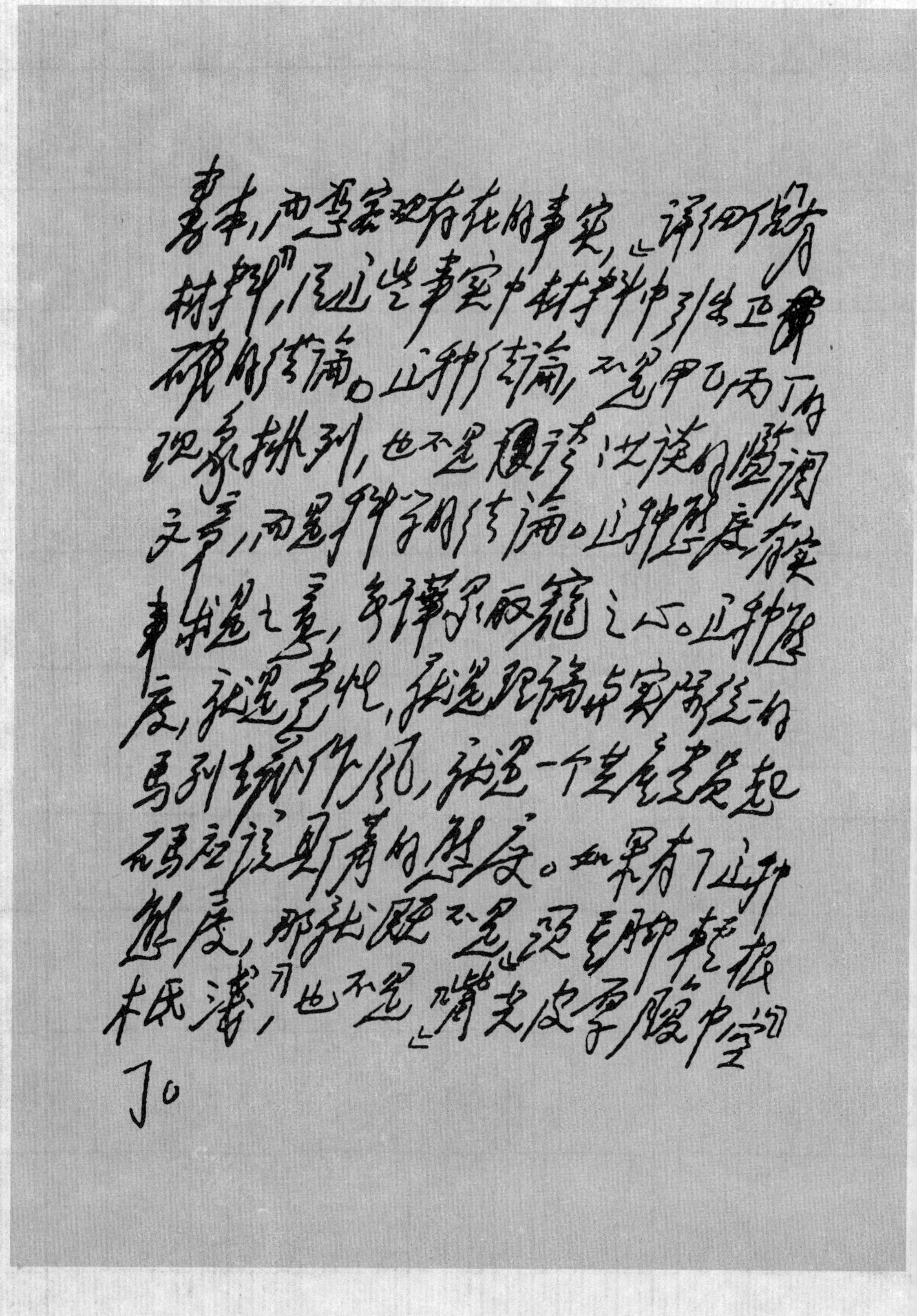

（四）

依据上述意见，我有下列提议：

（1）向全党提出系统地周密地研究周围环境的任务。依据历史唯物论的方法，对敌友我三方的经济、财政、政治、军事、文化、党务各方面的动态进行详细的调查研究工作，然后引出应有的与必要的结论。为此目的，就要引导同志们的眼光向着这种实际事物的调查研究上去。就要使同志们懂得，共产党员及其领导机关的基本任务，就在于了解情况与掌握政策两件大事。前一件事就是所谓认识世界，后一件事就是所谓改造世界。就要使同志们懂得，没有调查就没有发

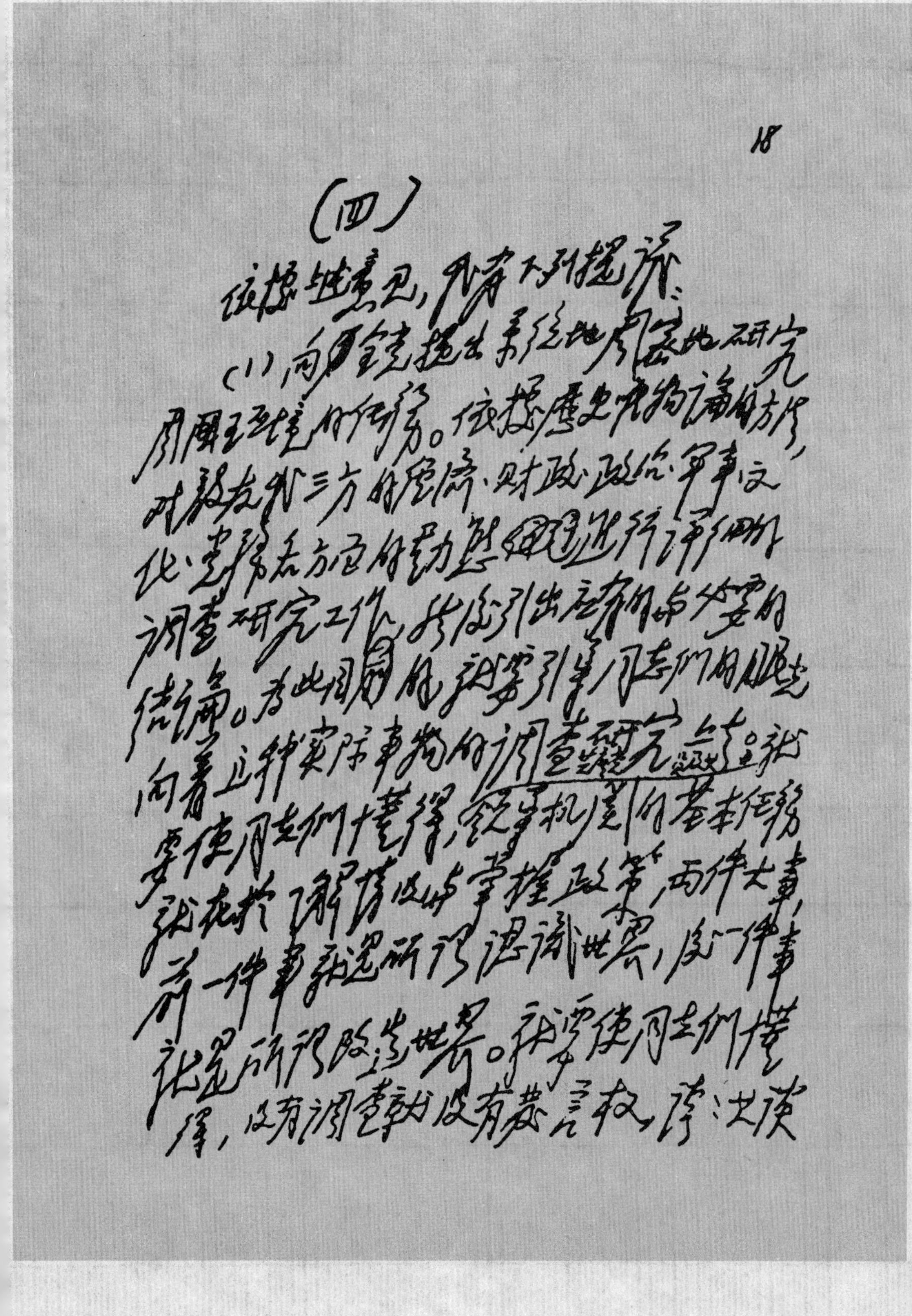

言权，夸夸其谈的乱说一顿与一二三四的现象罗列，都是无用的。例如关于宣传工作，如果不了解敌友我三方的宣传状况，我们就无法正确地决定我们的宣传政策。任何一个部门的工作，都必须先有情况了解，然后才有好的处理。在全党推行调查研究的政策，是转变党的作风的基础一环。

（2）对于近百年的中国史，应聚集人材，分工合作地去做，废除无组织状态。应先作经济史、政治史、军事史、文化史几个部门的分析研究，然后才有可能作综合研究。

（3）对于在职干部教育与学校干部教

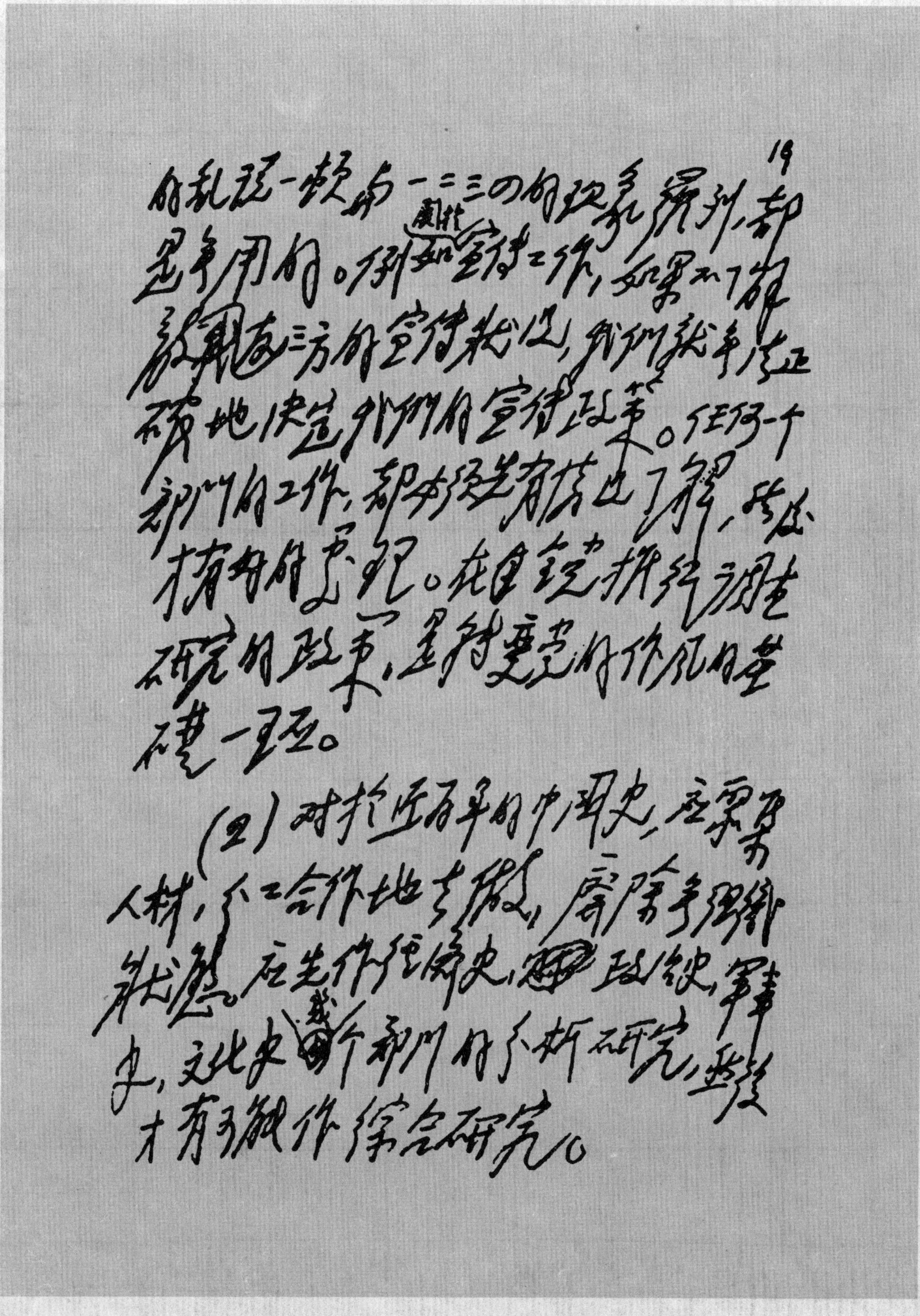

育，应以研究中国革命实际问题为中心，由此出发去研究马列主义，废除静止地孤立地研究马列主义的方法。研究马列主义，又应以联共党史为中心材料，其他一切为辅助材料。联共党史是一百年来全世界共产主义运动的最高的综合与总结，是理论与实际结合的典型，在全世界上还只有这个完全的典型。我们看到列宁斯大林他们是如何把马克思主义的普遍真理与苏联革命的具体实践互相结合，又从而发展马克思主义的，就可知道我们在中国是应该如何工作的了。

我们走过许多错路，但错误常常是正确

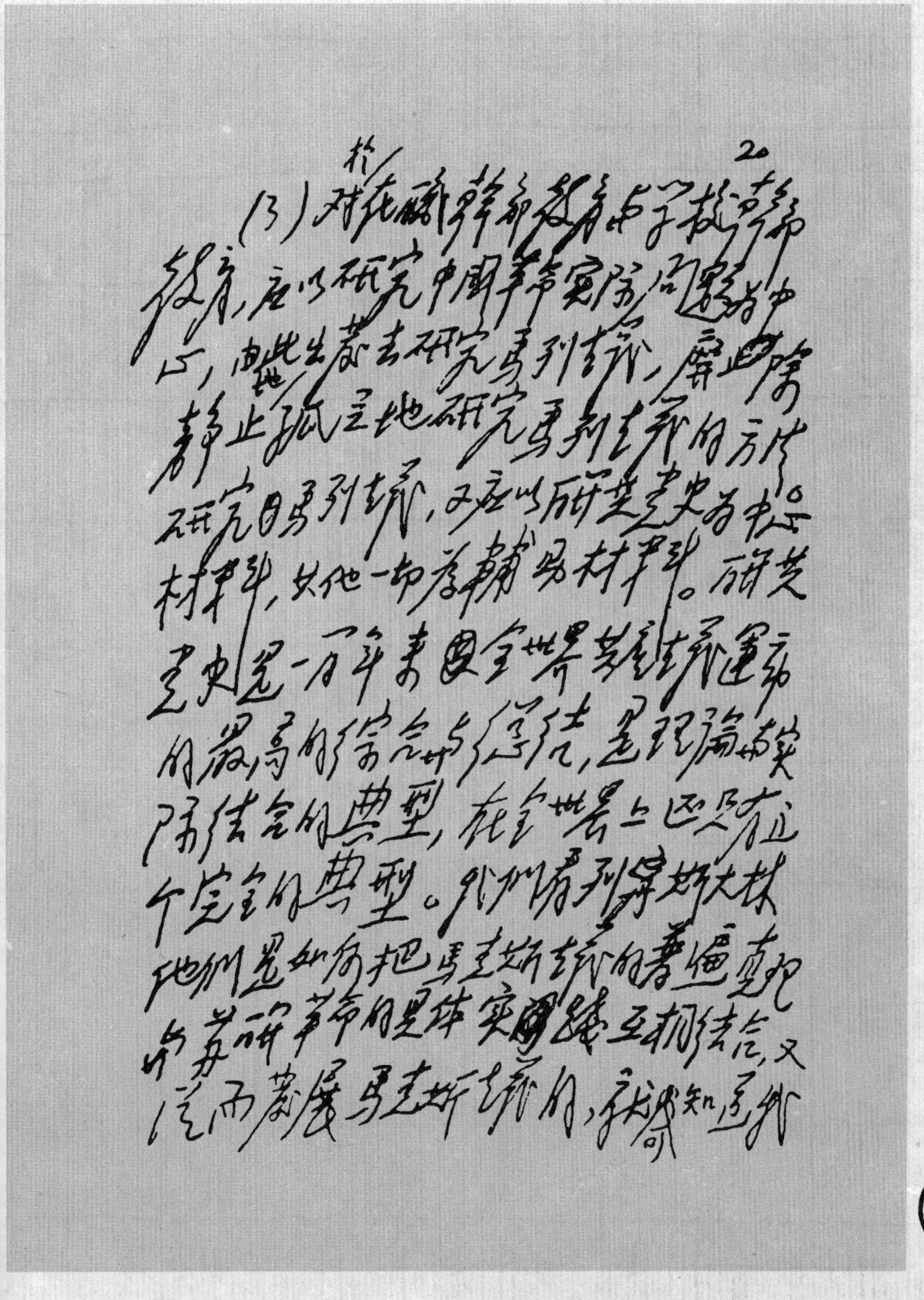

的先导。在如此生动丰富的中国革命环境与世界革命环境中，我们这一学习问题上的改造，相信一定会有好的结果的。

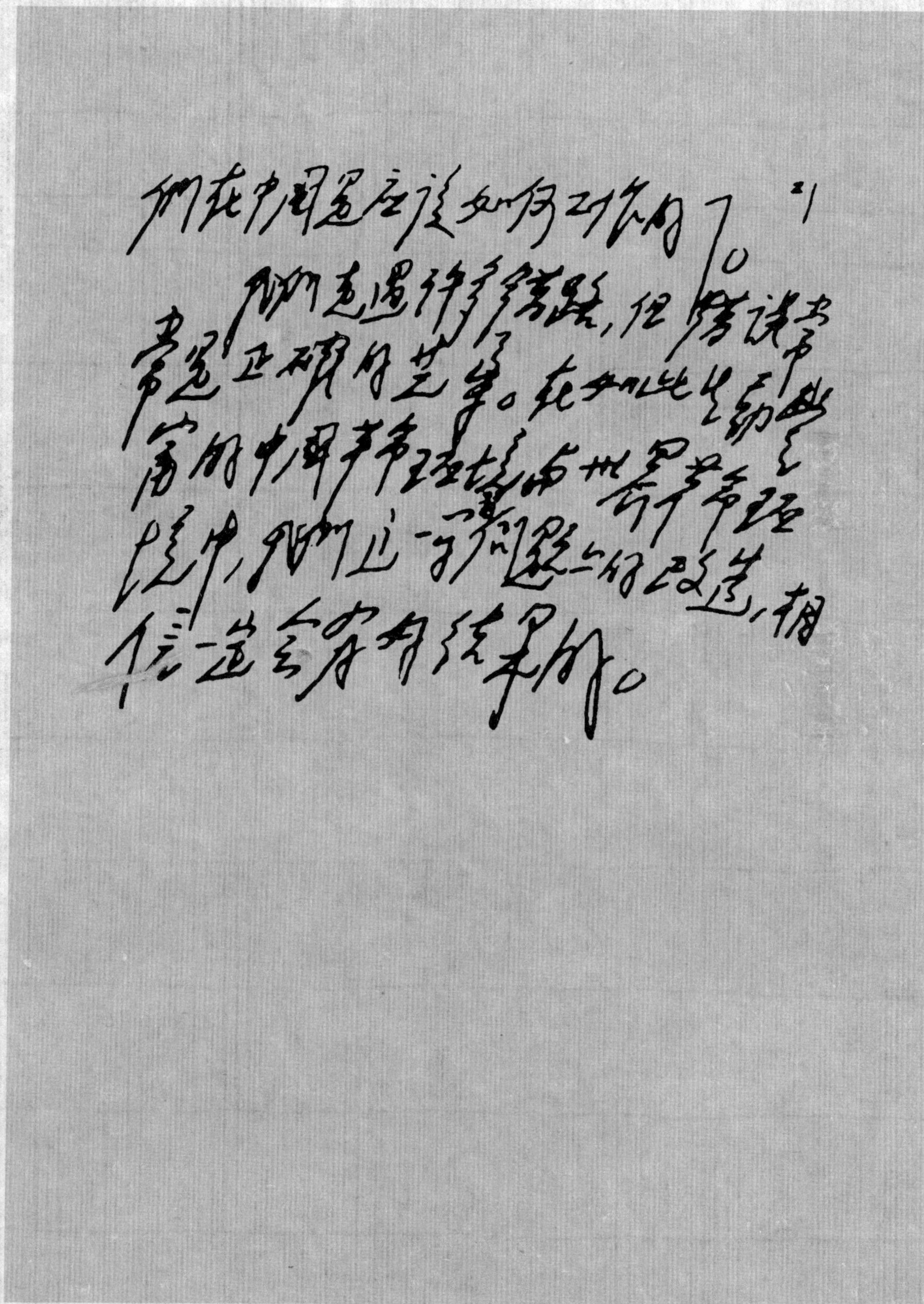

关于党报应吸收党外人士发表言论给周恩来电

一九四二年三月十四日

周：

（一）关于韩国临时政府情形请于日内电告。（二）张申府纪念《新华日报》的文，辛表示对我党满腔热情，已在解放转载。他对于把党报变为容许一切反法西斯的人说话的地方这一点是很对的，新华、解放都应实行。关于改进《解放日报》有讨论，使之增强党性与反映群众。《新华日报》亦宜有所改进。关于共产党员与党外人员的关系，中央已准备了一个决定草案，下周

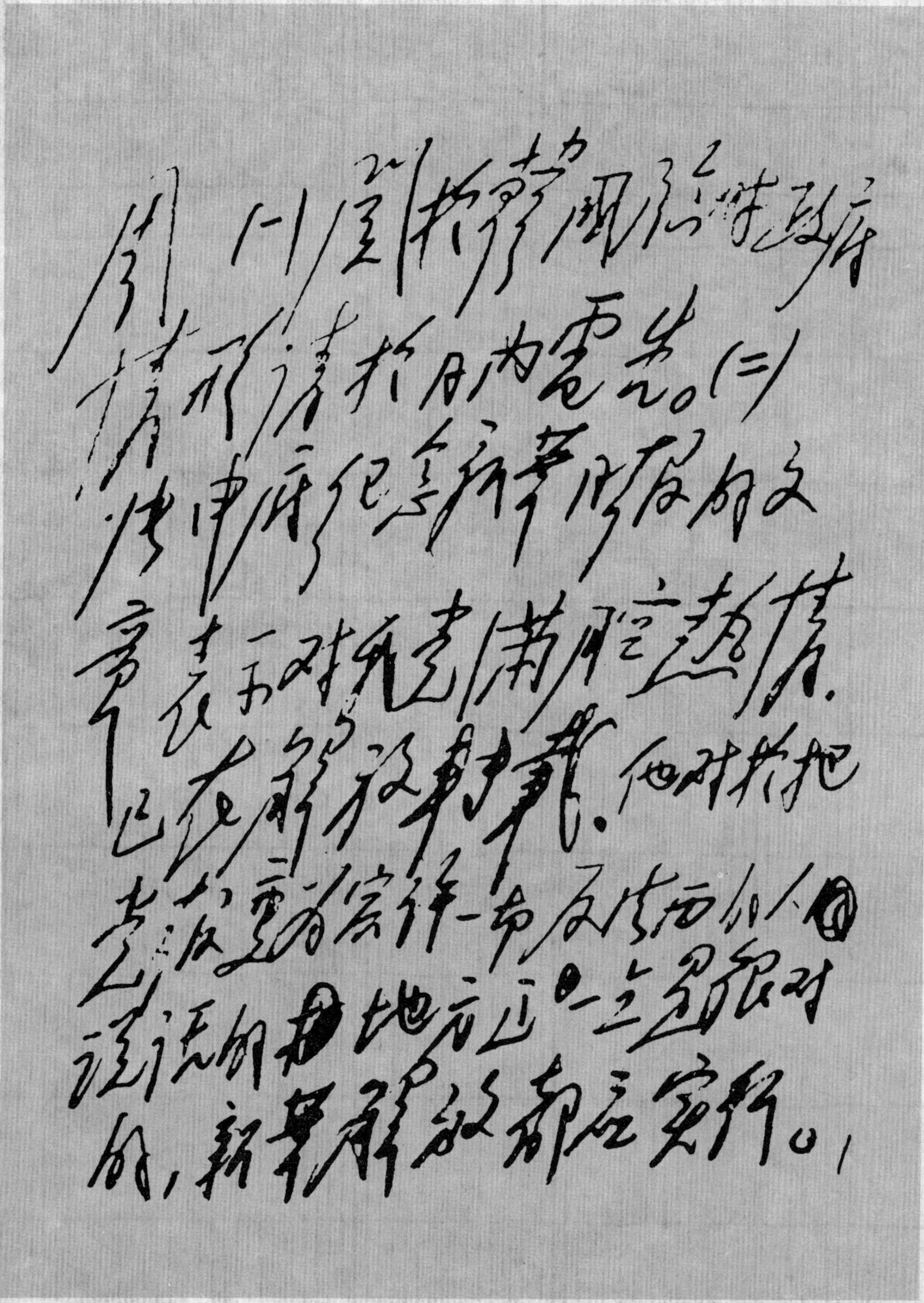

可通过，党报应容纳党外人员说话亦包括在内。

毛泽东
十四日

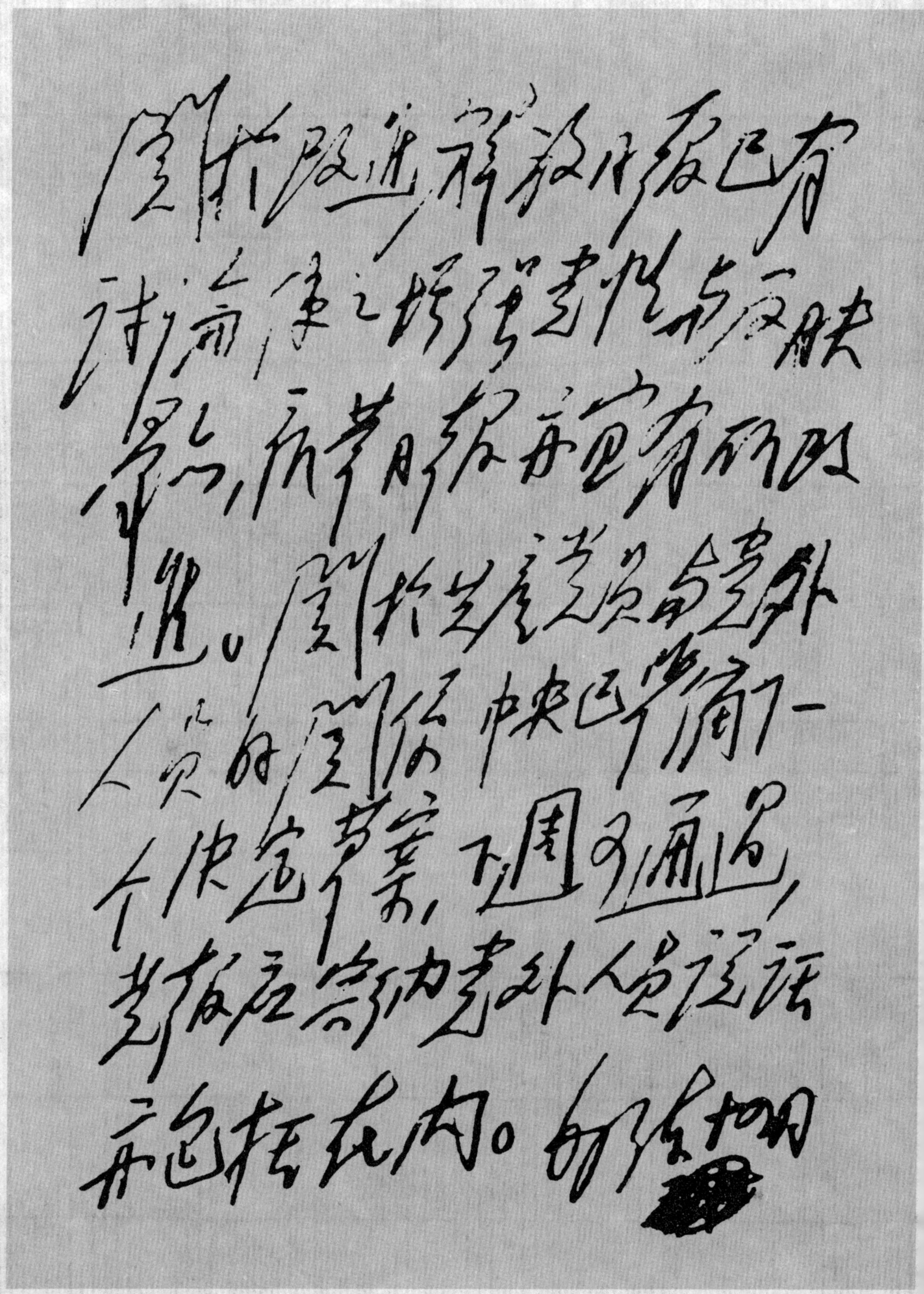

关于务使报刊宣传服从于党的政策给陈毅电

一九四二年九月十五日

陈毅同志：

目前已至促成国共好转，恢复两党谈判，使新四军恢复合法地位，以便坚持抗战时期。关于打磨〔擦〕仗方面，已电李先念今后极力避免，并设法与周围国军改善关系。其他部队，请你加以注意。在宣传方面，亦请注意向宣传人员说明，极力避免谈国民党坏处及作国共好坏比较。范长江头两篇通讯很好，第三篇不适当，故未发表，请向他说明目前政策，并代我向他致慰问。苏北报纸刊物请你抓紧，务使他们的宣传服务于党的当前政策。

毛泽东 十五日

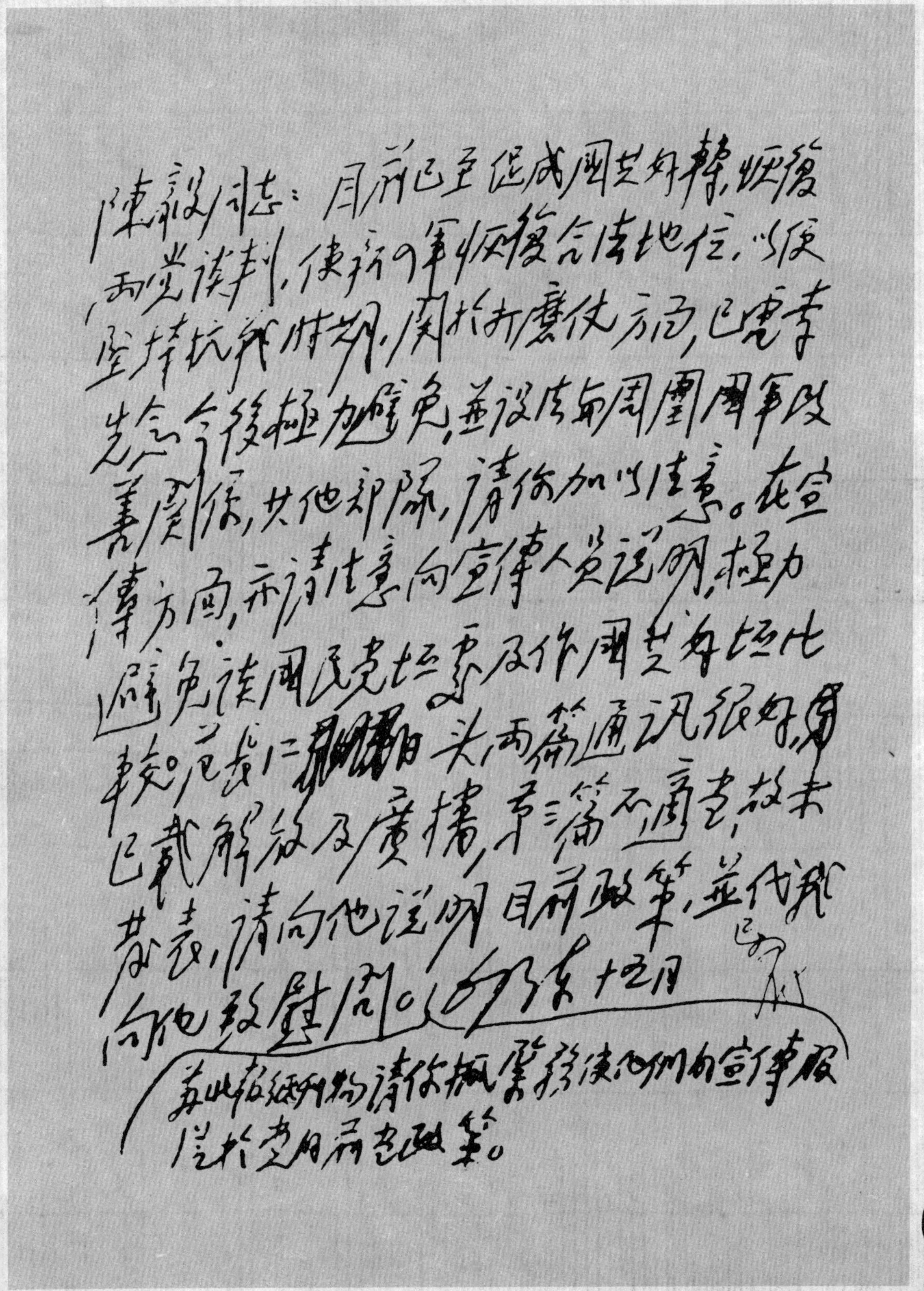